课程育人新坐标丛书　　高峰　杨四耕　丛书主编

在结构与解构之间

数学学科课程设计

张进亭 等◎著

华东师范大学出版社

·上海·

图书在版编目（CIP）数据

在结构与解构之间：数学学科课程设计/张进亭等著. —上海：华东师范大学出版社，2023
（课程育人新坐标丛书）
ISBN 978 - 7 - 5760 - 3923 - 8

Ⅰ.①在⋯ Ⅱ.①张⋯ Ⅲ.①小学数学课－课程设计－研究 Ⅳ.①G623.502

中国国家版本馆 CIP 数据核字（2023）第 157082 号

课程育人新坐标丛书

在结构与解构之间：数学学科课程设计

丛书主编 高　峰　杨四耕
著　　者 张进亭　等
责任编辑 刘　佳
项目编辑 林青荻
特约审读 陈晓红
责任校对 郭　琳　时东明
装帧设计 卢晓红

出版发行 华东师范大学出版社
社　　址 上海市中山北路 3663 号　邮编 200062
网　　址 www.ecnupress.com.cn
电　　话 021 - 60821666　行政传真 021 - 62572105
客服电话 021 - 62865537　门市（邮购）电话 021 - 62869887
地　　址 上海市中山北路 3663 号华东师范大学校内先锋路口
网　　店 http://hdsdcbs.tmall.com

印 刷 者 常熟市文化印刷有限公司
开　　本 787 毫米×1092 毫米　1/16
印　　张 16.25
字　　数 163 千字
版　　次 2023 年 10 月第 1 版
印　　次 2023 年 10 月第 1 次
书　　号 ISBN 978 - 7 - 5760 - 3923 - 8
定　　价 52.00 元

出 版 人 王　焰

（如发现本版图书有印订质量问题，请寄回本社客服中心调换或电话 021 - 62865537 联系）

丛书编委会

主 编 高 峰 杨四耕

副主编 刘喜红

成 员
高峰 杨四耕 张 哲 刘喜红 徐建梅
姚耐孔 康朝霞 王志宏 刘 青 郭 涛
巴 川 张进亭 李建伟 王华月 关延杭

本书参著人员（以姓氏笔画为序）：

王华月 王莉君 尹世桥 闫仿国 李 含
李兰英 李建伟 杨 雯 吴二妮 宋文婷
宋菲菲 张 旭 张文静 张进亭 崔亚利
梁 腾 董乾坤 谢艳萍 霍俊宏

丛书总序

　　课程是生成性过程,课程变革需要激活包括教师和学生在内的课程实践过程,回归课程的生成性品格。课程的生成性品格客观上要求我们关注课程管理的生成性过程,彰显课程管理的过程性、境遇性、关系性和创造性。课程育人是不断生成的过程,它聚于目标、起于问题、成于制度、归于文化。

　　美国管理学大师彼得·德鲁克在《管理的实践》一书中指出:我们并不是有了工作才有目标,而是相反,有了目标才能确定每个人的工作。[①] 他提醒我们:组织一定要当心"活动陷阱",不能只顾拉车不抬头看路,最终忘了自己的目标。泰勒指出:课程研制必须关注确定基本目标、选择学习经验、组织学习经验和评价学习结果等连续循环的过程。[②] 按照怀特海的观点:过程是终极范畴,现实存在的"存在"是由其"生成"所构成的。[③] 因此,目标是生成的,具有过程属性。我们必须用生成性过程观看待泰勒的课程研制原理,深刻理解"目标——内容——经验——评价"这个"合生"过程,而不是原子化地将它们作机械割裂的理解。事实也应该如此,过程是有目标的过程,课程开发不是漫无目的的"撒野",育人目标是内生于课程之中的,课程是基于育人目标导引的连续生成过程。

　　在课程变革过程中,学校课程管理要按照全面发展的要求,确立育人目标,基

---

① 邱国栋,王涛.重新审视德鲁克的目标管理——一个后现代视角[J].学术月刊,2013,45
(10):20—28.

② (美)拉尔夫·泰勒.课程与教学的基本原理[M].施良方,译.北京:人民教育出版社,
1994:2.

③ (英)怀特海.过程与实在:宇宙论研究(修订版)[M].杨富斌,译.北京:中国人民大学出
版社,2013:29.

于此目标建构课程,推进立德树人根本任务的实现。可现实情况是,我们很多学校"有课程内容,无育人目标;有育人目标,无课程目标;有课程目标,无目标管理",由此造成了"课程离心化"倾向。在这些学校,课程不是为了育人,而是为了育分;不是为了育完整的人,而是为了育单向度的人。当然,这在本质上也取消了目标——人因此悄悄地消失了。

课程的价值实现要以人的发展为旨归,基于过程哲学的目标管理是在学校内部建立"过程——目标"合生体系,进而把所有人有机联系起来,使集体力量得以最佳发挥。学校课程变革应基于理性精神之诉求,按照过程哲学指引下的目标管理要求,围绕育人目标的实现来推进课程育人过程。首先,确定学校育人目标。育人目标的确立必须依据全面发展的要求,结合学校课程理念,清晰地刻画育人图像。清晰刻画育人图像应符合全面发展的意涵与要求,五育融合,切合实际,与学生的心理年龄和发展阶段相适应,表述应通俗易懂、生动形象。其次,厘定学校课程目标。学校课程目标是育人目标的年段要求和具体表现,它可以对照国家课程方案的总体要求,并与学校的特定实际有机结合。最后,建构学校课程体系。基于课程目标,建构学校课程体系:横向上,要求对学校课程进行逻辑梳理与分类,搭建学校课程框架;纵向上,要求按照年级与学期时间序列匹配课程,形成支持目标实现的课程设置。可以说,学校课程体系的建构是目标导引的理性精神照耀学校课程变革的过程,体现了育人目标同课程目标的完美结合,展现了把课程作为"跑道"和作为"奔跑"过程的有机结合。因为,"从关系和时间视域看,过程标志着现实存在之间的本质联系,标志着现实发生从过去经过现在流向未来"[①]。

由此观之,课程育人是充满人文情怀的目标驱动过程。学校应倡导团队成员通过他们自己的语言以及社会互动来形成并宣传有关育人目标和课程目标的独特界定,用这样的独特界定来驱动学校课程管理,进而确证育人目标在课程内容的丰富和课程实施的活性上得到落实。如此,在课程建设过程中,目标管理可以使组织成员对自己的"育人身份"产生特殊的认同感,而这种认同感可以由他的专业眼光来定位,并在课程开发中形成育人的敏感性、共识性和自觉性。

---

① 杨富斌,等.怀特海过程哲学研究[M].北京:中国人民大学出版社,2018:253.

不同的时代,有不同的育人主题;不同的学校,有不同的育人取向。此时代的课程育人表现出有别于其他时代的鲜明特征,具有人本化育人、系统化育人和特色化育人等特点。学校课程深度变革必须回归教育初心,落实立德树人根本任务。对中小学来说,课程改革必须全面理解课程改革的国家意志、提升课程自觉,创造性地提出课程育人的新理念、新思路和新方法,为学校课程治理现代化贡献力量。

　　"课程育人新坐标丛书"是郑州市管城回族区推进"品质课程"项目的成果。全区 20 所学校围绕课程品质提升,在学校课程变革方面积极探索,取得了可喜的成效。他们的实践证明:课程育人是一种理念,必须推进学校教育哲学的同步变革;课程育人是一种机制,必须重构学校课程系统的结构和功能;课程育人是一种行动,必须在文化建设、课程设计、路径激活和管理更新上下功夫。课程育人是回归教育初心的行动路径和实践方略,是课程的工具属性与价值属性的统一,是内容增值和路径创新的统一。

杨四耕

2023 年 2 月 11 日于上海市教育科学研究院

目录

第一章　|　统整感：在主题式学习中发展核心素养　　1

　　促进儿童思维能力发展，是数学课程的重要目标之一。通过主题学习，调动儿童的积极性，使儿童能够养成爱思考的好习惯，形成良好的数学思维和数学思想，发展儿童的数学核心素养。数学课程应在儿童有疑问时予以引导，在其困惑处予以启迪，让儿童感受到数学的魅力，促使其在好奇心的驱使下主动探索数学的海洋。

第二章　|　理性感：用数学的思维理解世界　　49

　　数学是大自然的语言，是人类认识世界、探索世界的有力武器。看似冰冷无趣的数字与公式中隐藏着宇宙的奥秘，启迪着人们的智慧。数学课程离不开教学活动，充满智慧的数学课程会让儿童最终获得思维能力的提升，帮助儿童在掌握了必备的基础知识和基本技能的基础上获得"智慧的思维能力"，让儿童尝试用数学的思维理解这个世界。

第三章　|　逻辑感：构建有意义的知识结构　　93

体会数学知识之间、数学与现实世界之间的逻辑联系，构建数学的逻辑体系，是儿童学会用数学思维思考现实世界的途径。基于追求发展儿童逻辑思维的课程理念，通过结构化的课程内容，结合儿童的认知水平，帮助儿童构建有意义的知识结构，使儿童能够主动参与到学习推理的过程中去，在自主探究、分析归纳的过程中，提高儿童的数学学习能力和逻辑思维能力。

第四章　|　参与感：寻求儿童的个性发展　　127

一切为了每一位儿童的发展，是教育的核心理念。儿童的学习应是一个主动的过程,在课程中不仅要考虑数学学科自身的特点,更要遵循儿童学习数学的心理规律,尊重儿童之间的差异,重视儿童直接经验的形成,用真实、有效的生活情境为儿童指引方向,使儿童积极参与到课程中去,在促进儿童获得对数学的理解的同时,儿童的思维能力、情感态度和价值观等多方面也都能得到进步和发展,进而促进个性发展。

第五章 ｜ 见识感:充分调动儿童的生活经验　　161

语文有优美的诗句,音乐有动听的旋律,美术有鲜艳的画面……这些都是美好的事物,数学也可以体现出美吗? 可以的! 数学给儿童呈现的是一种理性的美。数学课程要从儿童的已有生活经验出发,将数学知识与儿童的生活经验紧密结合。立足课堂、校园拓展、放眼社会,引导儿童发现生活中的问题,并尝试用数学的方法去解决,感受数学对人的生活的巨大帮助,这是数学课程的初衷。

儿童的成长是一个动态的过程，及时、积极的评价有助于提升儿童的学习信心和效能感。效能感是促进儿童发展的重要因素，它通过影响儿童的认知过程、动机过程等来影响儿童行为活动的选择、目标的设定、行为的努力程度等。对儿童进行评价时，要关注儿童学习的过程，采用多元的评价主题和多样的评价方式，提升儿童的学习信心及自我效能感，让儿童在学习中获得自信，在自信中深入学习，体验成功的喜悦。

基于结构与解构的数学学科课程设计

结构和解构是课程研究领域里两种不同的理念与范式。从不同的视角研究学校课程设置,有助于从理论上指导学校课程方案的制定,更好地发挥理论对实践的指导作用。基于结构与解构的数学学科课程设计,在注重学科内容结构的基础上,进一步强调对课程内容的解构,将课程研究与实践作为一种不断结构与解构的过程。这两种课程理念与范式交互影响,一方面有助于学校的课程设置与开发更加合理、科学,另一方面能够发挥数学课程的育人价值,落实立德树人的根本任务,在实现培养目标的基础上,助力儿童核心素养的落地。

一、结构与解构的内涵

"结构主义""要素主义""永恒主义"等尤其是以"泰勒原理"为核心的现代主义课程理论对学校课程的设置与实施影响深远。结构主义思想最大的原则是注重内容结构,强调对结构的分析。"泰勒原理"作为本世纪占统治地位的现代主义课程理论,认为课程主要包含确立目标、选择经验、组织经验、评价结果这四个固定不变的步骤,具有严密的结构。学校课程的设计是按着这个结构进行设置与实施的。这种具有结构性的课程设施模式也被称为"目标模式"。泰勒的课程目标模式也是倍受争论的课程理论之一。介于现代和后现代之间的英国著名课程论专家斯腾豪斯曾批判泰勒的目标模式过于强调行为目标,而忽视了儿童行为以外的教育成果。[①]

① 喻春兰.后现代课程论者对泰勒原理的误判[J].华南师范大学学报(社会科学版),2008,(03):148-151.

在描述学校应力求达到何种教育目标时,泰勒给出了详细的目标来源,包括对学习者本身的研究、对当代校外生活的研究、学科专家对目标的建议、利用哲学选择目标、利用心理学选择目标,以及如何确定这些教育目标。美国当代著名教育家、课程论专家派纳批判泰勒给出的目标过于具体,认为课程并不是为行为目标、知识或者是教育结果而制定的,过于详细的目标和结果会导致知识和实践的破碎、不连贯,容易使教育沦为束缚人的工具。在结果评价环节,泰勒依据目标进行评价,强调评价的结果。美国课程论学者艾斯纳批判泰勒的评价方法容易将比较复杂的教育现象转换为可以量化的数字,而忽视了不易量化的认知情感等因素,这样的评价忽略了影响学习结果的条件——过程和互动因素,对学习结果的评价采用了相同的标准,忽视了过程性评价。① 综上,结构主义注重课程的整体性,认为整体是研究课程本质的重要途径,而课程中的部分或互动因素仅是通向研究课程本质的要素,是结构决定人的行为,而不是一个系统或者是结构中的部分影响人的行为。结构主义注重课程之间的逻辑关系,认为课程实施的本质存在于课程设置之间的逻辑关系中。在结构主义思想中,整体性这个概念处于核心地位,结构主义是一种理论,也是一种思维方式。

"解构主义"是二战后出现的新思潮,也是当今理论界的一个热门话题,被广泛地运用到课程设置与实施的指导中,对中小学课程改革和实施产生了重要的影响。德里达是 20 世纪最重要、最卓越的法国哲学家之一。德里达的阅读方式——"解构主义"至今仍然受到关注。简而言之,德里达解构主义的核心就是反逻各斯中心主义。逻各斯中心主义是德里达对西方形而上学传统的总称。德里达的解构主义是对一些处于统治地位、主导地位的,具有某种结构和中心的观念、理念等进行解构再建构,分解事物原有的结构,进行自我理解意义上的建构。解构并不是简单推翻与否定。德里达曾明确地宣称要"尊重我们所要解构的东西"。② 推翻与否定并不是解构的目的,而是要将解构主义作为一种思考方式被肯定与接纳。敢于对处于主导地位的思想观念、权威进行质疑和商讨,在思考过程中,理性对待原有的结构,并对事物原有的结构进行分析,构建属于自己理解的逻

---

① 张华.西方课程理论新进展[J].全球教育展望,2001(7).
② 杨秀芝.德里达解构主义理论解读[J].理论月刊,2005,(04):65-66.

辑。车里霍尔姆斯作为解构性后现代课程的重要代表人物,他在《权力与批判:教育的后结构研究》(1988 年)一书中,以"后结构主义"的立场,批判了泰勒原理、施瓦布的"实践 4(Praetieal 4)"和布卢姆(B. 5. lBom)的教育目标分类学中的"结构主义"。批判他们把"非线性结构"化约为"线性结构",这种批判尤其解构了现代课程论中的二元对立思维方式。[①] 他把"结构主义"归结为一种"认为所有现象都具有潜在结构特质"的思维方式。车里霍尔姆斯的这种批判现代主义课程范式的视点源于德里达的"意义超越论"。在车里霍尔姆斯看来,课程是"儿童有机会学习的文本",是师生进行建构和解构活动的一种文本,文本不断地弥散和繁衍,没有一种封闭独断的中心和本源的文本,自然不会形成一种意识形态或刻板印象。这种对课程的理解与德里达的"动态文本理论"一脉相承。解构主义的出现结束了西方文化以结构思维模式作为正统的整个历史时期,解除了长期统治人们思维的传统一元推理方式,冲击了执着于追求一个权威,一种绝对正确的标准,一个答案等单线式思维,使得西方文化思维真正进入多元时代。

二、结构与解构数学课程群的基本特性

课程本身是具有一定结构的,课程在设置过程中是按照一定的逻辑结构进行编排的,但课程并不是固定不变的结构,而是可以解开来重构的。解构思想是一种强调多元、理性的思维方式,而且课程不仅整体可以重构,部分也是可以重构的。

下图中,我们基于结构与解构的数学课程群设计,打破了原有的课程结构,将课程目标、课程内容、课程教学、课程学习、课程评价、课程理念纳入一个相互关联的系统中。这种关联不仅是课程中的观念、文本、教师、儿童、媒体等诸多因素互动而组成的庞大网络的"教育关联",也是在课程之外形成的课程与文化的各种链接,也被称作是"文化关联"。基于结构与解构的课程设计模型能够充分释放数学课程的统整感、理性感、逻辑感、参与感、见识感、效能感。

统整感:在富有统整感的关联知识中发展儿童的核心素养。让儿童在学习过

---

① 钟启泉.从后结构主义看后现代课程论[J].全球教育展望,2002,31(10):53-58.

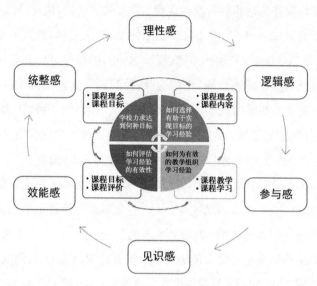

图1 基于结构与解构的数学课程设计模型图

程中感受到学科之间、知识之间的相互关联,从整体上感受到学习的关联性。"统整"的原初涵义是指构成整体的不同部分之间有其关系,各部分之间紧密联结成为一个有意义的整体。基于结构与解构的数学课程群设计,是对课程原有的组织结构进行解构,形成新的课程组织方式。在课程开发过程中对多学科知识、儿童的生活经验、社会热点问题以及多样化的学习方式、评价方式进行综合考虑和运用。在这种教育理念下形成的课程,能够将儿童所有的知识形式和学习经验的实践历程联结在"教育关联"和"文化关联"圈中,儿童能够在富有统整感的关联知识中更好地发展核心素养。

理性感:在现实生活世界中发展儿童理性思考的能力。现实生活世界是儿童经验的重要来源,理性思维是数学学科核心素养的重要组成部分,发展儿童的理性思维能力对于促进儿童核心素养的形成具有重要的意义。从结构与解构视角对数学学科课程群进行顶层设计,能够为儿童提供一种理解现实生活世界与解释现实生活世界的思考方式。小学阶段的儿童思维是以具体形象思维为主,初步具有了提出问题和发现问题的意识,同时他们有一定的探索欲望和探究能力,但缺乏系统理性思维的意识,对于现象和问题的解释较为简单和主观,容易对假设不经过论证就直接产生结论,这种思维方式不利于养成理性思考的习惯。为了使人人都得到良好的数学教育,落实立德树人的根本任务,充分释放数学课程的育人价值,新时代的老师应该注重在现实生活世界中传递数学教育的方法和思想,将理性思考融入日常教学过程中,教授儿童理性思维的方法,帮助儿童将理性思维内化为自身素养的一部分,在现实生活世界中发展儿童理性思考的能力。

逻辑感:在有逻辑的知识结构中发展儿童的逻辑思维。由于数学学科具有逻辑性、抽象性、综合性。逻辑思维对于儿童学习数学至关重要,具备一定的逻辑思维能力有助于儿童更好地用数学的语言表达现实世界。数学课程在形成人的逻辑思维、科学精神和促进个人智力发展的过程中发挥着不可替代的作用。具有指导性的数学学科课程群的设置与实施,遵循儿童思维发展的阶段性和顺序性,符合儿童处于从具体形象思维向逻辑抽象思维过渡的特点。教师应该抓住儿童逻辑思维能力发展的关键期,研究数学内容的内在逻辑与知识结构。基于儿童的思维发展特点与认知水平进行解构再建构。在教育教学过程中要有意识地创设能够引发儿童学习兴趣的情境,结合儿童的认知水平,采用能够引发儿童思考方式的教学方法,以问题为导向,通过层层问题引导、抽象内容化解、直观教学展示等,使儿童能够自主参与到学习推理的过程中,在自主探索、分析知识、归纳规律的过程中,提高儿童的数学学习能力,培养儿童的逻辑思维。

参与感:在情境教学活动中提升儿童的学习兴趣。数学学习是师生积极参与、交往互动、共同发展的过程。儿童是否积极参与决定了学习效果的好坏。通过解构设计的数学学科课程群,注重发挥情境设计与问题提出对儿童主动参与教学活动的促进作用,使儿童在情境活动中提升儿童学习数学的兴趣。基于结构与解构的数学课程群设置特别注重课程之外的"文化关联",在情境创设的过程中,注重选择真实的情境,符合儿童的认知发展规律,贴近儿童的生活或认知范围,真实性更高,使儿童能够在真实情境里面发现问题、分析问题、解决问题,增强儿童认识真实世界、解决真实问题的能力。基于结构与解构的数学课程群设置注重情境素材的育人功能,如选择中国数学家贡献的素材,帮助儿童了解和领悟中华民族独特的数学智慧,增强文化自信和民族自豪感。注重情境的多样化,让儿童感受数学在现实世界中的广泛应用,体现数学的价值,培养儿童学习数学的兴趣。

见识感:在日常经验学习中增长儿童的见识。见识,就是见闻。博学多闻,可以提升眼界,经历丰富,可以富饶心灵。"见识和经历,是认知结构的重要因素,认知结构,建立在见识和经历的基础之上。认知结构不断完善、认知水平不断提高的过程,就是见识不断拓宽、眼界不断提高的过程。"①课程目标以儿童发展为本,以核心素养为导向,进一步强调使儿童获得数学基础知识、基本技能、基本思想和基本活动经验。儿童的认知发展和已有生活经验,是儿童学习阶段的重要组成部分,是儿童增长见识的重要来源,是儿童核心素养形成和教育教学紧密结合的桥梁。基于结构与解构的数学课程群设置加强了教育与生活、教育与经验的联系,在教育过程中注重对学生经验不断重组,同时凸显儿童的主体地位,分层教学和作业设计,满足儿童多样化的学习需求,注重从社会生活、科学和儿童已有的学习经验入手,围绕教学任务,选择贴近儿童生活经验、符合儿童年龄特点和认知加工特点的素材。儿童不是空着脑袋进入教室的,教师要充分调动儿童的经验,要重视挖掘儿童的生活经验,用好经验这本活教材,增长儿童的见识感。

效能感:在多元评价方式中提高儿童的学习信心。效能感,是指个体的学业能力信念,是学习者能否利用自身所具有的能力或技能去完成学习任务的自信程度,也是个体对控制自己学习行为和学业成绩能力的一种主观判断。基于结构与解构的数学课程群设计,将儿童的学习视为动态成长的过程,对于儿童的评价不仅关注结果更关注过程,充分发挥评价的育人导向作用,坚持以评促学、以评促教,采用丰富多样的评价方式,如书面测验、口头测验、活动报告、课堂观察、课内外作业、成长记录等。评价维度不仅关注量化的教育目标是否实现,还特别关注儿童核心素养的表现。对于评价结果的使用更多是关注儿童的进步,关注儿童已有的学业水平和提升空间,以适当的方式,将一些积极的评价反馈给儿童。儿童通过数学课程的学习增强了学习数学的自信心,提高了学习数学的兴趣。让每一个儿童在不同程度上体验到成功的喜悦,提高学习的自我效能感。

三、结构与解构数学课程群的发展愿景

理论总是给实践以力量,我们在结构与解构理论的指导下,通过借鉴课程理

---

① 崔允漷.教学与教学理论[A].施良方,崔允漷.教学理论:课堂教学的原理、策略与研究[M].上海:华东师范大学出版社,1999.

论的精华,结合学校自身的课程情境,进一步整合数学课程群方案,让我们的数学课程群不断优化。从学校层面整体规划课程方案,教师通力合作,立足数学学科,设置教师层面所理解的数学课程群。在课程实施的过程中,发挥儿童在课程学习中的主体地位,让儿童结合自己的生活经验去体验课程学习,获得进入社会所需要的基本知识、基本技能、基本生活经验、基本思想,整个数学课程群学科哲学界定清楚、目标指向明晰、可操作性强,将学校、儿童、教师串联起来,形成自上而下的"课程链"。通过数学课程群的学习,我们的儿童将达到"会用数学的眼光观察现实世界,会用数学的思维思考现实世界,会用数学的语言表达现实世界"的目标。

基于结构与解构的数学课程群设计,有助于经验性教育目标的达成,助力核心素养落地。经验作为教育生长的基点。现代社会发展的基本特点就是在变化中发展,未来充满着未知且变幻莫测。学校作为专门培养人的场所,仅仅强调知识是远远不够的,必须重视将知识的传授与儿童的生活经验相结合,不仅着重知识的传递与技能的培养,还要培养儿童适应现实生活的能力。我们的数学课程群设置是将儿童的经验作为教育经由的途径,始于儿童的经验,始于儿童生活的现实世界,最终回归到教育的归结点,用经验为我们的数学教育提供可持续发展的动力,由此更好地使儿童的直接经验与间接经验相结合。

基于结构与解构的数学课程群设计,有助于真正发挥儿童在教育教学过程中的主体地位。课程群在设置过程中,主要是以儿童为主体,教师为主导,由过去强调教师中心、知识权威逐渐过渡到现在的以儿童为本。在这种教育理念的指导下,课程设置特色主要是以儿童的活动为主,将儿童从传统教育的枷锁中解放出来,唤起儿童活跃的思维。此外,书里面精心设置的学习活动还可以为中小学教师开展教学活动提供经验与依据。

基于结构与解构的数学课程群设计,有助于教师教学方式和儿童学习方式的转变。教师和儿童在真实的教育情境中,探索适合儿童发展与成长的课程方案。通过对课程内容进行单元整合,选择引导式和启发式的教育方法,让儿童经历真实的教育情境。通过实践与活动,让儿童真正理解数学思想和数学知识的产生与发展。在开放性、多样性、真实性的学习情境中获得体验、得到感悟、唤醒身体感觉,进而发展高阶思维,进行深度学习。课程群将学校层面、教师层面、儿童层面都纳入课程群链中,转变以往传统的、被动接受的、机械训练的学习方式来调动儿童的积极性和主动性,培养儿童的个性。

基于结构与解构的数学课程群设计,有助于按照人性去培养人才,实现立德树人的教育目标。项目校的课程设置体现了遵从人的天性,渗透了从小培养儿童要遵从自己的兴趣爱好和意愿,不但要从书本中学习知识、学习思维方式、学习行动方式,而且要到社会实践中去磨炼、去验证、去学习,要让教师和儿童转变之前那种"为了读书而读书"的错误目标。要尊重儿童的兴趣爱好和意愿,调动其主观能动性。

基于结构与解构的数学课程群设计,有助于强化儿童的理论应用能力,在实践中发声。我们的课程群在设置时首先要做的就是尊重儿童的兴趣爱好,并为他们的兴趣和爱好能够得到进一步发展,尽可能地创造提升的平台。学校教育应合理地安排课程,增设美学课程和实践课程,注重理论与实践的结合,强化儿童对于理论应用的能力,让儿童能够真正做到学以致用,培养德、智、体、美、劳全面发展的儿童。

(撰稿人:吴二妮)

第一章
统整感：在主题式学习中发展核心素养

促进儿童思维能力发展，是数学课程的重要目标之一。通过主题学习，调动儿童的积极性，使儿童能够养成爱思考的好习惯，形成良好的数学思维和数学思想，发展儿童的数学核心素养。数学课程应在儿童有疑问时予以引导，在其困惑处予以启迪，让儿童感受到数学的魅力，促使其在好奇心的驱使下主动探索数学的海洋。

智趣数学：
享受思维与探索的美好

郑州市管城回族区外国语小学数学组现有专任教师 64 人，其中，河南省名师 1 人，河南省骨干教师 3 人，郑州市骨干教师 6 人，郑州市学科技术带头人 1 人，管城区名师 1 人，管城区骨干教师 3 人。近年来，先后有 50 多人次获得了省市区优质课奖。为进一步推进我校数学学科课程建设，促进学生数学素养的形成，在数学课程中，应当鼓励学生积极思考、自主探索和动手实践，注重启发式学习和因材施教，注重发展学生的数感、量感、符号意识、运算能力、几何直观、空间观念、推理意识、数据意识、模型意识、应用意识和创新意识等。我们依据《教育部关于全面深化课程改革落实立德树人根本任务的意见》和《义务教育数学课程标准（2022 年版）》，推进数学学科课程群建设，取得了可喜的成效。

第一节　探索课程的合理整合

一、学科性质观

《义务教育数学课程标准(2022年版)》指出:"数学教育承载着落实立德树人根本任务、实施素质教育的功能。义务教育数学课程具有基础性、普及性和发展性。学生通过数学课程的学习,掌握适应现代生活及进一步学习必备的基础知识和基本技能、基本思想和基本活动经验;激发学习数学的兴趣,养成独立思考的习惯和合作交流的意愿;发展实践能力和创新精神,形成和发展核心素养,增强社会责任感,树立正确的世界观、人生观、价值观。"①

基于这些要求,我们认为,在数学教学活动中,应注重引导学生积极探索,并在积极探索中进行数学思维训练,不断提升学生的数学思维品质。每个学生在获得作为一个现代公民所必需的基本数学知识和技能的同时,还应该在情感、态度、价值观等方面得到充分发展。教师作为数学学习的组织者、引导者和合作者,在教学中应该积极创设问题情境,让学生通过动手操作、自主探索、实践应用等主体活动去亲近数学、体验数学、"再创造"数学和应用数学,真正成为数学学习的主人。

二、学科课程理念

《义务教育数学课程标准(2022年版)》指出:"义务教育数学课程以习近平新时代中国特色社会主义思想为指导,落实立德树人根本任务,致力于实现义务教育阶段的培养目标,使得人人都能获得良好的数学教育,不同的人在数学上得到不同的发展,逐步形成适应终身发展需要的核心素养。"②数学教学要从学生的生

---

① 中华人民共和国教育部.义务教育数学课程标准(2022年版)[S].北京:北京师范大学出版社,2022:1.
② 中华人民共和国教育部.义务教育数学课程标准(2022年版)[S].北京:北京师范大学出版社,2022:2.

活经验和已有的知识出发,以学生已体验的和容易理解的现实问题为素材,并注意与学生已经了解和学习过的知识相联系,让学生在熟悉的事物和具体情境中,通过自主活动理解学习内容,建构数学知识结构。结合我校历史、文化及数学学科教学的实际情况,提出了数学学科教学的哲学追求——"智趣数学"。数学作为对客观现象抽象概括而逐渐形成的科学语言与工具,不仅是自然科学和技术科学的基础,而且在人文科学与社会科学中发挥着越来越大的作用。因此,数学学科教学不仅要求掌握基础知识、基本技能,而且要重视数学的基本思想、基本活动经验的促进和形成。"智趣数学"课程旨在促进每一个学生主动地发展,让智趣合一的数学散发魅力,让学生感受到数学在启迪思维、激发兴趣等方面的特殊价值,从而发自内心地喜欢上数学。

所谓"智趣数学",即在趣味学习中启迪学生智慧发展的数学课程,具体而言:

"智趣数学"是激发知趣的课程。儿童的心理特征决定了他们的学习行为要以兴趣为主导,兴趣是学生参与数学活动的内在动力。"智趣数学"课程强调创设真实性、趣味性、可操作性的数学情境,开展真实情境的数学活动,让数学课堂更立体、更活泼、更灵动,让学生在兴趣激发中学习数学知识,并在积极探索中激发活跃的数学思维。

"智趣数学"是培养情趣的课程。数学学习不能把学生与其生活割裂开来,数学来源于生活,也必须扎根于生活,并且应用于生活。"智趣数学"课程回归数学生活,注重生活实践,在实际教学过程中增设实践活动,注重培养学生学数学、用数学的能力,体现智趣合一,情理交融,真正让数学知识生活化。

"智趣数学"是温润启智的课程。孔子"不愤不启,不悱不发"的教育思想同样适用于数学教学。数学学习活动不应是机械的、灌输的、无意义的,而是在学生有疑问时予以引导,在其有困惑时予以启迪,在学生的需求、渴求中促进其智慧的自然生成。学生只有充分感受到数学的内在魅力,才会更加积极主动地去探究、去思考、去主动建构知识体系,形成数学思维和数学思想。

"智趣数学"是多元育智的课程。小学数学教育是人人受益、人人成长的教育。数学课程既要关注"人人",也要关注"不同的人"。教师在教学目标达成中既要促使全体学生数学基本质量标准的达成,也要为不同学生的多样性发展提供多维空间和可能,让数学课堂充满生命活力,让学生展现特有魅力与不同精彩。

总之,"智趣数学"旨在架设数学与生活的桥梁,面向全体学生,重视因材施教,强化数学与生活的紧密联系,以活动为载体,激发学生的兴趣,引导学生把数学知识应用到生活实践中,在学中做,在做中学,体验和感受生活中的数学美,形成数学思维,生发智慧思想,享受思维与探索的美好。

第二节　推动学生能力螺旋式提升

　　《义务教育数学课程标准(2022 年版)》指出:"通过义务教育阶段的数学学习,学生逐步会用数学的眼光观察现实世界,会用数学的思维思考现实世界,会用数学的语言表达现实世界(简称'三会')。学生能:(1)获得适应未来生活和进一步发展所必需的数学基础知识、基本技能、基本思想、基本活动经验('四基')。(2)体会数学知识之间、数学与其他学科之间、数学与生活之间的联系,在探索真实情境所蕴含的关系中,发现问题和提出问题,运用数学和其他学科的知识与方法分析问题和解决问题('四能')。(3)对数学具有好奇心和求知欲,了解数学的价值,欣赏数学美,提高学习数学的兴趣,建立学好数学的信心,养成良好的学习习惯,形成质疑问难、自我反思和勇于探索的科学精神。"[①]我校依据此要求确立了学校数学学科课程总体目标。

一、学科课程总体目标

　　义务教育阶段的数学课程目标从知识技能、数学思考、问题解决、情感态度等四个方面加以阐述。基于此,我校数学课程目标将以"智、趣、灵、动"为突破口,通过小学义务教育阶段的数学学习,学生能获得适应未来生活和进一步发展所必需的数学的基础知识、基本技能、基本思想、基本活动经验,培养学生的兴趣和爱好;体会数学知识之间、数学与其他学科之间、数学与生活之间的联系,运用数学的思维方式进行独立思考,表达自己的想法,增强发现和提出问题的能力、分析和解决问题的能力;了解数学的价值,增强学好数学的信心,养成良好的学习习惯,具有初步的创新意识和科学态度。这一课程总体目标具体表述如下。(见表 1-1)

---

① 中华人民共和国教育部.义务教育数学课程标准(2022 年版)[S].北京:北京师范大学出版社,2022:11.

表1-1　郑州市管城回族区外国语小学"智趣数学"课程总体目标

总体目标	第一学段(1—2年级)	第二学段(3—4年级)	第三学段(5—6年级)
会用数学的思维思考现实世界,体会数学知识之间、数学与其他学科之间、数学与生活之间的联系,在探索真实情境所蕴含的关系中,发现问题和提出问题,运用数学和其他学科的知识与方法分析问题和解决问题。	1. 经历简单的数的抽象过程,认识万以内的数,能进行简单的整数四则运算,形成初步的数感、符号意识和运算能力。 2. 能辨认简单的立体图形和平面图形,认识长方形和正方形的特征,体验物体长度的测量过程,认识常见的长度单位,形成初步的量感和空间观念。经历简单的分类过程,能根据给定的标准进行分类,形成初步的数据意识。 3. 在主题活动中认识货币单位、时间单位和基本方向,尝试用数学方法解决问题,积累数学活动经验,形成初步的量感和应用意识。 4. 能在教师的指导下,从日常生活中提出简单的数学问题,尝试运用所学的知识和方法解决问题。在解决问题的过程中,感悟分析问题和解决问题的基本方法,感受数学在生活中的应用,形成初步的几何直观和应用意识。	1. 认识自然数,经历小数和分数的形成过程,初步认识小数和分数;能进行较复杂的整数四则运算和简单的小数、分数的加减运算,理解运算律;形成数感、运算能力和初步的推理意识。 2. 认识常见的平面图形,经历平面图形的周长和面积的测量过程,探索长方形周长和面积的计算方法;了解图形的平移、旋转和轴对称;形成量感、空间观念和初步的几何直观。 3. 经历简单的数据收集过程,了解数据收集、整理和呈现的简单方法;理解平均数的意义,会用平均数解决问题;形成初步的数据意识。 4. 在主题活动中进一步认识时间单位和方向,认识质量单位,尝试应用数学和其他学科知识与方法解决问题,积累数学活动经验,形成量感、推理意识和应用意识。	1. 经历用字母表示数的过程,认识自然数的一些特征,理解小数和分数的意义;能进行小数和分数的四则运算,探索数运算的一致性;形成符号意识、运算能力、推理意识。 2. 探索几何图形面积和体积的计算方法,会计算常见平面图形的周长和面积,会计算常见立体图形的体积和表面积;能用有序数对确定点的位置,进一步认识图形的平移、旋转和轴对称;形成量感、空间观念和几何直观。 3. 经历收集、整理和表达数据的过程,会用条形统计图、折线统计图表达数据,并作出简单判断;理解百分数的意义,了解随机现象发生的可能性;形成数据意识和初步的应用意识。 4. 在主题活动和项目学习中了解负数,应用数学和其他学科知识与方法解决问题,积累数学活动经验,形成数感、量感、模型意识、应用意识和创新意识。

总体目标	第一学段(1—2年级)	第二学段(3—4年级)	第三学段(5—6年级)
	5. 对身边与数学有关的事物有好奇心，能参与数学学习活动。在他人的帮助下，尝试克服困难，感受数学活动中的成功。了解数学可以描述生活中的一些现象，感受数学与生活有密切联系，感受数学美。能倾听他人的意见，尝试对他人的想法提出建议。	5. 尝试从日常生活中发现和提出数学问题，探索分析和解决问题的方法，经历独立思考并与他人合作交流解决问题的过程，会用常见的数量关系和其他学科的知识与方法解决问题，能初步判断结果的合理性；形成初步的模型意识、几何直观和应用意识。	5. 尝试在真实的情境中发现和提出问题，探索运用基本的数量关系，以及几何直观、逻辑推理和其他学科的知识、方法分析与解决问题，形成模型意识和初步的应用意识、创新意识。
会用数学的语言表达现实世界，对数学具有好奇心和求知欲，了解数学的价值，欣赏数学美，提高学习数学的兴趣，建立学好数学的信心，养成良好的学习习惯，形成质疑问难、自我反思和勇于探索的科学精神。	6. 在一年级第一学期的入学适应期，利用生活经验和在幼儿园习得的相关活动经验，通过具体形象、生动活泼的活动方式学习简单的数学内容。这期间的主要目标包括：认识20以内的数，会20以内数的加减（不含退位减法）；能辨认物体和简单图形的形状，会简单的分类；解决日常生活中的简单问题；对数学学习产生兴趣并树立信心。	6. 愿意了解日常生活中与数学相关的信息，愿意参与数学学习活动。在他人的鼓励和引导下，体验克服困难、解决问题的成就，体会数学的作用，体验数学美。在学习活动中能提出自己的想法，在与他人交流的过程中，敢于质疑和反思。	6. 对数学具有好奇心和求知欲，主动参与数学学习活动。在解决问题的过程中，体验成功的乐趣，相信自己能够学好数学，感受数学的价值，体验并欣赏数学美。初步养成认真勤奋、独立思考、合作交流、反思质疑的习惯。

二、学科课程年级目标

依据《义务教育数学课程标准(2022 年版)》中的分级目标,结合教材和教学用书,制定"智趣数学"学科课程的年级目标。(见表 1-2)

表 1-2 郑州市管城回族区外国语小学"智趣数学"课程年级目标

年级	上　学　期	下　学　期
一年级	**一、准 备 课** 1. 通过数数活动,了解数数的水平以及对数数基本方法的掌握情况,初步掌握计数物体个数的基本方法。初步学会数出个数在 10 以内的物体或人,初步学会口头用 1—10 来表示相应物体的个数。 2. 在比较物品多少的活动中,进一步了解"同样多""多""少"等的含义以及一些比较物体多少的基本方法,并体验一些具体的比较方法,初步感受分类、一一对应等数学方法,感受用"数"来描述现实生活问题的重要性和独特性。 3. 增强语言表达能力,提高倾听能力以及养成遵守常规的习惯。激发学习兴趣,初步感受数学与生活的联系,产生喜欢数学的积极情感。 4. 了解学校生活,进行入学教育,并逐步养成仔细观察、认真思考的良好习惯。 **二、位　置** 1. 通过直观演示和动手操作,认识"上""下""前""后""左""右"的基本含义,初步感受它们的相对性,在具体情境中体会上下、前后、左右这几种常见的位置关系,初步学会使用上下、前后、左右等词语描述生活中一些物体所在的位置及其相互关系。 2. 会用"上""下""前""后""左""右"描述物体的相对位置,在描述物体所在位置及其相互关系的过程中,初步了解	**一、认识图形(二)** 1. 直观感受长方形、正方形、平行四边形、三角形和圆的特征,通过折一折、摆一摆、剪一剪、拼一拼,辨别和区分这些图形。 2. 通过观察和实际操作,初步感知所学图形之间的关系,培养初步的想象能力和创新能力,初步感知所学的平面图形之间和立体图形之间的关系。 3. 在学习活动中积累对数学的兴趣,增强与他人交往、合作的意识。 **二、20 以内的退位减法** 1. 借助操作、画图等方式,理解十几减几的算理,构建 20 以内退位减法的基本思路,经历与他人交流各自算法的过程,能够比较熟练地口算 20 以内的退位减法。 2. 感受 20 以内退位减法与生活的密切联系,体验数学的应用价值,初步学会用加法和减法解决简单的问题。 3. 培养积极参与数学活动的兴趣,体验探索与创造的快乐。 **三、分类与整理** 1. 体验数据的分析、描述、整理和分类的过程,初步了解分类与整理这一数学方法的意义,会用简单的方法收集和整理数据。 2. 初步认识简单的统计表,能根据统计图表中的数据进行简单的分析并能根据数据提出简单的问题。

年级	上　学　期	下　学　期
一年级	现实空间的多样性和有序性,培养初步的空间观念。 3. 能够在具体情境中,根据行、列确定物体的位置,在观察、操作、交流等活动中,初步体会与同学合作的意义,感受数学与生活的联系,培养对数学学习的积极情感。 **三、1—5 的数的认识和加减法** 1. 能认、读、写 5 以内的数,并注意书写工整。会用 5 以内的数表示物体的个数和事物的顺序,会区分几个和第几个。 2. 掌握 5 以内数的顺序和数的组成。 3. 认识符号">""<""="的含义,知道用词语(大于、小于、等于)来描述 5 以内数的大小。 4. 初步知道加减法的含义和加减法算式中各部分的名称,以及加法和减法的关系,能比较熟练地计算 5 以内的加减法,会用自己理解的方法口算 5 以内的加减法,提倡算法多样化。 5. 能运用 5 以内的数表示日常生活中的一些事物,初步建立数感;能运用数学来表示生活中的事物并进行交流。 **四、认识图形(一)** 1. 通过辨认实物,直观感知长方体、正方体、圆柱和球的主要特征,知道这些物体的名称,能识别这些物体。 2. 在认识物体的活动中,体会比较、分类等认识事物的方法,培养初步的观察、操作能力和空间观念。 3. 初步学会从"形"的角度观察生活现象,体会数学与现实生活的联系,增强对数学的好奇心,提高学习数学的兴趣。 4. 感受数学与实际生活的联系。 5. 在愉悦的氛围中激发学习兴趣,培养合作、探究和创新意识,初步建立空间观念。	3. 通过对身边有趣事例的调查活动,激发学习的兴趣,培养合作意识和实践能力。 4. 在学习中主动求知,能尝试从统计图中提出不同的问题,在独立思考的基础上加强与同学的交流,培养良好的思维习惯和细心认真的学习习惯,并在学习中获得自信。 **四、100 以内数的认识** 1. 能够正确地数出 100 以内的物体的个数,知道这些数是由几个十和几个一组成的,掌握 100 以内数的顺序,会比较 100 以内数的大小。 2. 知道个位和十位的意义,能够正确、熟练地读、写 100 以内的数。 3. 结合数的认识,会计算整十数加一位数和相应的减法。 4. 结合具体事物感受 100 以内数的意义,会用 100 以内的数表示日常生活中的事物,并进行简单的估计和交流,逐步培养数感。 **五、认识人民币** 1. 认识各种面值的人民币,并会进行简单的计算。 2. 认识人民币的单位元、角、分,知道"1 元=10 角","1 角=10 分"。 3. 通过购物活动,初步体会人民币在社会生活、商品交换中的功能和作用,并知道爱护人民币。 **六、100 以内的加法和减法(一)** 1. 通过直观学具教学的操作,理解 100 以内加法和减法口算的算理,能口算 100 以内整十数加减整十数和两位数加减一位数和整十数。 2. 认识小括号,能口算含有小括号的两步加减混合运算。

年级	上　学　期	下　学　期
一年级	**五、6—10 的数的认识和加减法** 1. 熟练地数出 6—10，会读、写这些数，并会用这些数表示物体的个数或事物的顺序和位置。 2. 掌握 6—10 的数的顺序，会比较它们的大小，熟练地掌握 10 以内数的组成。 3. 进一步认识符号">""<""="的含义，知道用这些符号来表示数的大小。 4. 比较熟练地口算 10 以内的加减法。 5. 比较熟练地进行 10 以内的连加、连减和加减混合计算。 6. 用 10 以内的加减法解决生活中的简单问题，初步感受数学与日常生活的密切联系，体验学数学、用数学的乐趣。 7. 在学习中接受热爱家乡、热爱自然、保护环境、讲卫生等方面的教育，促进情感、态度等方面的健康发展。 **六、11—20 的数的认识** 1. 在观察、操作和交流等活动中，初步感知计数单位"一"和"十"，知道 10 个一是 1 个十；初步认识数位，知道"个位"和"十位"；会正确读、写 11—20 各数，知道这些数是由一个十或几个一（或两个十）组成的；掌握 20 以内数的顺序，会比较它们的大小；能正确口算十加几和相应的减法。 2. 通过看图数数，初步培养有序观察、分类观察等良好的观察习惯。通过摆小棒，培养动手操作能力，经历数数和用数来描述简单生活现象的过程，体会数在日常生活中的广泛应用，培养初步的估算意识，发展数感。 3. 在学习数字的具体情境中，充分体会生活中处处有数学。经历与他人合作、交流的过程，培养合作交流的意识和主动探索发现问题的能力。	3. 学会用已有的知识解决数目比较大的两步加减混合运算。 4. 感受到 100 以内的加减法和 20 以内的加减法有着密切的联系，体会数学的价值。 **七、找　规　律** 1. 通过观察、实验、猜测等一系列活动，发现图形或数字排列的简单规律。 2. 理解规律的含义并能描述和表示规律，同时会根据发现的规律进行推理，确定后续图形或数字的排列方式。 3. 在发现规律、描述和表示规律以及简单应用规律的过程中，培养初步的观察能力、数学表征能力和推理能力。

年级	上 学 期	下 学 期
一年级	**七、认识钟表** 1. 初步认识钟面，认识时针和分针，结合生活经验，会看、会写钟表和电子表上整时的时刻，培养初步的观察、分析、推理能力。 2. 通过拨表、观察等实践活动，体验数学与日常生活的密切联系。体会学习数学的乐趣，提高学习数学的兴趣，建立学好数学的信念。通过操作、观察、分析、推理等活动，培养主动参与、探究的精神。 3. 初步建立时间观念，从小养成珍惜和遵守时间的良好习惯。 **八、20 以内的进位加法** 1. 比较熟练地口算 20 以内的进位加法，它是退位减法和多位数加、减法的基础。初步学会用加法和减法解决简单的问题，结合现实情境理解 20 以内进位加法的计算方法，会正确进行口算，并逐步达到一定的熟练程度。 2. 通过数学学习，初步体验数学来源于生活又服务于生活，真切感受数学在日常生活中的作用。 3. 经历运用所学知识解决简单的实际问题的过程，积累一些解决简单的实际问题的经验，体会数学与生活的联系，感受数学的应用价值，具有初步的数学应用意识。	
二年级	**一、长度单位** 1. 初步经历长度单位形成的过程，体会统一长度单位的必要性，知道长度单位的作用。 2. 在活动中认识长度单位厘米和米，初步建立 1 厘米、1 米的长度观念，知道1 米＝100 厘米。 3. 初步学会用尺子量物体的长度（限整厘米和整米）。 4. 初步认识线段，学习用尺子量线段的长度，会按给定长度画线段（限整厘米）。	**一、数据收集整理** 1. 经历数据的收集、整理、描述和分析的过程，学会用调查法来收集数据，会在分类的基础上，用写"正"字的方法记录数据，认识简单的统计表，会用给定的统计表呈现和整理数据。 2. 通过对数据进行简单的分析，初步体会运用数据进行表达与交流的作用，根据统计表中的数据提出并回答简单的问题，感受数据中蕴含的信息。

年级	上 学 期	下 学 期
二年级	5. 在建立长度观念的基础上,尝试估测物体的长度,初步培养估量物体长度的意识和能力。 **二、100 以内的加法和减法(二)** 1. 借助小棒、圆片等直观学具的操作,理解 100 以内的两位数加、减两位数的算理;能正确地计算 100 以内的两位数加、减两位数。 2. 掌握连加、连减和加减混合竖式的简便写法,能正确、灵活地计算连加、连减和加减混合式题(包括含有小括号的)。 3. 能够运用所学的 100 以内的加减法知识解决生活中的一些简单问题,能结合具体情境进行加、减法估算,并说明估算的思路。 4. 通过数学学习,感受到两位数加、减两位数与两位数加、减一位数和整十数有着密切的联系,体会数学的价值。 **三、角的初步知识** 1. 结合生活情境及操作活动,初步认识角,知道角的各部分名称,初步学会用尺画角。 2. 结合生活情境及操作活动,初步认识直角、锐角和钝角,会用三角尺判断和画直角、锐角和钝角。 3. 运用角的知识解决简单的问题,继续培养解决问题的能力。 4. 培养初步的观察能力、动手操作能力,尝试从数学的角度去观察周围的世界。 **四、表内乘法(一)** 1. 在具体情境中理解乘法运算的意义,知道乘法算式各部分的名称,通过动手操作等活动,能够正确理解乘法的含义。	3. 通过对周围现实生活中有关事例的调查,初步体会调查所得的数据的作用,激发学习兴趣,培养合作意识和数据分析观念。 4. 培养认真观察、独立思考等良好习惯,初步培养在实际生活中发现问题、提出问题、解决问题的能力。 **二、表内除法(一)** 1. 在具体情境中理解平均分及除法运算的含义,能进行平均分。会读、写除法算式,知道除法算式的各部分的名称。 2. 初步认识乘、除法之间的关系。能够比较熟练地用 2—6 的乘法口诀求商。 3. 会用画图、语言叙述等方式表征理解问题和分析问题的过程,能运用加法、减法、乘法和除法解决简单的实际问题。 4. 在学习探究中进行爱学习、爱劳动、爱大自然的教育;培养认真观察、独立思考等良好的学习习惯。 **三、图形的运动(一)** 1. 借助日常生活中的对称现象,通过观察、操作,能直观认识轴对称图形,能辨认轴对称图形。 2. 借助日常生活中的平移现象,通过观察、操作,初步理解图形的平移,能辨认简单图形平移后的图形。 3. 借助日常生活中的旋转现象,通过观察、操作,初步理解旋转。 4. 能够用轴对称图形的知识解决简单的实际问题,培养观察能力和动手操作能力。 5. 在探究学习的过程中,能感受到图形的运动在生活中的应用,体会到数学与现实生活的密切联系,感受数学之美。

年级	上 学 期	下 学 期
二年级	2. 经历编制乘法口诀的过程,知道乘法口诀是怎么得来的,熟记 2—6 的乘法口诀,会用乘法解决简单的实际问题。 3. 感受到用乘法表示同数连加的简洁性;感受我国语言文字(体现在乘法口诀中)的独特魅力,增强民族自豪感。同时,培养认真观察、独立思考等良好的学习习惯。 **五、观察物体 (一)** 1. 知道从不同位置观察物体时看到的图形可能不同,能辨认从不同位置观察到的简单物体的形状。 2. 能解决简单的问题,发展空间观念和推理能力。 3. 经历观察、操作、想象等活动,初步掌握全面、正确观察物体的基本方法。 4. 感受局部与整体的关系,初步形成全面看待事物的意识。 **六、表内乘法 (二)** 1. 经历编制 7—9 的乘法口诀的过程,体验 7—9 的乘法口诀的来源,理解每句乘法口诀的意义,初步记熟 7—9 的乘法口诀。 2. 能熟练地计算表内乘法,会用乘法解决简单的实际问题。 3. 通过编制乘法口诀的活动,初步学会运用类比推理的方法学习新知识。 4. 通过记忆乘法口诀的活动,初步形成评价与反思的意识,体验获得成功的乐趣。 **七、认识时间** 1. 在具体的生活情境中,借助钟面认识时间单位"分",知道"1 时＝60 分"。 2. 结合直观演示和操作,知道在钟面上分针走 1"小格"是 1 分钟,初步认识几时几分(5 分 5 分地数),会读写几时几分和几时半。	**四、表内除法 (二)** 1. 经历用 7、8、9 的乘法口诀求商的过程,理解用乘法口诀求商的算理,掌握用乘法口诀求商的一般方法。 2. 能比较熟练地运用乘法口诀求商,并会用除法解决简单的实际问题。 3. 在用乘法口诀求商的过程中,初步学会运用迁移的方法学习新知识,体验成功的乐趣。 4. 经历解决问题的全过程,初步渗透单价、数量、总价间的关系,感受除法的现实模型,加深对除法意义的理解。 **五、混 合 运 算** 1. 能正确理解和掌握含有二级运算的混合式题的运算顺序,学会计算含有乘除混合以及带有小括号的两步式题。 2. 在解决问题的过程中,感受解决问题的一些策略和方法。培养迁移类推的能力,提高计算能力。 3. 经历探索和交流解决实际问题的过程,感受解决问题的一些策略和方法,逐步学会列综合算式解决两步计算的实际问题。 4. 在解决实际问题的过程中,培养学习兴趣和敢于探索的科学精神,养成认真审题、仔细验算的良好习惯。 **六、有余数的除法** 1. 通过操作、观察、对比等活动,发现日常生活中在分物品时存在着分不完有剩余的情况,借此理解余数及有余数的除法的含义,初步培养全面思考问题的意识。 2. 通过操作、计算、比较等活动,经历除法竖式(含表内除法的竖式)的书写过程,理解竖式中每个数所表示的意思,初步培养观察、分析能力以及恰当地进行数学表达的能力。

年级	上 学 期	下 学 期
二年级	3. 会运用与时间有关的知识解决一些简单的实际问题。 4. 进一步学习观察、比较的方法,并形成初步的推理能力。 5. 体验时间的知识就在身边的生活中,形成珍惜时间的意识和习惯,初步培养珍惜时间、合理安排时间的习惯。 **八、数学广角——搭配(一)** 1. 通过操作、观察、猜测等活动,发现最简单事物的排列数和组合数的基本思路、基本方法,初步培养有序、全面地思考问题的意识,体会排列与组合的思想方法。 2. 培养初步的观察、分析及推理的能力。 3. 感受排列与组合的思想方法在日常生活中的应用,初步感受数学与生活的联系。	3. 初步掌握试商的基本方法,并能比较熟练地进行有余数除法的口算和笔算,强化运算能力。 4. 初步学会用有余数的除法解决生活中的简单问题,初步感受数学与生活的联系,继续掌握解决问题的基本思路和基本方法。 **七、万以内数的认识** 1. 经历数数的过程,体验数的产生和作用,能在现实情境中感受大数的意义。 2. 能正确地认、读、写万以内的数,理解各数位上的数字所表示的意义,知道这些数的组成。掌握万以内数的顺序,会比较万以内数的大小,能用符号和词语描述万以内数的大小。 3. 会用万以内数表示日常生活中的事物,能进行简单估计和交流。同时,会在算盘上表示出万以内数。 4. 结合现实素材认识近似数,能结合具体情境体会使用近似数的意义,进一步形成数感。 5. 能进行整百、整千数加、减法的口算,会在实际情境中选择恰当的方法进行简单估算,体会估算的作用,积累解决问题的基本经验。 6. 在认数的过程中,建立新旧知识的联系,进一步感受十进位制思想,感受数学的简洁。同时,体验自主探究获得成功的喜悦,进一步激发学习数学的兴趣。 **八、克 和 千 克** 1. 通过掂一掂、估一估、称一称等活动,认识质量单位克和千克,知道 1 千克 = 1 000 克,会进行简单的单位换算。 2. 初步了解天平和常用的以"千克"为单位的秤,知道用秤称物体的方法,能够进行简单计算。

年级	上 学 期	下 学 期
二年级		3. 在初步建立 1 克和 1 千克的观念的基础上,会以此为标准估量解决一些简单的实际问题;同时,体会学习质量单位的必要性,进一步培养数感。 **九、数学广角——推理** 1. 通过观察、猜测等活动,借助生活中简单的事件初步理解逻辑推理的含义,并能按一定方式整理信息,进行推理;经历简单推理的过程,初步获得一些简单推理的经验。 2. 通过游戏,用推理解决一些简单的数学问题,感受推理的作用,初步培养有顺序地、全面地思考问题的意识。 3. 通过观察、猜测、解决问题等活动,培养初步观察、分析、推理和解决问题的能力,以及有条理地阐述自己推理过程的数学表达能力。
三年级	**一、时、分、秒** 1. 认识时间单位"时、分、秒",知道"1 分＝60 秒",能选择合适的单位和工具对时间进行度量,会进行一些有关时间的简单计算。 2. 初步建立时、分、秒的时间观念,结合生活经验体验时间的长短,初步建立分、秒的时间观念,会用一定的方法估计时间。 3. 结合具体的生活情境,体会时刻与经过时间之间的区别和联系,能解决简单的实际问题。 4. 培养估计意识,养成遵守和爱惜时间的习惯。 **二、万以内的加法和减法(一)** 1. 能够正确口算两位数加、减两位数(和在 100 以内),会正确计算几百几十加、减几百几十。 2. 能够结合具体情境,运用合适的方法进行加、减法估算,培养估算的意识和能力。	**一、位置与方向(一)** 1. 结合具体情境,认识东、南、西、北、东北、西北、东南和西南八个方向,能够用给定的东、南、西或北中的一个方向辨认其余的三个方向,并能用这些词语描述物体所在的方向。 2. 能看懂简单的平面图,知道平面图是根据上北、下南、左西、右东的方位绘制,并能描述行走的路线,初步形成辨认方向、表达与交流物体所在方向的能力。 3. 通过现实的数学活动,能用所学的方向知识解决生活中的简单实际问题,培养辨认方向的意识,进一步发展空间观念。 **二、除数是一位数的除法** 1. 经历口算除法的探索过程,会口算除数是一位数,商是整十、整百、整千的数以及一位数除几百几十(或几千几百)的除法。

年级	上　学　期	下　学　期
三年级	3. 培养根据具体情况选择适当方法解决实际问题的意识,体验解决问题策略的多样性。 **三、测　量** 1. 结合生活实际,经历实际测量的过程,在实践活动中认识长度单位:毫米、分米和千米,建立 1 毫米、1 分米的长度观念,明确毫米、厘米、分米、米和千米之间的进率。认识质量单位"吨",知道吨和千克之间的关系。 2. 知道常用的长度单位间、质量单位间的关系,会进行简单的单位换算。 3. 能估计一些物体的长度和质量,会选择合适的单位及工具进行测量。 4. 在实际操作中,增强合作交流的意识,提升操作技能,发展实践能力。 **四、万以内的加法和减法(二)** 1. 能正确计算三位数加、减三位数,准确地进行万以内的加减法计算。 2. 理解验算的意义,会对加法和减法进行验算,初步养成检查和验算的习惯。 3. 经历计算法则的形成过程,在与他人交流各自算法的过程中优化自己的算法。 4. 能结合实际情境选择计算策略,并结合具体情境进行估算,解决相关的实际问题,进一步培养估算意识和能力。 **五、倍 的 认 识** 1. 在动手操作中,通过数一数、圈一圈、画一画的方式,获得"倍"的概念的直观体验,结合具体情境理解"几倍"与"几个几"的联系,建立"倍"的概念。 2. 结合具体情理解"倍"的含义,并学会运用"倍"的含义解决"求一个数是另一个数的几倍"的实际问题;通过多种表征之间的转换,理解用除法计算的方法。 3. 经历探索"求一个数的几倍是多少"的	2. 经历一位数除多位数的笔算探索过程,掌握一般的笔算方法,能正确计算一位数除多位数,并能用乘法验算除法。 3. 在具体的情境中经历用估算解决问题的过程,掌握一位数除多位数的除法估算的一般方法,会表达估算的思路,增强估算意识,形成估算的习惯。 4. 经历解决问题的过程,学会简单地、有条理地思考,能够灵活选择用合适的计算方法解决简单的实际问题。 5. 能积极参与探索算法和解决问题的活动,积累数学活动经验,同时培养认真计算、书写工整的习惯。 6. 感受数学与生活的联系,能够运用所学知识解决日常生活中的简单问题。 **三、复 式 统 计 表** 1. 在具体的统计活动中认识复式统计表,能将收集、整理的数据填写进统计表,并能根据统计表上的数据进行简单的分析。 2. 在认识、填写、分析复式统计表的过程中,进一步理解统计的方法,培养数据分析观念。 3. 进一步体会统计与现实生活的密切联系,理解数学与生活的紧密联系,感受学习数学的乐趣,树立学好数学的信心。 **四、两位数乘两位数** 1. 掌握两位数、几百几十数乘一位数(进位),两位数乘整十数、整百数(不进位),整十数乘几百几十数(不进位)的口算方法,体会算法的多样化。 2. 经历两位数乘两位数的计算过程、理解算理,掌握两位数乘两位数的计算方法;能结合具体情境进行乘法估算,并解释估算的过程。

年级	上　学　期	下　学　期
三年级	计算方法的过程,能解决有关的实际问题。通过指导画图,明确可以用线段的长度来表示数量和两种数量之间的倍数关系,感受几何直观的作用。 4. 在解决问题的过程中渗透模型思想,培养问题分析和语言表达能力,体验生活中处处有数学,以及数学知识之间的联系。 5. 感受数学与实际生活的联系,进一步培养观察、推理、分析、迁移的能力及有条理的语言表达能力。 　　　　**六、多位数乘一位数** 1. 借助操作,理解算理,能比较熟练地口算整十、整百数、整千数乘一位数,两位数乘一位数(不进位)。 2. 经历多位数乘一位数的计算过程,明白竖式中每一步计算的含义,掌握多位数乘一位数的计算方法;注意口算和笔算相结合,及算法的多样性。 3. 能够结合具体情境,选择恰当的策略进行乘法估算,并说明估算的思路。 4. 能够运用所学的知识解决日常生活中的简单问题,提高解决问题的能力。 　　　　**七、数字编码** 1. 通过观察、比较、猜测等活动,认识身份证号码、邮政编码等生活中常见的数字编码,体会数字编码的特点,初步探索数字编码的方法。 2. 通过自主探索、合作交流,经历设计编码的过程,初步学会用数字进行编码并解决生活中的简单问题,培养应用意识和实践能力。 3. 体会数字在表达、交流和传递信息中的作用,激发学习数学的兴趣以及运用数学的意识,培养创新意识,体会符号思想。 　　　　**八、长方形和正方形** 1. 结合生活中的实例,通过圈一圈、涂一涂、说一说、找一找等系列活动,认识四边形的特征;能运用四边形的特征区分和辨认四边形。	3. 在探索算法和解决问题的过程中,经历从实际生活中发现问题、提出问题、分析问题、解决问题的过程,学会用两步计算和不同的方法来解决问题。 4. 能够运用所学知识解决生活中的简单问题,感受数学在日常生活中的应用,初步形成综合运用数学知识解决问题的能力。 　　　　**五、面　　积** 1. 结合实例理解面积的含义,能用自选单位估计和测量图形的面积;体会统一面积单位的重要性。认识面积单位:平方厘米、平方分米、平方米,建立1平方米、1平方分米、1平方厘米的表象。熟悉相邻两个单位之间的进率,会进行简单的单位换算。 2. 探究并掌握长方形、正方形的面积公式,获得探究学习的经历;会应用公式正确计算长方形、正方形的面积,能估计所给的长方形、正方形的面积。 3. 感知数学来源于生活,应用于生活,提高学习数学的兴趣;初步学会用所学的有关面积的知识解决简单的实际问题,进一步体会解决问题的一般步骤,知道可以用不同的方法解决问题,逐步培养解决和分析问题的能力;在动手操作中培养学习数学的自信心,感受学习几何知识的乐趣。 　　　　**六、年、月、日** 1. 认识时间单位年、月、日,了解它们之间的关系;知道大月、小月、二月及其相关知识,知道平年、闰年等方面的最基本知识。 2. 结合具体生活情境认识24时计时法,会用24时计时法正确表示一天中的某一时刻,能正确进行普通计时法与24时计时法之间的相互转换。初步理解时间和时刻的意义,会求简单的经过时间,能正确解答一些相关的实际问题,进一步发展思维能力。

年级	上　学　期	下　学　期
三年级	2. 通过观察、操作等活动,用自己的语言描述长方形、正方形的特征,比较长方形、正方形的异同,会判断一个图形或物体的某一个面是不是长方形或正方形,并会在方格纸上画长方形、正方形。 3. 结合实例,知道周长的含义,能探究简单图形周长的测量方法,掌握长方形、正方形的周长公式。 4. 探索并掌握长方形、正方形周长的计算方法,培养观察、推理、分析、综合、抽象、概括的能力。能根据长方形、正方形的周长公式,逐步形成空间观念,解决生活中的实际问题,感受数学与生活的联系。 **九、分数的初步认识** 1. 结合现实生活中的具体情境,通过操作活动,初步认识几分之一和几分之几,知道分数各部分的名称;会读、写简单的分数;能比较简单分数(两个同分母分数)的大小;会计算简单的同分母分数(分母小于或等于10)的加减法。 2. 通过操作活动,进一步认识分数,知道把一些物体看作一个整体平均分成若干份,其中的一份或几份也可以用分数表示;在理解分数意义的基础上,学会解决简单的有关分数加减法的实际问题,培养解决问题的意识。 3. 感悟数形结合的数学思想和方法,发展数感,体会分数在实际生活中的应用和价值。 **十、数学广角——集合** 1. 经历解决问题的过程,了解简单的集合知识,初步感受它的意义。 2. 在具体情境中,学会借助维恩(Venn)图,运用集合的思想方法来解决较简单的实际问题,从而感受到数学与生活之间的相互联系。 3. 培养合作学习的意识,激发学习的兴趣。	3. 进一步感受数学与生活的联系,更好地建立时间观念,体会合理安排时间的重要性,养成遵守和爱惜时间的意识和良好习惯。 **七、小数的初步认识** 1. 结合具体情境和几何直观图,了解小数的含义,能认、读、写不超过两位的小数,并能运用小数表示日常生活中的一些事物,感受小数与实际生活的密切联系。 2. 经历比较的过程,能结合具体内容学会比较一位、两位小数的大小,能解决简单的小数比较问题。 3. 在具体情境中体会小数加、减法的算理,会正确计算一位小数加、减法,并能解决简单的实际问题。 **八、数学广角——搭配(二)** 1. 联系生活实际,通过观察、猜测、实验、验证等活动,找出简单事物的排列数和组合数。 2. 经历寻找稍复杂事物排列数或组合数的过程,掌握简单搭配的方法,发展有序、全面思考问题的能力。 3. 经历"数学化"的过程,能用比较简洁、抽象的方式进行表达,体会分类讨论思想、数形结合思想、符号化思想。 4. 探索解决问题的有效策略,感受数学在实际生活中的广泛应用,增强学习数学的兴趣。

年级	上　学　期	下　学　期
四年级	**一、大数的认识** 1. 认识万以上的数,认识计数单位"万""十万""百万""千万""亿""十亿""百亿""千亿",知道相邻两个计数单位之间的关系。 2. 认识自然数,了解十进制计数法,掌握数位顺序表,会根据数级正确读、写大数,会比较大数的大小。 3. 会将整万、整亿的数分别改写成用"万"和"亿"作单位的数,并能根据要求用"四舍五入"法求一个数的近似数。 4. 能借助计算器进行大数的四则运算,探索简单的规律。 5. 体会和感受大数在日常生活中的作用,进一步发展数感。 **二、公顷和平方千米** 1. 了解测量土地时常用的面积单位:公顷和平方千米,知道并理解公顷、平方千米与平方米之间的进率,会进行简单的单位换算。 2. 经历从实例到表象建立的过程,丰富直观经验,初步形成1公顷的表象。 **三、角的度量** 1. 进一步认识线段,认识射线与直线,了解线段、射线与直线的区别。 2. 理解角的含义,进一步认识直角、锐角和钝角,知道平角和周角,并了解这几种角的大小关系,会比较角的大小。 3. 能用量角器量角的度数,能画指定度数的角,会用三角尺画 30 度、45 度、60 度、90 度等一些特定度数的角。 4. 经历量角、画角等操作步骤的整理归纳过程,感受操作技能学习的特点,体会程序性知识学习的过程和意义。 **四、三位数乘两位数** 1. 掌握用一位数乘两位数(积在 100 以内)或几百几十的数的口算方法。	**一、四则运算** 1. 结合具体情境,理解加、减、乘、除四则运算的意义,掌握四则运算中各部分之间的关系,对四则运算知识进行较系统地概括和总结;掌握含有两级运算的运算顺序,正确计算三步试题。 2. 认识中括号,掌握四则混合运算的顺序,能进行简单的四则混合运算。 3. 经历探索和交流解决实际问题的过程,感受解决问题的一些策略和方法,学会用四则混合运算知识解决一些实际问题,掌握解决问题的一些策略。 4. 在解决实际问题的过程中,养成认真审题、独立思考等良好的学习习惯。通过数学学习,提高抽象概括能力,养成认真审题、独立思考等良好的学习习惯。 **二、观察物体(二)** 1. 明确从不同位置观察同一物体,所看到的形状可能是不同的。能辨认从不同位置观察到的几何组合体的形状。 2. 掌握辨认从上面、正面、左面观察到的同一物体形状的方法;认识到从同一位置观察不同的物体,看到的形状可能相同也可能不同。 3. 通过观察、操作、想象、判断等活动,培养空间想象能力和推理能力。 **三、运算定律** 1. 通过探索,理解加法交换律、结合律、乘法交换律、结合律和分配律,并能运用运算定律进行一些简便计算。 2. 能够结合具体情况,灵活选择合理的算法,感受数学与现实生活的联系,培养用所学知识解决简单实际问题的能力。

年级	上　学　期	下　学　期
四年级	2. 能根据两位数乘两位数的笔算方法，类推并掌握三位数乘两位数的笔算方法；理解三位数乘两位数笔算的算理，会计算三位数乘两位数。 3. 经历探索"积的变化规律"的过程，理解规律内涵，并能运用规律进行一些简便计算。 4. 在解决具体问题的过程中，应用合适的方法进行估算，养成估算的习惯。 5. 结合具体情境，了解常见的数量关系：总价＝单价×数量，路程＝速度×时间，并能运用数量间的关系解决一些简单的实际问题。 **五、平行四边形和梯形** 1. 通过观察、操作等活动，理解垂直与平行的概念，认识垂线、平行线；会用直尺、三角尺画垂线。 2. 经历动手操作和自主探究的过程，掌握平行四边形和梯形的特征。 3. 通过分类、比较、归纳等多种活动，理解平行四边形、梯形、正方形、长方形之间的关系，并逐步形成空间观念。 **六、除数是两位数的除法** 1. 理解口算整十数除整十、几百几十的数的算理，掌握计算方法（商是一位数）。 2. 理解两、三位数除以两位数的算理，掌握计算方法。 3. 经历探索过程，了解商的变化规律，能灵活运用商的变化规律进行简便计算。 4. 能结合具体情境进行除法估算。 5. 能够运用所学的除法知识解决简单的实际问题，感受数学在生活中的作用。 **七、条形统计图** 1. 经历描述和分析简单数据的过程，进一步体会统计在现实生活中的意义，理解数学与生活的密切联系。	**四、小数的意义和性质** 1. 结合情境，通过观察、操作等活动理解小数的意义，掌握小数各部分的名称和小数的数位顺序、计数单位等；会读、写小数，会比较小数的大小。 2. 掌握小数的性质和小数点位置移动引起小数大小变化的规律。 3. 根据小数的性质，能把小数进行化简和改写。会进行小数和十进复名数的相互改写。 4. 能根据要求用"四舍五入"法保留一定的小数位数，求出小数的近似数；感受近似数在生活中的广泛应用，并能把较大的数改写成用"万"或"亿"作单位的小数。 5. 进一步提高归纳、概括能力。 **五、三　角　形** 1. 通过观察、操作和实验探索等活动，认识三角形的特性，知道三角形任意两边之和大于第三边。 2. 通过分类、操作活动，认识锐角三角形、直角三角形、钝角三角形和等腰三角形、等边三角形，知道这些三角形的特点并能够辨认和区别。 3. 通过画、量、折、分等操作活动，发现三角形的内角和是 180 度；并在发现、提出、分析和解决问题的过程中，以及三角形边数增加变化中感悟数学研究方法，发现多边形的内角和，渗透合情推理。 4. 体会学习数学的乐趣，提高学习数学的兴趣。 **六、小数的加法和减法** 1. 在具体情境中自主探索小数加、减法的计算方法，理解计算的算理，掌握一般算法，并能正确地进行加、减及混合运算。 2. 经历计算、比较、归纳、推理等活动，理解整数运算定律对于小数同样适

年级	上 学 期	下 学 期
四年级	2. 会根据统计表的数据完成条形统计图。 3. 初步认识条形统计图(1格表示1个单位和1格表示多个单位),会根据条形统计图进行数据分析,能根据统计图中的数据提出并回答简单的问题,初步体会数据中所蕴含的信息。 4. 在调查活动中认识统计在生活中的重要作用,感受数学与生活的联系。激发学习兴趣,培养细心观察的良好学习习惯以及合作意识和实践能力。 **八、数学广角——优化** 1. 通过简单的生活事例,初步体会运筹思想和对策论方法在解决实际问题中的应用,感受数学学习的魅力。 2. 经历自主探究的过程,体验解决问题策略的多样性,并积累数学的基本活动经验,感悟优化的数学思想,形成寻找解决问题最优方案的意识。 3. 感受到数学在日常生活中的广泛应用,尝试用数学的方法解决实际生活中的简单问题,初步培养应用意识和解决实际问题的能力。 4. 逐渐养成合理安排时间的良好习惯。	用,并会运用运算定律进行一些小数的简便计算,进一步发展数感,增强计算的灵活性。 3. 体会小数加、减运算在生活、学习中的广泛应用,在具体情境中感受问题和计算的价值性,使小数计算成为一种学习的需要,而不是简单的计算,从而获得积极的情感体验。 4. 进一步体验数学与生活的联系,感受学习数学的意义和价值,增强学习数学的信心。 **七、图形的运动(二)** 1. 在观察、操作等活动中,进一步认识轴对称图形及其对称轴,体会轴对称图形的特征和性质,并能在方格纸上补全一个轴对称图形的另一半。 2. 会在方格纸上画出一个简单图形沿水平方向、竖直方向平移后的图形,感受平移运动的特点,发展空间观念。 **八、统 计** 1. 体会平均数的作用,能计算平均数,能用自己的语言解释其实际意义。 2. 认识复式条形统计图,了解复式条形统计图的特点,能根据收集的数据在提供的样图中完成相应的复式条形统计图,并根据统计图和数据进行数据变化趋势的分析。 3. 能根据复式条形统计图提出并回答简单的问题,进行简单的类推分析,进一步体会统计在现实生活中的作用。 **九、数 学 广 角** 1. 了解"鸡兔同笼"问题,尝试用数学的方法来解决实际生活中的简单问题,感受古代数学问题的趣味性。 2. 经历自主探究解决问题的过程,体验解决问题策略的多样化。了解列表法、假设法等解决问题的方法,在解决问题的过程中培养逻辑推理能力,增强应用意识和实践能力。

年级	上　学　期	下　学　期
五年级	**一、小数乘法** 1. 理解小数乘、除法计算法则,能够比较熟练地进行小数乘、除法笔算和简单的口算;自主探索小数乘法的计算方法,能正确进行笔算,并能对其中的算理作出合理的解释。 2. 会用"四舍五入"法截取积是小数的近似值。 3. 根据整数乘法运算定律来探索小数乘法的运算定律,会应用所学的运算定律及其性质,理解整数乘法运算定律对于小数同样适用,并会运用这些定律进行关于小数乘法的简便运算,进一步发展数感。掌握确定小数乘法中积的小数点位置的方法,完成对知识的进一步迁移。 4. 体会小数乘法是解决生产、生活中实际问题的重要工具。 **二、位　　置** 1. 在具体的情境中,探索确定位置的方法,能用数对表示物体的位置。 2. 能在方格纸上用数对确定位置。 3. 知道数对与方格纸上的点存在对应关系,进一步培养空间观念。 **三、小数除法** 1. 掌握小数除法的计算方法,能正确地进行计算。 2. 会用"四舍五入"法截取商是小数的近似值,能根据实际情况用"进一法"和"去尾法"截取商的近似值,初步认识循环小数、有限小数和无限小数。 3. 通过计算器自主探索小数乘除法的计算规律,从而解决有关小数乘除法的问题。 4. 会解决有关小数乘除法的简单实际问题,体会小数除法的应用价值。 **四、可　能　性** 1. 在具体情境中,通过现实生活中的有关实例感受简单的随机现象,初步体验有些事件的发生具有确定与不确定性。	**一、观察物体(三)** 1. 经历观察和操作的过程,从中认识到从不同位置观察物体所看到形状是不同的,能正确辨认从正面、左面、上面观察到的物体形状。能根据给出的从一个方向看到的形状图,用给定数量的小正方体摆出相应的几何组合体,体会可能有不同的摆法。 2. 能根据给出的从三个方向看到的形状图,用小正方体摆出相应的几何组合体,体会有些摆法的确定性。 3. 通过用小正方体拼搭几何组合体的活动,经历观察、操作、想象、猜测、分析和推理等过程,积累活动经验,提高空间想象和推理能力,进一步发展空间观念。 **二、因数与倍数** 1. 从操作中理解因数与倍数的意义;根据质数与合数的特点正确区分质数与合数,并知道它们之间的联系。 2. 通过自主探索,掌握2、5、3的倍数的特征。 3. 通过事物之间的相互联系、相互依存的关系,逐步培养数学抽象能力,并渗透分类的思想。 4. 经历与他人合作交流解决问题的过程,尝试解释自己的思考过程。 5. 通过利用因数和倍数的相关知识来解决相应的实际问题,进一步体会数学的应用价值。 **三、长方体和正方体** 1. 通过观察和操作,认识长方体和正方体的特征以及它们的展开图。 2. 通过实例,掌握并理解长方体与正方体的表面积与体积(容积)的计算方法的推导过程,了解体积(包括容积)的意义及度量单位(立方米、立方分米、立方厘米、升、毫升),会进行单位之间的换算。感受 $1 m^3$、$1 dm^3$、$1 cm^3$ 以及 $1 L$、$1 mL$ 的实际意义,熟练掌握计算公式,建立正确的体积观念。

年级	上　学　期	下　学　期
五年级	2. 通过实际活动,能列出简单的随机现象中有可能发生的结果。 3. 通过实验、游戏等活动,感受随机现象,知道事件发生的可能性有大有小,能对一些简单事件发生的可能性做出正确的描述,并能与同学一起交流自己的想法。 4. 培养初步的分析问题、解决问题的能力。 **五、简 易 方 程** 1. 初步认识用字母表示数的意义和作用,能用字母表示运算定律和计算公式等,初步了解简易方程,能用等式的性质解简易方程,培养书写规范与自我检查的习惯。 2. 在了解方程的意义的基础上,经历用字母表示数和解简易方程的过程,体验概括、发现、归纳、转化的学习方法。 3. 感受到数学与现实生活的联系,初步学会用方程解决一些简单的实际问题;启发思维,培养独立思考的能力。 **六、多边形的面积** 1. 利用方格纸以及割补、拼摆等方法,探索并掌握平行四边形、三角形和梯形的面积计算公式,并能正确地计算相应图形的面积;了解简单组合图形面积的计算方法。 2. 应用转化的数学思想方法,会把组合图形分解成已学过的平面图形,并利用计算公式算出它的面积。 3. 能用有关图形的面积计算公式解决简单的实际问题。在解决问题的过程中,感受数学和现实生活的密切联系,体会学数学、用数学的乐趣。 **七、数 学 广 角** 1. 结合生活中的事例,通过观察、操作及	3. 结合具体情境,探索并掌握长方体和正方体的体积和表面积的计算方法,并掌握体积单位间的进率,能运用所学知识解决一些简单的实际问题。 4. 介绍容积的概念及容积单位与体积单位的关系,掌握某些实物体积的测量方法,重视动手操作能力与发散思维。 **四、分数的意义和性质** 1. 了解分数的产生,理解分数的意义,明确分数与除法之间的关系。 2. 理解掌握分数的基本性质,会比较分数的大小。 3. 认识真分数和假分数,知道带分数是假分数的另一种书写,能把假分数化成带分数或整数。理解公因数与最大公因数、公倍数与最小公倍数的意义,能够找出两个数的最大公因数和最小公倍数,能比较熟练地进行通分和约分。 4. 会进行分数和小数的互化。 **五、图形的运动(三)** 1. 进一步认识图形的旋转和轴对称,探索图形旋转、成轴对称的特征和性质,能在方格纸上把简单图形旋转90度,并能在方格纸上画出一个图形的轴对称图形。 2. 通过动手操作与实际观察,初步学会运用对称、平移和旋转的方法在方格纸上设计图案,了解图形的旋转变换。 3. 体会图形变换在生活中的应用,利用图形变换进行图案设计,感受图案带来的美感和数学的应用价值。 4. 在活动中欣赏图形变换所创造出的美,进一步感受对称、平移和旋转在生活中的应用,体会数学的价值。

年级	上　学　期	下　学　期
五年级	交流活动,探索并认识不封闭线路上间隔排列中的简单规律,并能将这种认识应用到解决类似的实际问题之中,初步体会解决植树问题的思想方法。 2. 初步培养从实际问题中探索规律、找出解决问题的有效方法的能力;渗透数形结合的思想,培养借助图形解决问题的意识。 3. 在积极参与的过程中获得成功的体验,在学会与人分享的过程中体验学习数学的乐趣,同时也培养爱护环境的意识。	**六、分数的加法和减法** 1. 理解分数加、减法的算理。掌握分数加、减法的计算法则,能够比较熟练地计算分数加、减法。 2. 理解整数加法的运算定律对分数加法仍然适用,并会运用这些运算定律进行一些分数加法的简便运算,进一步提高简算能力。 3. 掌握分数和小数的互化方法,能正确地进行分数、小数加减混合运算。会解答分数加、减法应用题,进一步体会分数加减运算在生产、生活中的广泛应用。 4. 初步学会运用所学的数学知识和方法解决生活中一些简单的实际问题。 **七、折线统计图** 1. 根据数据的具体情况,选择用适当的统计量表示数据的不同特征。 2. 通过对复式折线统计图的初步认识,了解其特点,能根据需要选择适当的统计图,直观、有效地表示数据,能对数据进行简单的分析和预测,并回答简单问题。 3. 对在具体的情境下选择用哪种形式进行统计有一个初步的感受。 **八、数　学　广　角** 1. 能够借助纸笔对"找次品"问题进行分析,通过一系列观察、猜测、试验、推理等活动,归纳出解决这类问题的最优策略。体会解决问题策略的多样性及运用优化的方法解决问题的有效性,经历由多样到优化的思维过程。 2. 以"找次品"为载体,感受数学在日常生活中的广泛应用,培养应用意识和解决实际问题的能力。

年级	上　学　期	下　学　期
六年级	**一、分数乘法** 1. 理解分数乘法的意义,掌握分数乘法的计算方法,会进行分数乘法计算。 2. 通过整数乘法的计算规律探索分数乘法的计算方法,理解乘法运算定律对于分数乘法同样适用,并会应用这些运算定律进行一些简便计算。 3. 理解倒数的意义,掌握求倒数的方法,会解答求一个数的几分之几的实际问题。 4. 会运用分数乘法解决一些简单的实际问题,体会数学与日常生活的联系。 **二、位置与方向(二)** 1. 在具体的情境中,探索确定位置的方法,建立列、行的概念,能用数对表示物体的位置。 2. 能用数对表示具体情境中物体的位置。 3. 能在方格纸上用数对确定物体的位置。 4. 渗透数形结合的思想。 **三、分数除法** 1. 理解倒数的意义,掌握求一个数的倒数的方法。 2. 体会分数除法的意义,理解并掌握分数除法的计算方法,会进行分数除法计算。 3. 会解决一些和分数除法相关的实际问题。 4. 体会数学与生活的密切联系,体会并掌握模型、方程、数形结合等数学思想。 **四、比** 1. 理解比的意义,知道比与分数、除法的关系,并能类推出比的基本性质;能够正确地化简比和求比值。 2. 理解并掌握比的基本性质,会求比值、化简比,能运用比的知识解决有关的实际问题。	**一、负　数** 1. 结合生活情境,初步认识负数,加深对负数的认识。能从数学角度正确地读、写正数和负数;知道 0 既不是正数也不是负数。 2. 认识数轴和数轴上的数的排列规则,能借助数轴初步学会比较正数、0 和负数之间的大小。初步学会用负数表示一些日常生活中的实际问题。 3. 体验数学和生活的密切联系,激发学习数学的兴趣,培养应用数学的能力。 4. 在教学过程中,渗透数形结合的数学思想。 **二、百分数（二）** 1. 继续深化理解百分数的意义,了解百分数在生活中的应用,理解"折扣""成数""税率""利率"的含义。 2. 能够解答日常生活中常见的折扣、成数、税率、利率问题;能够进行小数、分数和百分数的互化的灵活转化。 3. 在分析问题和解决问题的过程中,体会解决问题的多种思路和途径,提高解决问题的能力。知道它们在生活中的简单应用,会进行这方面的简单计算。 4. 在理解、分析数量关系的基础上,正确地解答有关百分数的问题;感受百分数在生活中的广泛应用,提升学好数学的信心。 **三、圆柱与圆锥** 1. 借助日常生活中的圆柱和圆锥认识圆柱和圆锥的特征;认识圆柱的底面、侧面和高,认识圆锥的底面和高。 2. 探究并掌握圆柱的侧面积、表面积的计算方法,以及圆柱、圆锥体积的计算公式,会运用公式计算体积,解决有关的简单实际问题。

年级	上 学 期	下 学 期
六年级	3. 在理解比的意义、探索比与分数、除法之间的关系以及比的基本性质的过程中,体会类比法及推理思想,积累数学活动经验,体会数学知识之间的内在联系,把握数学知识的本质。 4. 经历用比描述生活现象和解决实际问题的过程,感受数学知识在日常生活中的应用价值。 **五、圆** 1. 认识圆是一种曲线围成的图形,掌握圆的基本特征,理解圆心、半径、直径及半径与直径的相互关系,学会用圆规画圆。 2. 用化曲为直的思想理解圆的周长,理解圆周率的意义,掌握圆周率的近似值,理解和掌握圆的周长与面积的计算公式;并能正确地计算圆的周长与面积,以及解决生活中的实际问题。 3. 用转化的思想推导圆的面积公式并解决生活中的实际问题。 4. 会计算半圆的周长,以及圆环、扇形的面积。 5. 理解轴对称图形的特征,体会圆的对称性。 **六、百分数(一)** 1. 理解百分数的意义,知道它在实际生产、生活中的应用;会正确地读、写百分数。 2. 能够进行小数、分数和百分数的互化。 3. 能在理解题意、分析数量关系的基础上,正确地解答百分数应用题。 4. 能在理解、分析数量关系的基础上,正确地解答有关百分数的问题。理解折扣的意义,能解决生活中的实际问题。 5. 理解纳税、利息的意义,知道它们在实际生产、生活中的简单应用,会进行这方面的简单计算。 6. 体验数学与日常生活的联系,激发学习数学的兴趣,树立学好数学的信心。	3. 通过观察、设计和制作圆柱、圆锥体模型等活动,了解平面图形与立体图形之间的联系,发展空间观念。 **四、比 例** 1. 理解比例的意义和基本性质,会解比例。 2. 理解正比例和反比例的意义,能找出生活中成正比例和成反比例的实例,能运用比例知识解决简单的实际问题。 3. 了解比例尺,能求出平面图的比例尺及根据比例尺求图上距离或实际距离。认识正比例关系的图像,并能根据给出的有正比例关系的数据在有坐标系的方格纸上画出图像,会根据其中一个量在图像中找出或估计出另一个量的值。 4. 认识放大与缩小现象。 5. 通过放大与缩小现象,能利用方格纸等形式按一定的比例将简单图形放大或缩小,体会图形的相似。 6. 渗透函数思想,接受辩证唯物主义观点的启蒙教育。 **五、数学广角——鸽巢问题** 1. 经历"鸽巢问题"的探究过程,初步了解"鸽巢问题",会用"鸽巢原理"解决简单的实际问题,渗透"建模"思想。 2. 经历从具体到抽象的探究过程,提高思考和推理能力。 3. 通过对鸽巢问题的分析,理解鸽巢原理。通过"鸽巢原理"的灵活应用,提高解决数学问题的能力和兴趣,进一步感受数学文化及数学魅力。 **六、整理与复习** 1. 比较系统地掌握整数、小数、分数和百分数、负数、比和比例、方程的相关基础知识;能比较熟练地进行整数、小数、分数的四则运算,能进行整数、

年级	上　学　期	下　学　期
六年级	**七、扇形统计图** 1. 通过实例认识扇形统计图的特点和作用。 2. 知道扇形统计图可以直观地反映部分数量占总数的百分比，能从扇形统计图中读出必要的信息；并能根据数据作出简单分析、判断和预测。 3. 根据扇形统计图提供的信息进行简单计算。 4. 体会统计与生产、生活的密切联系，感受统计的实用价值。 **八、数学广角——数与形** 1. 通过自主探究发现图形中的规律，并会应用所发现的规律解决一些有关数的问题。 2. 在解决数学问题的过程中，体会和掌握数形结合、归纳、推理、极限等基本的数学思想，会利用图形来解决一些有关数的问题。 3. 通过以形思数的直观性，结合数形结合思想，感受数学的趣味性，培养勇于探索的精神。	小数加、减、乘、除的估算，会使用学过的简便算法，合理、灵活地进行计算；会解学过的方程；养成检查和验算的习惯。 2. 掌握所学几何形体的特征，并能进行一些几何形体的周长、面积和体积计算。巩固常用计量单位的表象，掌握所学单位间的进率，并能够进行简单的改写。 3. 巩固所学的简单的画图、测量等技能；巩固轴对称图形的认识，会画一个图形的对称轴，巩固图形的平移、旋转的认识；能用数对或根据方向和距离确定物体的位置，掌握有关比例尺的知识，并能应用。 4. 掌握所学的统计初步知识，能够观察和绘制简单的统计图表，并能根据数据作出简单的判断与预测，会求一些简单事件的可能性，能够解决一些计算平均数的实际问题。 5. 进一步感受数学知识间的相互联系，体会数学的应用价值；掌握所学的常见数量关系和解决问题的思考方法，能够比较灵活地运用所学知识解决生活中一些简单的实际问题，提高分析和解决问题的能力。

　　我校"智趣数学"课程总体目标和学科课程年级目标的确立，以关注学生发展为出发点，立足于学生数学科学力及核心素养的培养，整合学科内容，创新课堂活动，让数学的魅力催生学生数学学习的动力，有效提升课堂教学质量。

第三节　搭建主题探究学习舞台

　　数学教学是一个生动活泼的、主动的和富有个性的过程。我校数学学科课程注重激发学生的兴趣,提升学生的思维能力,培养学生的多元智力。基于上述理解,我校设立了学科课程与学科延伸课程相统一的"智趣数学"课程体系。

一、学科课程结构

　　《义务教育数学课程标准(2022年版)》指出:"义务教育阶段数学课程内容由数与代数、图形与几何、统计与概率、综合与实践四个学习领域组成。"[1]按照课程内容的相关要求,依据数学学科课程理念,结合学校实际,从"智趣速算、智趣空间、智趣数据、智趣生活"四个方面进行课程构建,形成"智趣数学"特色课程结构。(见图1-1)

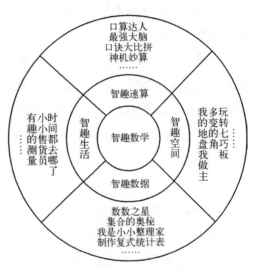

图1-1　郑州市管城回族区外国语小学"智趣数学"课程结构图

　　上图中,各版块课程内容如下:

　　智趣速算,小学数学教学的一项重要任务是培养计算能力,要求学生算得正确、迅速,同时还要注意方法的合理性和灵活性。因此,通过"智趣速算"课程中的游戏、竞赛、限时口算、自编计算题等方式进行训练,提高学生的计算速度。当然,我们也应该在强化学生的基础知识教学,促使学生掌握一定的计算基本技能及培养学生良好的学习习惯上下功夫,力求使我们的学生具有较强的计算能力。

---

[1] 中华人民共和国教育部.义务教育数学课程标准(2022年版)[S].北京:北京师范大学出版社,2022:16.

智趣空间,空间观念和几何直观是课标要求的核心素养,也属于小学数学空间知识块。通过"智趣空间"课程中设置的一些实践操作活动和比赛,让学生在充分感知、自主探索、动手实践的基础上抽象出图形的概念、发现图形的特征,帮助学生直观地理解数学,亲历体验学习的过程,为发展学生的空间观念奠定基础。

智趣数据,数据分析是统计的核心。现实生活中有许多问题都需要通过收集数据与数据分析来作出判断。通过在"智趣数据"课程中设置一些调查、统计、数据分析等活动,让学生在熟悉的生活情境中进行数据分析,帮助学生体会到数据中所蕴藏的信息,了解多种数据分析方法,并通过数据分析体验随机性,培养学生对数据的敏锐洞察力。

智趣生活,随着现代信息技术的飞速发展,数学更加广泛应用于社会生产和日常生活的各个方面。通过"智趣生活"课程中设置的一些活动,将数学学习与生活紧密结合起来,把生活经验数学化,数学问题生活化,体现"数学源于生活、富于生活、用于生活"的思想,让学生体会数学就在身边,感受数学的趣味和作用,体验数学的魅力。

二、学科课程设置

《义务教育数学课程标准(2022年版)》指出:"义务教育数学课程以习近平新时代中国特色社会主义思想为指导,落实立德树人根本任务,致力于实现义务教育阶段的培养目标,使得人人都能获得良好的数学教育,不同的人在数学上得到不同的发展,逐步形成适应终身发展需要的核心素养。"[①]针对数学教学知识技能、数学思考、问题解决、情感态度四个方面的课程目标,依据小学生的认知发展特点,遵循由易到难、由简到繁、由平面到立体的循序渐进原则,推动学生参与体验多样化、弹性化的活动,激发学生学习数学的兴趣与热情,促进学生思维能力与创新能力的发展。我校"智趣数学"课程设置以年级为纵向,以学科课程为横向,呈现立体式、多维度、全方位的特征,开设顺序和课时分配具体如下。(见表1-3)

---

① 中华人民共和国教育部.义务教育数学课程标准(2022年版)[S].北京:北京师范大学出版社,2022:2.

表1-3 郑州市管城回族区外国语小学"智趣数学"课程设置表

主题\年级\学期		智趣速算	智趣空间	智趣数据	智趣生活
一年级	上学期	口算达人	小小建筑师	数数之星	时间都去哪了
	下学期	最强大脑	玩转七巧板	我是小小整理家	小小售货员
二年级	上学期	口诀大比拼	多变的角	你来编我来猜	有趣的测量
	下学期	口算比赛	运动的图形	小小统计员	小小设计师
三年级	上学期	谁主沉浮	小图形大奥秘	集合的奥秘	我是小小编程员
	下学期	神机妙算	我的地盘我做主	制作复式统计表	搭配中的学问
四年级	上学期	速度与激情	神奇的线与形	制作条形统计图	最优化策略
	下学期	头脑风暴	探秘金三角	果汁分你一半	舌尖上的数学
五年级	上学期	智趣小蝌蚪	多变多边形	制作复式条形统计图	植树问题
	下学期	分数组合大战	长方体兄弟组合	制作折线统计图	打电话
六年级	上学期	秒答口算	巧设起跑线	制作扇形统计图	车轮的奥秘
	下学期	巧解计算	圆柱容球	找规律	有趣的平衡

三、学科课程内容

《义务教育数学课程标准(2022年版)》(以下简称《课标》)指出:"教材编写应关注核心素养发展的阶段性,准确把握每个学段每个主题的内容要求和学业要求;遵循螺旋上升原则,使学生对数学知识的理解不断深入,使教材体现核心素养发展的阶段性。"[1]依据《课标》要求,在不违背数学知识逻辑关系的基础上,根据学生的数学学习认知规律、知识背景和活动经验,设置课程内容如下。(见表1-4)

---

[1] 中华人民共和国教育部.义务教育数学课程标准(2022年版)[S].北京:北京师范大学出版社,2022:4.

表1-4 郑州市管城回族区外国语小学"智趣数学"课程内容表

年级	课程名称	学 习 目 标	学 习 要 点
一年级上学期	口算达人	掌握十几加几和十几减几的计算方法	1. 摆小棒,列加减算式; 2. 比拼20以内的加减法。
	小小建筑师	直观认识长方体、正方体、圆柱、长方形、正方形、三角形和圆	1. 出示实物,初步辨别各种图形; 2. 动手我能行。
	数数之星	体会学习数学的乐趣,提高学习数学的兴趣,建立学好数学的信心	1. 填百格图找出数的规律; 2. 准备100根小棒,练习从1数到100,并能10根10根捆扎。
	时间都去哪了	初步认识钟表,会认识整时和半时	1. 感知钟表面; 2. 你拨我猜。
一年级下学期	最强大脑	能够比较熟练地口算20以内的退位减法	比拼20以内的退位减法。
	玩转七巧板	初步感知所学的平面图形之间和立体图形之间的关系	1. 拼平面图形(三角形、长方形等); 2. 拼组大赛,萌发大智慧。
	我是小小整理家	初步感知分类的思想	1. 趣味游戏引出分类思想; 2. 生活情境我来举例。
	小小售货员	能够运用所学的知识解答生活中的简单问题	1. 角色扮演,化身售货员; 2. 小组比拼人民币的换算和简单计算。
二年级上学期	口诀大比拼	能够正确口算两位数加、减两位数(和在100以内),会正确计算几百几十加、减几百几十	整百数加减整百数大比拼。
	多变的角	结合生活情境及操作活动,初步认识角,知道角的各部分名称,初步学会用尺画角	1. 找角小能手; 2. 动手操作我最棒(画角)。
	你来编我来猜	灵活运用加减乘除法	两人一组,根据对方所说的简单数据,进行加、减、乘的组合并快速计算。
	有趣的测量	运用所学知识测量生活中常见物品的尺寸	两人一组,合作测量。

年级	课程名称	学 习 目 标	学 习 要 点
二年级下学期	口算比赛	能够快速且正确地进行口算	理解两位数加、减两位数的算理,掌握口算的方法。
	运动的图形	结合实例,初步感知平移、旋转现象	1. 视频播放,感受图形运动; 2. 描述运动过程我最行。
	小小统计员	了解统计的意义,会用简单的方法收集和整理数据	1. 我是小小调查员(调查班级里同学最喜爱的颜色); 2. 读图能力我最强。
	小小设计师	会在方格纸上画出一个简单图形沿水平方向、竖直方向平移后的图形	发挥想象力创造图案。
三年级上学期	谁主沉浮	能正确口算两位数加减两位数;会正确计算几百几十加减几百几十	争做计算小达人。
	小图形大奥秘	认识四边形的特征,进一步掌握长方形和正方形的特征,会在方格纸上画长方形、正方形	1. 发挥想象力,用不同的四边形画出美好的图画; 2. 成果展示全班评比。
	集合的奥秘	学会借助维恩图,运用集合的思想方法解决较简单的实际问题,从而感受数学与生活之间的联系	1. "集合"故事我来讲; 2. 集合圈信息我能读。
	我是小小编程员	通过观察、比较、猜测,初步探索数字编码的简单方法	1. 观察身份证编码; 2. 自主编码我展示。
三年级下学期	神机妙算	会口算整十、整百数乘整十数,会口算两位数乘整十、整百数(每位乘积不满十)	两位数乘整十、整百数我来练。
	我的地盘我做主	结合实例认识面积的含义,能用自选单位估计和测量图形的面积;体会引进统一的面积单位的必要性,认识面积单位	1. 小组合作设计图案; 2. 独立自主计算图形面积。

年级	课程名称	学 习 目 标	学 习 要 点
三年级下学期	制作复式统计表	认识复式统计表,并能根据数据完成统计表	1. 生活数据我来收集; 2. 同桌合作制作复式统计表。
	搭配中的学问	培养有序、全面地思考问题的意识和合作学习的习惯	1. 小组合作搭配服装; 2. 自主搭配丰富的午餐。
四年级上学期	速度与激情	掌握用一位数乘两位数(积在100以内)或几百几十的数的口算方法	计算接力各显神通。
	神奇的线与形	认识常见的几种角,会比较角的大小	1. 我来做活动角; 2. 个人展示角的变化过程。
	制作条形统计图	会根据统计表或单式统计图的数据完成复式条形统计图	1. 小组探究数字、图形、条形的变化; 2. 美观的条形统计图我来画。
	最优化策略	渗透初步的运筹数学思想方法,感受数学的魅力	1. 烙饼问题我来尝试; 2. 举一反三我最强。
四年级下学期	头脑风暴	探索和理解加法交换律、结合律,乘法交换律、结合律和分配律,能运用运算定律进行一些简便计算	神机妙算大比拼。
	探秘金三角	认识三角形的特性,会根据三角形边、角的特点给三角形分类	1. 探究活动我来发现; 2. 自主整理强化认知。
	果汁分你一半	认识平均数,了解平均数的特点	1. 移一移会求平均数; 2. 小组合作探究平均数公式。
	舌尖上的数学	了解健康的生活方式	1. 根据营养标准我来检验; 2. 营养标准午餐我来搭配。

年级	课程名称	学 习 目 标	学 习 要 点
五年级上学期	智趣小蝌蚪	熟练掌握小数四则混合运算	小数四则混合运算大比拼。
	多变多边形	利用方格纸和割补、拼摆等方法,探索并掌握平行四边形、三角形和梯形的面积计算公式;会计算平行四边形、三角形和梯形的面积	1. 数方格计算面积我能行; 2. 割补计算面积我最棒; 3. 巩固应用。
	制作复式条形统计图	进一步体会统计在现实生活中的作用	1. 我会区分(横向、纵向复式条形统计图); 2. 我会画复式条形统计图。
	植树问题	数形结合,发现隐含在不同的植树问题中的数学规律,抽取数学的本质,建立数学模型,将规律类化	1. 在具体情境中感知植树问题; 2. 举一反三,巩固练习。
五年级下学期	分数组合大战	熟练掌握分数加减法的算理	分数加减法大挑战。
	长方体兄弟组合	通过观察和操作,认识长方体和正方体的特征以及它们的展开图	1. 图片信息我来观察; 2. 书中问题我来思考; 3. 课后练习我来巩固。
	制作折线统计图	认识折线统计图,了解折线统计图的特点;根据统计图和数据分析数据变化趋势	1. 设置情境收集、整理、描述、分析数据; 2. 绘制折线统计图我来尝试。
	打电话	感受数学在日常生活中的广泛应用,尝试用数学来解决实际生活中的简单问题	1. 具体情境小组表演,探究打电话省时的最优方案; 2. 举一反三我能行。
六年级上学期	秒答口算	熟练掌握整数、小数、分数的四则运算	计算大比拼。
	巧设起跑线	结合实际生活,运用圆的知识计算所走弯道的距离	1. 观看视频了解起跑线; 2. 小组探究如何确定起跑线; 3. 对比评价。

年级	课程名称	学　习　目　标	学　习　要　点
六年级上学期	制作扇形统计图	通过实例,认识扇形统计图的特点,知道扇形统计图可以直观地反映部分数量占总数的百分比	1. 我来读懂扇形统计图; 2. 我来制作扇形统计图。
	车轮的奥秘	通过实例了解车轮的特征	1. 各种车轮我来制作; 2. 小组合作,对比发现车轮的奥秘。
六年级下学期	巧解计算	熟练掌握解比例的要点	比拼解比例。
	圆柱容球	运用读、问、操等一系列数学阅读活动,培养总结、概括能力	1. 小组合作探究新知; 2. 视频展示阿基米德圆柱容球。
	找规律	通过观察、实验、猜测、推理等活动发现图形和数字的排列规律	1. 规律发现我最快; 2. 强化练习,拓展提升。
	有趣的平衡	通过实验发现规律,初步感知杠杆原理	1. 实践操作发现杠杆原理; 2. 平衡现象我来发现。

以上为学科课程与学科延伸课程相统一的"智趣数学"课程体系。

第四节　实施促进学生发展的探究活动

《义务教育数学课程标准(2022年版)》指出:"教学目标的确定要充分考虑核心素养在数学教学中的达成。每一个特定的学习内容都具有培养相关核心素养的作用,要注重建立具体内容与核心素养主要表现的关联,在制订教学目标时将核心素养的主要表现体现在教学要求中。核心素养导向的教学目标是对'四基''四能'教学目标的继承和发展。'四基''四能'是发展学生核心素养的有效载体,核心素养对'四基''四能'教学目标提出了更高要求。"[1]我校实施的"智趣数学"旨在为学生创造生动活泼的数学课堂,让学生在乐中学,在学中思。将数学课堂与实际生活紧密衔接,在生活中体会数学,在数学中发现生活。数学学科通过构建"智趣课堂"、打造"智趣社团"、举办"智趣活动"、展评"智趣日记"、开展"智趣探究"等多种路径推进"智趣数学"课程实施。

一、构建"智趣课堂",创设数学情境

课堂教学是教学的核心,是提高学生素养的主渠道。为使学生获得数学的基础知识、基本技能、基本思想、基本活动经验,使学生主动地、独立地、富有个性地学习,培养其发现问题和提出问题的能力以及分析问题和解决问题的能力,我们构建了"智趣课堂"。

(一)"智趣课堂"的内涵与实施

"智趣课堂"是激发兴趣、智慧碰撞、智趣合一、思维生成的数学课堂。

激发兴趣的数学课堂。有效的教学活动是学生学与教师教的统一。数学教学活动,应该激发学生的学习兴趣,引发学生思考,鼓励学生创造性思维的发展。学生的学习应当是一个生动活泼的、主动的和富有个性的过程。动手实践、自主

---

[1] 中华人民共和国教育部.义务教育数学课程标准(2022年版)[S].北京:北京师范大学出版社,2022:84.

探索、合作交流等都是数学学习的重要方式。教师在认真钻研教材,创造性地使用教材的前提下,应该以学生的认知发展水平和已有经验为基础,面向全体学生,精心设计和组织教学活动,重视启发式、讨论式教学,因材施教。

智慧碰撞的数学课堂。"智趣课堂"立足于不同的学生在数学上得到不同的发展。课堂教学是教师与学生共同成长的过程,课堂的生命力在于学生在这一过程中生成自己的智慧,并在智慧火花的碰撞中激发自身的潜力。良好数学教育的落脚点是教育而不是教学,所以《课标》根据不同年龄段学生的特点在各学段中都设计了相应的学习目标、课程内容及评价方式。

智趣合一的数学课堂。"智趣课堂"不是模式化的教学。教师要根据学生的课堂表现和学习效果变化来不断地调整教学方法,以调动学生学习的积极性,让学生由"我要学"转化为"我想学"。"智趣课堂"的学习内容应该选取贴近学生生活的情境,使学生在教师的引导下主动思考、主动探索,并与他人合作交流,获得基本的数学活动经验。同时,教师要注意信息技术与课程内容的整合,开发性地向学生提供丰富的学习资源,把现代信息技术作为学生学习数学和解决问题的有力工具,使学生乐意投入到现实的、探索性的数学活动中去,提高实效性。

思维生成的数学课堂。教学不是单一的,它融合了教育和教学两个过程。因此,要保护学生的疑问,正因为疑问才会引发学生的深度思考,才会有自我创造,从而促进数学思维的生成。思维是人脑对客观事物的本质和事物间内在联系的规律性作出概括与间接的能动反映,学生通过眼、耳、脑多感官协同领悟思维活动过程。因此,教师在课堂上应关注教学过程的动态变化,注重学生的实时感受,并及时引导。教材内容的编排由浅入深、由表及里、循序渐进,教师在激发学生的发散性思维时,应避免照本宣科的教学方法。在课堂教学中,也可以对教学内容进行适度灵活调整,使学生在学习过程中体会跳一跳"摘桃子"的感受。

总之,"智趣课堂"是智慧火花碰撞、绽放趣味风采的课堂。不仅体现了数学来源于生活、扎根于生活、应用于生活的课程性质,同时也引导学生主动思考,把数学知识应用到生活实践中,达到数学与生活融于一体的境界。

此外,"智趣课堂"的实施从以下几个方面入手:

目标明确。教学目标是教学活动实施的方向和预期达成的结果,是一切教学活动的出发点和最终归宿。它关系着整个教学过程的成败,所以,教学流程的设置、教学方法的选择以及教学资源的利用都至关重要。在确定教学目标时应注意以下几点:一方面,对三维教学目标的确定要全面,特别是过程与方法;另一方面,对教学目标的定位要准确,围绕《课标》明确教学维度,厘清教材内容,结合学生实际合理确定目标。

方法多样。一方面是学生学习方法多样化:第一,应教会学生阅读,加强学生对数学文字语言、符号语言、图形语言等几大环节的练习与训练,提高敏锐度及灵活性;第二,教会学生整理,教师应帮助学生厘清知识的来龙去脉,使知识条理化、系统化,易于学生在大脑中构建新旧知识的联系;第三是教会学生迁移,即培养学生利用已学的知识类比另一类知识,学会解决一道题进而能够解决一类问题,真正发展学生的创造力;第四,教会学生认知评价,通过自评、他评,帮助学生对自己的学习情况进行及时反馈,并引导学生进行对比,从中激发学习兴趣,提高效率;第五,教会学生探索,教师应鼓励学生大胆猜想、勇敢实践,提高学生的综合应用能力及灵活性。另一方面是教学方法多样化:同班学生智力、非智力及思维水平存在一定差异,因此可因地制宜、因材施教,精选例题,布置作业保底而不封顶,既关注群体活动,也要注意个体差异。

内容精选。在教学内容的选择上,应以课程目标为主要依据。首先,钻研教材,教师准确把握教材的科学性、系统性、逻辑性,吃透教材,才能巧妙地启发学生,及时导向调控;其次,教师应尊重学生自身的生活经验,结合生活实例以及当地的风俗等,灵活使用教材,做到学科性与生活性的统一;最后,课堂教学的选择应有利于学生的发展,并反映数学自身的发展。因此,其学习内容应当是现实的、有意义的且具发散性的,即实用性与发展性的统一。

结构优化。优化课堂结构就是进一步调整、充实、完善与教学过程相适应的教学要素。新《课标》强调课堂教学应以学生为主,倡导学生进行自主探究性学习。因此,教师要及时转变角色及观念,让学生成为课堂的主人。首先,通过课前预习让学生带着问题走进课堂,并通过生生答疑、师生答疑拓宽学生视野;其次,创设数学情境,引发学生认知冲突,进而激发学生的学习兴趣;此外,应在学生独立学习的基础上,积极开展小组合作学习,让小组成员间互相督促、互相帮助、互相学习,借此达到培养学生良好数学学习习惯的目的。

（二）"智趣课堂"的评价

根据"智趣课堂"的内涵特点,学校从教学目标、教学标准、教学过程及教学方法等方面制定"智趣课堂"评价标准,促进教师专业发展,引领课堂发展方向。具体评价如下。(见表1-5)

表1-5　郑州市管城回族区外国语小学"智趣课堂"评价量表

评价项目	评 价 内 容	得 分
目标切实(25分)	1. 学习目标基于学科素养和课程标准,适合校情学情,具体明确,操作性强,体现知识技能、思想方法的统一,突出活动性和实践性。 2. 在学习目标的基础上形成清晰的任务单。	
标准细化(25分)	1. 学习内容标准注重情境化、生活化、活动化,引导学生创造性地使用教材,并能结合所学数学知识应用于实际生活。 2. 通过整合相关学科知识,帮助学生对学习内容标准进行精深加工,会构建知识框架,会联系生活实际。	
过程灵动(25分)	1. 突出学生的主体地位,引导学生大胆实践、积极交流,勇于展示个性化观点。 2. 通过变式拓展,鼓励不同层次的学生进行个性展示,发展求异思维,引导学生广泛参与课堂学习。	
方法多样(25分)	1. 能根据学习内容,帮助学生选择恰当的学习方式,并体现学习方式的灵活性、多样化。 2. 从关注"教"走向关注"学",注重学法和策略指导,能适时有效地介入课堂,精讲点拨,变式拓展。	
综合评价		

二、打造"智趣社团",丰富数学体验

兴趣是学生最好的老师,基于学生的兴趣及特长,我们以"智趣社团"为途径,丰富学生的数学实践,满足学生的发展需求,培养学生的数学素养。

（一）"智趣社团"的内涵与实施

基于学生的不同年龄段和兴趣方向,我校设立了"趣味王国""数学文化馆"

"生活中的数学"等社团。力争实现人人学习有意义的数学,人人都能获得必需的数学。在学科组成员的共同努力下,逐步向特长型、专业型发展,逐渐提高学生的数学素养。

"趣味王国"社团,在一、二年级主要将数学知识融入到游戏中,或将数学活动设计成游戏,开展各种实践活动,让学生在玩中学习数学,充分感受数学的乐趣,激发学生学习数学的积极性,培养学习热情。

"数学文化馆"社团,在三、四年级有效渗透数学文化,使学生感受到数学的人文之美。在社团活动中将一些数学知识、数学家的故事融入进去,提高学生的学习兴趣和学习激情。同时,使学生了解数学发展与人类发展的紧密联系,体会数学的演变和进步。

"生活中的数学"社团,在五、六年级让学生善于观察、善于发现生活中的一些数学知识,并能运用这些知识经验来认识、解决有关的数学问题,让他们感到身边处处有数学,使数学成为学生看得见、摸得着、用得上的学科,从而提高他们学习数学的积极性。

基于以上社团的开展,我校数学组出台了相应的社团章程、学生社团管理制度等,努力使社团工作有章可循,逐步摸索出贴合学生实际需求,符合学生社团发展规律的方法。

提升社团综合品质是我校"智趣社团"文化发展的根本方向。在校领导的正确带领、广大教师的积极参与下,我们的"智趣社团"一直遵循学校对社团发展的要求,以"做数学、玩数学、学数学"为社训,打造智趣合一的数学社团。

(二)"智趣社团"的评价

为保证社团出成绩、上水平,真正成为学校每一个人的社团,特制定相应的活动评价标准,主要从情感态度、合作交流、实践能力与成果展示等维度进行评价。具体评价标准如下。(见表1-6)

表1-6 郑州市管城回族区外国语小学"智趣社团"评价量表

评价项目	评 价 标 准	分值	评价方式	得分
规划 (30分)	社团规范(规模不少于15人,有社团章程及管理制度,有活动场地)。	10	访谈学生 查阅资料	

评价项目		评价标准	分值	评价方式	得分
规划 (30分)		社团教师能够指导学生进行社团建设。	5	访谈学生 查阅资料	
		每次活动有详细方案,且方案中主题明确、重点突出、措施得当。	10	访谈学生 查阅资料	
		总结全面具体。	5	访谈学生 查阅资料	
实施 (50分)	活动安排	活动前有方案,活动后有总结。	5	访谈学生 查阅资料	
		按计划进行活动,每学期不少于15次。	5	访谈学生 查阅资料	
		学期末进行1次校内交流展示。	5	访谈学生 查阅资料	
	活动过程	组织有序,实施方法得当。	5	访谈学生 查阅资料	
		充分体现学生的主体地位,激发学生的兴趣。	10	访谈学生	
		过程性资料详细。	10	访谈学生 查阅资料	
	活动效果	目标达成度高。	5	访谈学生 查阅资料	
		学生喜爱度高。	5	访谈学生	
评价 (20分)		每学期至少对团员进行一次评定。	10	访谈学生 查阅资料	
		评价内容具体、方法合理。	10	访谈学生 查阅资料	

三、举办"智趣活动",乐享数学之趣

《义务教育数学课程标准(2022年版)》指出:"在义务教育阶段,数学思维主要表现为:运算能力、推理意识或推理能力。通过经历独立的数学思维过程,学生能

够理解数学基本概念和法则的发生与发展,数学基本概念之间、数学与现实世界之间的联系;能够合乎逻辑地解释或论证数学的基本方法与结论,分析、解决简单的数学问题和实际问题;能够探究自然现象或现实情境所蕴含的数学规律,经历数学"再发现"的过程;发展质疑问难的批判性思维,形成实事求是的科学态度,初步养成讲道理、有条理的思维品质,逐步形成理性精神。"①

因此,我们开展多种多样的数学活动,让学生参与其中,在提高学习兴趣的同时,促进其数学素养的发展。"智趣活动"的举办让学生在趣味活动中感受数学的转化,提升自身的数学素养能力,力求让学生从不同角度感悟数学的魅力。

(一)"智趣活动"的内涵与实施

结合学生的实际情况,"智趣活动"从"口算比赛""思维导图""制作学具""与名师面对面"四个方面展开。在巩固学生本体知识的基础上,拓展学生的思维,将理论知识转化成实践能力,从而促进学生的全面发展。

"智趣活动"主要围绕以下几个内容展开,具体课程的设立与实施情况如下。(见表1-7)

表1-7 郑州市管城回族区外国语小学"智趣活动"的设立与实施表

课程名称	课 程 内 容	组 织 实 施
口算比赛	以加法、减法、乘法计算题为主。	每周开展一次口算大比拼,以口算题卡、口算接龙等形式,统一时间、地点进行比赛。
思维导图	以每单元的教学内容为主,归纳总结,形成一幅美丽的"图画"。	利用每个问题,想出它的解题方法、思路,将这种思路转化成步骤写进数学思维导图里。
制作学具	以课本上用到的学具为主,自己动手制作,老师适时给出建议。	小组合作或独立进行合理设计和精心制作,一个月展示一次劳动成果。
与名师面对面	以指导学生学习,疏导学生心理为主要内容。	选取特定教师,4人一组,每周利用特定时间在学生活动室进行,对学生进行学习和心理上的指导。

---

① 中华人民共和国教育部.义务教育数学课程标准(2022年版)[S].北京:北京师范大学出版社,2022:6.

（二）"智趣活动"的评价

"智趣活动"的评价维度分为五大类别：活动目标、活动开展、学生表现、活动效果和数学素养。具体评价如下。（见表1-8）

表1-8 郑州市管城回族区外国语小学"智趣活动"评价量表

评价项目	评价要点	评 价 内 容	分值	得分
活动目标 （10分）	目标明确	符合学校育人目标，与学校课程目标一致。	2	
	切合实际	贴近生活，贴近学生，丰富学生的直接经验且具有一定的创新性。	3	
	内容丰富有趣	多方面、多层次引入信息，运用多种知识，内容生动有趣，体现数学的趣味性。	2	
	内容实用	拓展丰富学生的知识，有针对性地提高学生的能力。	3	
活动开展 （20分）	方法组织得当	组织形式符合学生的成长规律。	10	
		方法多样，多法结合。		
		指导适量，方法得当。		
	过程完整详实	方案详实，活动组织有力，具有安全性。	10	
		步骤完整，过程紧凑，具有逻辑性。		
学生表现 （30分）	学生自主性	积极参与活动，充分发挥自己的思维性。	10	
	学生能动性	获得知识的同时得到情感上的丰富。	10	
	学生创造性	充分调动学生，创造性地完成活动。	10	
活动效果 （20分）	师生共育	整个活动开展流畅，各个环节衔接紧密。	10	
		不仅学生通过活动得到能力上的提升，老师也在活动中有一定的收获。	10	
数学素养 （20分）	体会数学与自然及人类社会的密切联系，了解数学的价值，增进对数学的理解，增强学好数学的信心。		10	
	帮助学生在创新精神、实践能力、情感态度和一般能力等方面都能得到充分发展。		10	
综合评价				

四、展评"智趣日记",增强应用意识

"智趣日记"是培养学生的创新意识与实践能力,帮助学生从现实生活中认识数学、理解数学、发现数学及运用数学的智趣活动。

(一)"智趣日记"展评的内涵与实施

倡导学生联系实际生活,可以是与现行小学数学教材有关的内容,也可以是在日常生活中发现的数学问题;可记录利用所学的数学知识解释生活中的某些数学现象,或自己发现的数学奥秘、趣事,以及对书本知识的质疑,鼓励学生主动发现数学、探索数学奥秘。

我们将学生分为中年级组和高年级组两个组别,内容必须与数学学习有关,三至六年级各班学生人人撰写,教师选材,自由表达,教师监考,每班选出十篇进行年级展评,每年级选出 5 篇优秀日记参加学校的数学日记评选。由教师评委和学生评委选出一等奖、二等奖、三等奖,并进行奖励。

(二)"智趣日记"展评的评价

活动坚持评价维度的多样化,重视评价的过程性和发展性,实施过程中采取学生评价和教师评价相结合的方法,全面、客观地考察学生的数学思维与发现问题的能力,具体评价如下。(见表 1-9)

表 1-9 郑州市管城回族区外国语小学"智趣日记"评价量表

评 价 维 度	评 价 内 容	生评	师评	平均分
书写及卷面美观度的评定(10 分)	书写规范,字迹清晰、整洁。			
内容符合要求的评定(10 分)	所选题材符合要求。			
数学性评价的评定(40 分)	用数学的眼光探索发现问题的过程性。			
文学性的评定(40 分)	文字优美,语句通顺,结构合理。			

五、开展"智趣探究",培养实践能力

动手实践是学生学习数学的重要途径和方法之一,是数学活动的重要组成部

分。教学中引导学生开展观察、操作、猜想、推理、交流等活动,是《义务教育数学课程标准(2022年版)》提出的教学建议之一。动手实践为学生提供了思考、交流、探究的空间,有利于学生经历、体验、感悟知识的形成过程,获得数学活动经验。

(一)"智趣探究"的内涵与实施

"智趣探究"是让学生利用自己的双手和智慧在探索中亲自体会数学的奥妙,不断地激发学生的学习兴趣及探求新知的欲望,并因此产生对数学的向往,使学生自然地进入数学的奇妙世界。多次的、有深度的操作活动可以让学生真正经历知识形成的过程,"智趣探究"对于培养学生的动手实践能力至关重要。围绕"图形与几何"和"综合与实践"这两部分的课程内容,开展以下探究性学习。

玩转图形世界。让学生利用手中的数学学具,多方面地体验图形的变化与转化,让学生的智慧在小组合作中不断迸发火花,从而激励他们继续探索求真。

发现生活数学。让学生通过搜集生活中的数学素材,用已学习的知识去解读生活中的数学,激发学生的探究欲望。让学生利用自己的双手和大脑去解决生活中的数学小问题,鼓励学生大胆创新、勇于尝试。

(二)"智趣探究"的评价

以课程的性质和目标为依据,树立重参与、重过程和重发展的整体评价观,强调评价主体与方式的多元化、评价内容的综合性与全面性、评价标准的合理性与科学性以及评价方法和手段的多样性。重点要放在学生的发展水平、发展程度和发展层次上,引导学生进行自我反思性评价,关注学生的体验过程,关注学生在探究过程中形成的情感、态度、价值观、综合能力等等。对学生发展的评价不仅由指导教师来完成,还应积极鼓励学生自主评价、相互评价,有效利用学生家长的评价等。具体评价如下。(见表1-10)

表1-10 郑州市管城回族区外国语小学"智趣探究"评价量表

评 价 维 度	评 价 内 容	生评	师评	平均分
学习的态度(10分)	主动性和积极性。			
创新精神和实践能力发展(30分)	目标达成情况的描述或测量。			

评 价 维 度	评 价 内 容	生评	师评	平均分
认识、体验及方法技能的掌握情况（30分）	感悟及对学习方法和技能的掌握情况。			
自我反思性评价（30分）	自我认知清晰、及时，以及合理的反思。			

通过以上多种智趣途径，让学生充分感受到数学的内在魅力，在趣味学习中启迪智慧的发展，从而更加积极主动地去探究、去思考、去建构知识体系，形成数学思维和数学思想。

学生的数感、量感、符号意识、运算能力、几何直观、空间观念、推理意识、数据意识、模型意识、应用意识和创新意识是促进数学课程学习和数学思想形成的源动力。我校的"智趣数学"学科教学就是立志实现"让儿童享受思维与探索的美好""在趣味学习中启迪学生智慧发展"的课程理念融入数学课程建设的方方面面。

（撰稿人：张　旭　李　含　李俊俊　王孟茹　范　铭　李文博）

第二章

理性感：用数学的思维理解世界

数学是大自然的语言，是人类认识世界、探索世界的有力武器。 看似冰冷无趣的数字与公式中隐藏着宇宙的奥秘，启迪着人们的智慧。 数学课程离不开教学活动，充满智慧的数学课程会让儿童最终获得思维能力的提升，帮助儿童在掌握了必备的基础知识和基本技能的基础上获得"智慧的思维能力"，让儿童尝试用数学的思维理解这个世界。

立美数学：
探寻数学理性之美

　　郑州市管城回族区东关小学数学组现有教师 50 人，其中，中小学高级教师 3 人，河南省骨干教师 4 人，郑州市名师 1 人，郑州市骨干教师 3 人，管城区骨干教师 2 人，区级名师 3 人，拥有硕士研究生学历的青年教师 5 人。近年来，我校数学教师参加河南省、郑州市、管城区优质课比赛、基本功比赛，多次荣获一等奖。我校数学组在管城区数学教研室的指导下，认真开展教学研究，且课堂教学、听评课活动开展得扎实有效。全体数学教师集思广益，依据《教育部关于全面深化课程改革落实立德树人根本任务的意见》和《义务教育数学课程标准（2022 年版）》，提炼出"立美数学"的课程理念，推进数学学科课程群建设，取得了可喜的成效。

第一节 从探究出发的思维旅程

《义务教育数学课程标准(2022 年版)》提出:"义务教育数学课程以习近平新时代中国特色社会主义思想为指导,落实立德树人根本任务,致力于实现义务教育阶段的培养目标,使得人人都能获得良好的数学教育,不同的人在数学上得到不同的发展,逐步形成适应终身发展需要的核心素养。"[①]我们基于《义务教育数学课程标准(2022 年版)》和数学学科实际情况,学校数学团队深入研讨,确立数学学科课程哲学,引领数学学科发展方向,取得了良好的效果。

一、学科性质观

《义务教育数学课程标准(2022 年版)》体现了小学数学义务教育课程具有基础性、普及性和发展性的特征。通过义务教育数学课程的学习,儿童能够掌握必备的基础知识和基本技能,感悟基本的数学思想方法,积累必需的数学活动经验,初步发展抽象思维和创新性思维,提高推理能力和实践能力。这些能力能够为儿童未来的生活、工作和学习奠定坚实的基础。因此,在这样一个框架下讨论数学学科的核心素养显得尤其重要。在小学阶段,数学学科的核心素养主要表现为:数感、量感、符号意识、运算能力、几何直观、空间观念、推理意识、数据意识、模型意识、应用意识、创新意识。终极目标就是通过学习数学课程,学会用数学的眼光观察现实世界,用数学的思维思考现实世界,用数学的语言表达现实世界。

二、学科课程理念

依据《义务教育数学课程标准(2022 年版)》,结合我校数学学科课程发展历程、学校文化和数学学科自身独有的内涵,我校提出数学学科的核心概念为"立美

---

① 中华人民共和国教育部.义务教育数学课程标准(2022 年版)[S].北京:北京师范大学出版社,2022:2.

数学"。

"立美数学"是"激发兴趣，立理启智"的课程，呈现出的是一种理性的美。我们希望通过"立美数学"课程的学习，儿童可以达到用数学的眼光观察现实世界、用数学的思维思考现实世界、用数学的语言表达现实世界的目标。

"立美数学"是"重视表达、立言启思"的课程。爱因斯坦曾说："一个人的智力发展和他形成概念的方法，很大程度上取决于语言的表达能力。"语言是思维的物质外壳，思维不是凭空产生的，是借助于语言进行的。在"立美数学"课程的实施中，我们注重培养儿童运用准确、简练的语言，完整、有条理地表达自己对数学问题、数学现象和数学规律的思考过程的能力，培养儿童与他人交流合作解决数学问题的能力，从而拓展儿童的有序思维和逻辑思维。

"立美数学"是"引导探究，立思促美"的课程。在"立美数学"课程的实施中，我们倡导探究式学习，引导儿童提出创新性见解，让思维自由地飞翔，从而发展儿童的创造性思维和发散性思维。让儿童在思考的过程中，感受到数学的美，把学习数学当作一种美好的享受。

"立美数学"课程内容的选择基于数学教材，又对教材内容进行了扩展和延伸，具有自主、灵活、丰富、开放的特点。我们不仅选择具有现实性、趣味性和挑战性的素材作为学习、调查研究的内容，而且不拘泥于课时的限制。同时，还注重渗透一些重要的数学思想和方法。既重视对教材基础知识的巩固提高，也注重为学有余力的儿童提供更大的学习和发展的空间，让所有儿童都能在原有基础上得到提高。

总之，"立美数学"课程尊重儿童的个性差异，旨在立足课堂、校园拓展、放眼社会，引导儿童在生活中寻找数学、认识数学，挖掘生活中、教材中的数学问题，培养儿童的数学思维，提升儿童学习数学的兴趣与信心，增强儿童应用数学的意识，培养儿童的数学核心素养，为儿童未来的发展提供持续动力，帮助儿童实现美好人生。

第二节　展示数学的理性之美

从"立美数学"的学科课程理念出发，以《义务教育数学课程标准（2022年版）》为依据，梳理出我校数学学科课程总体目标和年级目标。

一、学科课程总体目标

依据《义务教育数学课程标准（2022年版）》提出的"通过义务教育阶段的数学学习，学生逐步会用数学的眼光观察现实世界、会用数学的思维思考现实世界、会用数学的语言表达现实世界"①，结合数学学科的课程性质和基本特点，确立我校数学学科的总体目标。

（一）数与代数

儿童能够理解和掌握数的概念，能够熟练进行四则运算，理解算理，掌握算法，初步体会数是对数量的抽象，形成数感和符号意识；会用含有符号的式子表达数量之间的关系或者规律，能够运用数量关系解决问题，感悟加法模型和乘法模型的意义，提高发现问题、提出问题和解决问题的能力。

（二）图形与几何

儿童能够从实际物体中抽象出几何图形，认识图形的特征，知道点、线、面、体之间的关系，逐步形成空间观念；理解统一度量单位的意义，知道度量的一般方法，能够熟练计算周长、面积和体积，逐步形成量感和推理意识；认识平移、旋转、轴对称的特征，能够结合具体情境判断物体的位置，发展空间观念和几何直观。

（三）统计与概率

儿童能够对数据信息进行收集、分类和整理，知道分类的方法，知道不同的分类标准会有不同的结果；会用统计图表、平均数、百分数等表示和分析统计结果，

---

① 中华人民共和国教育部.义务教育数学课程标准（2022年版）[S].北京：北京师范大学出版社，2022：11.

能够对结果提出问题并解决问题；了解随机现象，感悟数据的随机性，形成初步的数据意识。

（四）综合与实践

儿童能够在实际情境和真实问题中运用所学知识和技能，发现问题、提出问题、分析问题并解决问题；建立学科内部之间、学科与学科之间、数学与社会之间的联系，形成知识网络；能够总结积累活动的经验，提高解决问题的能力，提升数学核心素养。

需要说明的是，以上这四个方面并不是相互独立、割裂的，而是一个密切相关、相互联系的有机整体。这些目标的整体实现，是儿童受到良好数学教育的标志。

二、学科课程年级目标

依据数学课程总目标，我们厘定了义务教育阶段小学数学一到六年级的课程目标。这里以五年级课程目标为例。（见表 2-1）

表 2-1 郑州市管城回族区东关小学"立美数学"五年级课程目标

上学期（共同要求＋校本要求）	下学期（共同要求＋校本要求）
第一单元： 1. 理解和掌握小数乘法的算理和计算方法，能正确地进行小数乘法的计算和验算，会用四舍五入法截取积（小数）的近似值。 2. 理解整数乘法运算定律对于小数同样适用，并会运用这些运算定律进行小数乘法的简便运算。 3. 在解决有关小数乘法的简单实际问题过程中，理解估算的意义，初步形成估算意识，提高解决问题的能力。 4. 经历自主探索小数乘法计算方法，理解算理和解释算法的过程，体会转化的数学思想，初步培养学习迁移能力和推理能力。 5. 注重计算习惯和书写习惯的培养。	**第一单元：** 1. 能根据给出的从一个方向看到的形状图，用给定数量的小正方体摆出相应的几何组合体，体会可能有不同的摆法。 2. 能根据给出的从三个方向看到的形状图，用小正方体摆出相应的几何组合体，体会有些摆法的确定性。 3. 通过用小正方体拼搭几何组合体的活动，经历观察、操作、想象、猜测、分析和推理等过程，积累活动经验，提高空间想象和推理能力，进一步发展空间观念。 4. 通过动手操作，借助建立的直观表象进行推理，在拼摆小正方体的活动中不断验证并加以完善，探索出拼搭的方法。

上学期(共同要求＋校本要求)	下学期(共同要求＋校本要求)
第二单元： 1. 结合具体情境,能用数对表示物体的位置。 2. 能在方格纸上用数对表示物体的位置,体会数对表示位置的简捷、有效。 3. 知道数对与方格纸上的点存在对应关系。 4. 通过观察、分析、独立思考、合作交流等方式,将用生活经验描述位置上升为用数学方法确定位置,发展数学思考的能力,培养空间观念。	第二单元： 1. 理解因数与倍数的概念,能举例说明。 2. 通过自主探索,掌握2、3和5的倍数的特征,能准确判断2、3和5的倍数,促进数感的发展。 3. 了解质数(素数)与合数,能在1—100的自然数中找出质数与合数,并能熟练判断20以内的数哪个是质数,哪个是合数。 4. 知道有关概念之间的联系和区别,在建立概念、运用概念的过程中,逐步发展数学的抽象能力与推理能力。 5. 了解奇数与偶数,能准确判断奇数与偶数,通过探索奇数、偶数相加的结果是奇数还是偶数(奇偶性),丰富解决问题的策略。 6. 提升抽象思维能力,培养数学应用意识。
第三单元： 1. 掌握小数除法的计算方法,能正确地进行计算,能根据算式特点合理选择口算、笔算、估算、简算等方法灵活计算。 2. 掌握用"四舍五入"法截取商是小数的近似值,能根据实际情况合理运用"进一法"和"去尾法"取商的近似值。 3. 初步认识循环小数、有限小数和无限小数,能借助计算器探索规律并应用规律解决问题。 4. 能应用小数除法及其他运算方法解决一些实际问题。 5. 经历自主探索小数除法并理解算理和解释算法的过程,体会转化的数学思想,初步培养学习迁移能力和推理能力。 6. 注重计算习惯和书写习惯的培养。	第三单元： 1. 通过观察、操作,认识长方体和正方体的特征以及它们的展开图。 2. 通过实例,理解体积(包括容积)的含义,认识常用的度量单位(立方米、立方分米、立方厘米、升、毫升),建立1立方米、1立方分米、1立方厘米以及1 L、1 mL的表象,会利用单位间的进率进行简单的换算。 3. 探索并掌握长方体、正方体的体积和表面积的计算方法,并能解决一些简单的实际问题。 4. 探索某些实物的体积的测量方法。 5. 加强动手操作、自主探索,经历知识的形成过程。
第四单元： 1. 在具体情境中,通过现实生活中的有关实例感受简单的随机现象,初步体验有些事件的发生是确定的,有些是不确定的。 2. 通过实际活动,能列出简单的随机现象中所有可能发生的结果。	第四单元： 1. 知道分数是怎么产生的,理解分数的意义,明确分数与除法的关系。 2. 认识真分数和假分数,知道带分数是一部分假分数的另一种书写形式,能把假分数化成带分数或整数。

上学期(共同要求＋校本要求)	下学期(共同要求＋校本要求)
3. 通过试验、游戏等活动感受随机现象结果发生的可能性是有大小的,能对一些简单的随机现象发生的可能性大小作出定性描述,并能和同伴进行交流。 4. 在数学学习的过程中,提高提出问题、分析和解决问题的能力。通过操作活动和反思,积累数学活动经验,感受成功的体验,提高学习数学的兴趣。	3. 理解和掌握分数的基本性质,会比较分数的大小。 4. 理解公因数与最大公因数、公倍数与最小公倍数,能找出两个数的最大公因数与最小公倍数,能比较熟练地进行约分和通分,并能应用所学知识解决简单的实际问题。 5. 会进行分数与小数的互化。 6. 结合具体的情境,调动相关生活经验来帮助理解。
第五单元: 1. 初步认识用字母表示数的作用,发展符号意识,能够用字母表示学过的运算定律和计算公式,能够在具体的情境中用字母表示常见的数量关系。初步学会根据字母所取的值求含有字母式子的值。 2. 初步了解方程的作用,初步理解等式的基本性质,能用等式的基本性质解简易方程,初步体会化归思想。 3. 感受数学与现实生活的联系,初步学会用列方程来解决一些简单的实际问题,获得数学建模的初步体验,培养根据具体情况灵活选择算法的意识和能力。 4. 加强中小学数学的衔接,为进一步学习代数知识做好准备。	**第五单元:** 1. 进一步认识图形的旋转,探索图形旋转的特征和性质,能在方格纸上画出简单图形旋转90度后的图形。 2. 能从对称、平移和旋转的角度欣赏生活中的图案,并运用它们在方格纸上设计简单的图案,进一步感受图形变换带来的美感以及在生活中的应用。 3. 通过实际操作和解决问题,帮助理解图形的旋转,增强空间观念。
第六单元: 1. 通过动手操作,实验观察等方法,探索并掌握平行四边形、三角形和梯形的面积公式。 2. 会用面积公式计算平行四边形、三角形和梯形的面积,并能解决生活中的一些简单的实际问题。 3. 认识简单的组合图形,会把组合图形分解成已学过的平面图形,并计算出它的面积。 4. 会用方格纸估计不规则图形的面积。 5. 通过估计不规则图形的面积,培养估算意识和估算策略,为进一步学习圆面积和立体图形表面积打好基础。	**第六单元:** 1. 理解分数加减法的含义和算理,掌握分数加、减法的计算方法,并能正确地计算出结果。 2. 理解整数加法运算定律对于分数加法仍然适用,并会运用这些运算定律进行一些分数加法的简便运算,进一步提高运算能力。 3. 能用分数加、减法解决简单的实际问题,体会数学知识的应用价值。 4. 注重计算习惯(检验习惯)和书写习惯的培养。

上学期(共同要求＋校本要求)	下学期(共同要求＋校本要求)
第七单元: 1. 引导通过观察、猜测、试验、推理等活动,初步体会植树问题的模型思想。 2. 通过画线段图,初步培养探索有效解决问题的方法的能力。 3. 尝试用植树问题的方法来解决实际生活中的简单问题,培养解决实际问题的能力。 4. 经历和体验知识的形成过程,感悟重要的数学思想和方法。	**第七单元:** 1. 认识单式折线统计图,了解其特点,能根据需要用折线统计图直观地表示数据。 2. 认识复式折线统计图及其特征,能根据需要用折线统计图直观、有效地表示数据,并能对数据进行简单分析和预测。 3. 结合统计知识的学习,进一步体会统计在生活中的意义和作用,提高数学学习的兴趣。 4. 经历和体验统计的过程,培养发现问题、解决问题及进行合理推测的能力。
第八单元: 1. 通过总复习帮助儿童梳理、归纳知识,使本学期所学的数学知识进一步系统化。 2. 通过总复习,进一步理解和掌握所学的概念、运算法则、解决问题的方法、数学思想、方法巩固,学习成果。 3. 通过总复习能抓住重点、难点、弱点内容进行复习和整理,查漏补缺。 4. 通过总复习,学会综合运用所学知识、技能解决实际问题,提高计算能力和解决问题的能力,进一步发展代数思想、空间观念、统计观念,初步养成复习、整理、反思、评价的习惯。	**第八单元:** 1. 通过比较、猜测、验证等活动,探索解决问题的策略,渗透优化思想,感受解决问题策略的多样性,培养观察、分析、推理的能力。 2. 学习用图形、符号等直观方式清晰、简明地表示数学思维的过程,培养逻辑思维的能力。 3. 通过解决实际生活中的简单问题,初步培养应用意识和解决实际问题的能力。 4. 有意识地尝试用画直观图、流程图,并配以文字说明的方式表示逻辑推理的过程,逐步学会用数学化的方式表达思维过程。
	第九单元: 1. 通过总复习,对本学期所学的图形的运动、因数与倍数、长方体和正方体、分数的意义和性质、分数的加法和减法、折线统计图等知识进行梳理、归纳,实现进一步的理解和掌握。 2. 通过数学活动和综合练习,进一步培养发现问题、提出问题的能力,增强运用所学知识分析和解决简单实际问题的能力。 3. 通过总复习,在经历知识整理的过程中进一步养成回顾与反思的良好学习习惯,进一步体验数学与生活的联系,体会分类、数形结合、归纳、推理、模型等数学思想方法,积累数学活动经验,全面达到本学期规定的教学目标。

"立美数学"课程目标体现了数学课程的整体性与发展性,符合不同年龄儿童的心理特征和认知规律,同时,课程目标也在教师日常教学工作中起到了非常重要的指导作用。依据教学目标,结合儿童实际和学校实际,教师进行"立美数学"课程内容的设计与实施。

第三节　编织问题导向的学习体验

　　课程结构是课程目标转化为教育成果的纽带,是课程实施活动顺利开展的依据。学校基于国家基础课程,在学科整体目标和年级目标的指引下,根据儿童发展特点设置"立美数学"课程群,构建多彩丰富的智慧课程。

一、学科课程结构

　　依据《义务教育数学课程标准(2022 年版)》中划分的"数与代数""图形与几何""统计与概率""综合与实践"四部分课程内容,秉承"立美数学"的学科课程哲学,结合儿童发展特点,具体分为"立美计算""立美图形""立美统计""立美实践"四大类。(见图 2-1)

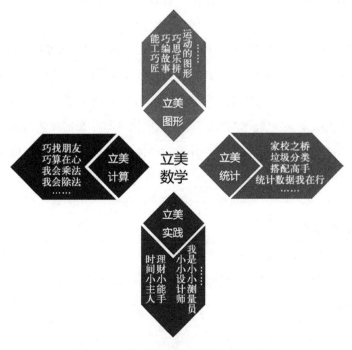

图 2-1　"立美数学"学科课程群结构图

具体阐述如下：

"立美计算"与《义务教育数学课程标准（2022 年版）》中所述的"数与代数"领域相对应，通过开展有趣的计算、听算、巧算等活动，培养儿童的数感，提高儿童的计算兴趣、计算能力，发展思维的灵活性。引导儿童在已有知识、经验的基础上，认识生活中常见的量关系，分析问题、解决问题，丰富解题策略。开设的课程包括"巧找朋友""巧算在心""我会乘法""我会除法"等。

"立美图形"与《义务教育数学课程标准（2022 年版）》中所述的"图形与几何"领域相对应，根据不同阶段儿童的学习特点和认知水平，设计人人参与的探究活动，让儿童在剪剪、拼拼、画画等动手操作活动中，体会图形变化的神奇，发展儿童的空间观念。开设的课程包括"能工巧匠""巧编故事""巧思乐拼""运动的图形"等。

"立美统计"与《义务教育数学课程标准（2022 年版）》中所述的"统计与概率"领域相对应，通过对现实生活中的数据资料进行收集、整理、分析，作出决策和预测。锻炼儿童客观地提炼和表述现实世界中的信息，准确地分析和把握信息中关键因素的规律性，科学地应用数据作出正确决策，发展统计观念。开设的课程包括"家校之桥""垃圾分类""搭配高手""统计数据我在行"等。

"立美实践"与《义务教育数学课程标准（2022 年版）》中所述的"综合与实践"领域相对应，以儿童的现实生活为背景，以问题为载体，以儿童的自主参与为主，注重数学学科特点及学科内部联系、数学与其他学科的联系、数学与儿童生活的联系。以自主探究、小组合作等形式，为儿童提供参与社会实践活动的平台，感悟数学与生活的联系，发展应用意识。开设的课程包括"时间小主人""理财小能手""小小设计师""我是小小测量员"等。

二、学科课程设置

"立美数学"课程依据各年级儿童学情，由易到难、由浅入深，由直观到抽象、循序渐进，贯穿小学六个年段，根据不同学段的知识储备和儿童需求编制不同的内容。（见表 2-2）

表2-2　郑州市管城回族区东关小学"立美数学"课程设置表

年级 学期	主题	立 美 计 算	立 美 图 形	立 美 统 计	立 美 实 践
一年级	上学期	巧找朋友	能工巧匠	家校之桥	时间小主人
	下学期	巧算在心	巧编故事	垃圾分类	理财小能手
二年级	上学期	我会乘法	巧思乐拼	搭配高手	我是小小测量员
	下学期	我会除法	运动的图形	统计数据我在行	小小设计师
三年级	上学期	小小诸葛——快乐估算	我是小小裁缝师	漫话统计	我是小小测量员
	下学期	小小诸葛——算理我最懂	魔幻平面图	解密我最行——我是小小密码师	跨越时空的奥秘——年、月、日
四年级	上学期	巧算专家	巧数图形	我是调查员（一）	巧安排
	下学期	运算探秘	探秘内角和	我是调查员（二）	午餐怎样搭配更营养
五年级	上学期	指点江山	图形变脸	好运连连	心中有"树"
	下学期	一眼望穿	能估会算	"计"高一筹	穿针引线
六年级	上学期	有理有据	探秘生活中的圆	三餐中的百分数	数与形的完美邂逅
	下学期	心中有数	包装盒里的图形奥秘	数据说郑州	游戏中的数学

三、学科课程内容

根据"立美数学"课程的整体架构,除基础类课程之外,根据不同年级儿童的年龄特点和拓展类课程的实施要求,课程内容设置如下表。(见表2-3至表2-8)

表 2-3 郑州市管城回族区东关小学"立美数学"课程内容表(一年级)

年级	学期	课程名称	学 习 目 标	学 习 要 点
一年级	上学期	巧找朋友	1. 通过游戏环节,探索并掌握 20 以内数的分与合,加深对 20 以内各数的理解。 2. 在游戏中逐步发展合作学习意识,培养学习数学的兴趣和热情。	1. 准备多张写有 1—9 数字的卡片,每人任意选一张,贴在胸前。 2. 教师手里准备若干标有 9—18 数字的卡片。 3. 当教师举起手中标有数字的卡片时,可根据自己身上的数字去找好朋友,两人或三人身上的数字和为教师手中的卡片数。 4. 教师每次举起的卡片数不同,找到的好朋友就不同,可多次玩。
		能工巧匠	1. 借助拼、搭活动,进一步加深对长方体、正方体、圆柱、球这些立体图形的认识与理解。 2. 获得对简单几何体的直观体验,初步建立空间观念。	1. 找一找:家里的长方体、正方体、圆柱、球等物品。例如,纸箱、积木等一些物品。 2. 摸一摸:长方体、正方体、圆柱、球等物品表面的特点。 3. 拼一拼、搭一搭:创作立体图形。例如:制作成小坦克、小汽车、小房子、火箭等物品。
		家校之桥	1. 通过说一说、画一画的活动,在真实的情境中理解前、后、左、右的含义。 2. 在活动中感受位置具有相对性,培养空间观念。 3. 通过探究统计学校到家的路线图,培养统计思想。	1. 说一说自己家所在小区的前、后、左、右分别是哪里,可以参照一些标志性建筑物。 2. 从家到学校,要经过哪些地方,说一说它们分别在你的哪个位置。 3. 从学校到家,要怎么走,动手画一画路线图;并统计出从学校到家的路线一共有多少条。
		时间小主人	1. 以绘画形式展现,对一天的时间进行排序。 2. 积极与材料互动,体验数学活动的乐趣。 3. 建立时间观念,培养珍惜时间、遵守时间的良好习惯。	1. 记:以表格形式记录自己在周末的一天里都做了哪些事情。 2. 画:以《我的一天》为主题进行绘画,比一比谁画得最丰富、最完整。 3. 讲:根据记录的表格说出每件事情所用的时间,并能描述出用时最长和用时最短的事情。

年级	学期	课程名称	学习目标	学习要点
一年级	下学期	巧算在心	1. 通过玩扑克牌,巩固100以内的加法和减法。 2. 培养口算能力,发展数感和培养思维的灵活性。	1. 每组准备扑克牌数字1—9,共36张。每组4人。 2. 每组每人任意抽取3张扑克牌,组成两位数加一位数或两位数减一位数的算式。 3. 将4人的算式根据得数按从大到小的顺序进行排队,完成速度最快的小组获胜!
		巧编故事	1. 充分发挥发散思维,充分感受到数学中蕴涵着丰富的文化内涵。 2. 在操作活动中,培养与他人合作的机会。	1. 教师讲解:教师首先讲解七巧板的组成,引导发现七巧板的特点。 2. 动手操作:用七巧板拼成一些平面图形,例如,三角形、正方形、长方形、平行四边形…… 3. 拓展延伸:教师出示用七巧板拼成的一些人物、动物等图案,例如,小鸟、乌鸦、兔子、狐狸等,并在此基础上用七巧板拼成的图案创编童话故事、寓言故事或古诗配图等,激发兴趣。 4. 小组合作:四人一组先讨论出编哪个故事,接着动手实践,用七巧板拼出故事中的主要人物或事件。 5. 汇报交流:小组代表展示自己用七巧板拼成的故事,并配以讲解。比一比谁拼得好,谁讲得好。
		垃圾分类	1. 能够用数学的眼光看世界。 2. 能根据分类的标准对生活中的垃圾进行分类。 3. 培养节约意识和环保意识。	1. 讲述垃圾与生活的联系:交流生活中哪里有垃圾,哪些是可回收垃圾、不可回收垃圾、有害垃圾? 2. 认识垃圾分类标志:正确区分垃圾分类标志的特征。 3. 学习垃圾分类方法:根据垃圾的特征进行分类。 4. 讨论垃圾分类意义:通过讨论和观看视频,懂得垃圾分类是为了节约资源,保护环境。

年级	学期	课程名称	学习目标	学习要点
一年级	下学期	理财小能手	1. 亲身参与实践活动，加深对人民币的认识，进一步掌握人民币的换算及简单的计算。 2. 通过购物的实践活动进行理财方面的学习。 3. 培养应用数学解决实际问题和进行数学交流的意识和能力。	1. 掌握币值和单位换算：认识人民币的币值，灵活地进行人民币的兑换。 2. 熟悉价格标签：小数点左边是元，小数点右边第一个是角，第二个是分。 3. 我是理财小能手：自己去购物。 4. 我是小小售货员：模拟购物场景，扮演售货员。

表 2-4　郑州市管城回族区东关小学"立美数学"课程内容表（二年级）

年级	学期	课程名称	学习目标	学习要点
二年级	上学期	我会乘法	1. 增强对乘法口诀的兴趣，提高对乘法口诀的熟练程度。 2. 会用画图、语言叙述等方式，表征理解问题和分析问题的过程，能运用乘加乘减解决简单的实际问题。 3. 利用数轴模型，将数、形、乘法口诀结合在一起，便于理解和记忆乘法口诀。	1. 数字卡片碰碰乐：任选两张数字卡片，说出二者相乘的结果。 2. 设计队形：排队跳舞，请你设计一个合理的队型。 3. 袋鼠跳：同桌两人合作，一人说出跳一次表示的数，并跳出相应的次数，另一人说出跳到了几。
		巧思乐拼	1. 加深对角的组成的理解，初步感受角的大小的与什么有关系。 2. 巩固对直角、锐角和钝角的认识，同时加深对直角、锐角和钝角之间的关系的理解。 3. 培养动手能力，积累数学活动经验和解决问题的经验，扩展数学思维。	1. 探索钟表里的角：利用钟面时针和分针的动态运动形成的角，加深对角的认识。 2. 玩转三角尺：选择一副或者两副三角板上的两个角分别拼出直角、锐角和钝角。 3. 神奇变变变：准备带有角的卡纸，然后通过剪掉一个角、两个角等来探索剩余的角的数量。

年级	学期	课程名称	学 习 目 标	学 习 要 点
二年级	上学期	搭配高手	1. 借助生活经验巩固对排列组合的认识,在解决问题的过程中培养有序、全面思考问题的意识。 2. 通过操作,更好地感受排列与组合的思想方法,感受数学与现实生活的联系。 3. 在解决生活中的实际问题的过程中感受排列与组合的不同。	1. 握握手:一个小组同学互相握手,你握了几次手? 全组同学共握了几次手? 2. 小小摄影师:三人同学坐成一排拍照,有几种不同的坐法?请你来当摄影师,帮他们排一排吧。 3. 营养搭配我在行:今天我当家,为全家人制作既好吃又有营养的早餐,你会怎么搭配呢?
		我是小小测量员	1. 认识身边物体的长度,能够选择用合适的方式来描述物体的长度。 2. 能够用测量工具测量身边物体的长度,初步建立长度观念。 3. 感受身体上的"尺",能够初步估测物体的长度,培养估测能力。	1. 制作米尺:自主设计并制作一把一米长的尺子,标上刻度;用自制的米尺量一量教室的长、宽等。 2. 测量身上的"尺":用尺子量一量"一拃"、"一庹"、"一脚"长。 3. 用身上的"尺"估测身边的物体,例如,估测课桌的长宽高、黑板的长、铅笔与橡皮的长等。
	下学期	我会除法	1. 熟练运用乘法口诀求商,获得成功体验,培养计算兴趣。 2. 通过操作,能够发现生活中在分物时,存在刚好分完和有剩余的情况,培养全面思考问题的意识。 3. 深化除法意义的理解,会用除法解决实际问题。	1. 走迷宫:手拿带除法算式的卡片排成行,闯关者在入口处通过计算找到相同商的算式,商和上一个算式相同,即通过,否则返回,最终找到出口。 2. 水果拼盘:拼盘内有若干块猕猴桃、苹果、葡萄,每个盘子里分别放固定数量的水果。请用学具或实物动手试一试,分一分。 3. 小小售货员:根据总钱数,物品单价,计算能购买多少物品,有没有剩余。

年级	学期	课程名称	学 习 目 标	学 习 要 点
二年级	下学期	运动的图形	1. 通过华容道、魔方等进一步感知平移和旋转,感受图形的运动。 2. 能够运用平移、旋转、对称等知识解决生活中的数学问题。 3. 感受图形的运动在实际生活中的应用,体会到数学与生活的紧密联系。	1. 探索华容道:自主探索 4×4 的数字华容道,同桌比拼谁复原得快。 2. 玩转魔方:自主探索三阶魔方,比一比谁拼好的面数最多、最快。 3. 你做我猜:一个人做动作,另一个人用图形运动的知识描述他的动作。
		统计数据我在行	1. 利用学过的画"正"字的方法记录数据,认识简单的统计表。 2. 体会运用数据进行表达与交流的作用,感受数据中蕴含的信息。 3. 体会调查所得的数据的作用,培养初步的数据分析观念。	1. 统计家里的防疫物品(酒精、消毒液、口罩等)的数量,用画正字的方法记录数据,制作一个统计表。 2. 对自己统计的结果进行简单分析。
		小小设计师	1. 利用图形的运动知识,设计自己喜欢的图案,激发创造力,发展空间观念。 2. 会用自己的语言描述图形的运动。 3. 感受轴对称、平移、旋转在生活中的广泛应用,感受数学的美。	1. 设计一个基本图案利用平移、旋转、轴对称等运动装扮自己的房间。 2. 图形消消乐:在方格纸上,找到对称轴,消除轴对称的图形。 3. 图形拼拼拼:从给定的图案中通过拼、贴、平移或旋转创造出新的图案。

表 2-5　郑州市管城回族区东关小学"立美数学"课程内容表(三年级)

年级	学期	课程名称	学 习 目 标	学 习 要 点
三年级	上学期	小小诸葛——快乐估算	1. 在抢答环节,了解估算的能力,出现错误的原因,调动估算的积极性。	1. 抢答:出示 20 道加、减、乘的估算题,自由抢答!出错者根据自己的估算结果作出适当的调整。

年级	学期	课程名称	学 习 目 标	学 习 要 点
三年级	上学期	小小诸葛 ——快乐 估算	2. 通过用编题的方法来解决问题，体会估算在生活中的运用，进一步感知估算策略的多样性、合理性。 3. 学以致用，基于兴趣和爱好，设计贴合生活的抢购计划，体会"凡事预则立，不预则废"的思想。	2. 编题：根据抢答的20道估算题，任选其一，进行编题大赛，看谁编的题目又快又好。 3. 计划：列出课外实践计划：根据"激情30秒，超市大抢购"的主题，设置一定的金额，列出一份抢购计划，并在课外和家长一起实施。
		我是小小裁缝师	1. 通过切割正方形和长方形，感受正方形与长方形以及与其他平面图形之间的联系。 2. 通过动手画一画等活动，充分感知长方形和正方形的构成以及边与边的联系。 3. 通过剪一剪等活动，感受周长的变化，以及在面的变化中运用边的平移引起的周长变化。	1. 画一画：在一个长方形中切出一个正方形，可能有哪些情况？把所有的情况画一画吧。 2. 切一切：把长方形或正方形的一个角切掉，探究形状的变化。 3. 剪一剪：你喜欢玩剪纸游戏吗？请用教师提供的若干张相同大小的正方形纸片和一把安全剪刀，从正方形纸片上剪下一个长方形，怎样剪剩下部分的周长会不变？怎样剪周长会变小？怎样剪周长会变大？
		漫话统计	1. 在具体情境中感受集合的思想，感知集合的产生过程，并建立集合模型。 2. 借助直观图，利用集合的思想方法解决较简单的实际问题，同时在解决问题的过程中，进一步体会集合思想，进而形成策略。 3. 渗透用多种方法解决重叠问题的意识，培养善于观察、勤于思考的学习习惯。	1. 谁坐得最好：课前准备红花和蓝花各10朵，针对学生课前的不同表现进行奖励，统计所发花数和人数，引出问题"为什么红、蓝花朵总数和人数不相等"。 2. 我站在哪里：红花站左边，蓝花站右边，分析为什么有人没有动或者左右来换位置？ 3. 我最会"说""画"：画出韦恩图，并说一说，每一部分所代表的含义，并尝试用多种列式的方法来解决问题。思考："怎样画出全班同学和得花同学的韦恩图？怎样画出全班同学和未得花同学的韦恩图？"

年级	学期	课程名称	学习目标	学习要点
三年级	上学期	我是小小测量员	1. 经历用不同方式测量较长距离以及获得自己步测数据和经验的过程，深刻地认识长度单位"米"和"千米"。 2. 能根据自己的经验估测并用不同方式测量一段路程的长度，发展量感。 3. 在用不同方法测量长度的活动中，获得实际测量的活动经验。	1. 实际操作，用尺子量出走路走一步的长度，并计量步行 100 米所用的时间和步数，认真做好记录。 2. 以 100 米的时间和步数为基础，和家长一起到校外走一千米的路程，体验一千米有多长。 3. 制作自己常去的地点的路线图，并标明路程、乘坐交通工具的速度以及大约所用的时间，在小组内分享交流。
	下学期	小小诸葛——算理我最懂	1. 通过写一写、画一画等方式，深化对算理的理解，体现算法的多样性。 2. 通过交流分享，感受算法的多样性，同时通过说一说提升思维水平。 3. 通过不同算法的交流，优化最优方法，提升口算两位数乘两位数的能力。	1. 方法我最多：请你选择用不同的方法表示出"14×12"的计算过程，比一比，谁的方法多。 2. 交流我最行：请你具体说一说你的计算方法是什么？使大家都能明白你的方法。 3. 算法谁最优： （1）你最喜欢谁的算法？说一说你喜欢的原因吧。（2）基于大家分享的方法和交流，你能口算算出"24×13"的结果吗？
		魔幻平面图	1. 通过比一比、画一画等活动，建立正确的面积单位的表象，发展空间观念。 2. 通过说一说、讲一讲等活动，进一步梳理长方形面积计算公式的由来，加深对知识本质的理解，培养结构化思维。 3. 通过想一想、画一画等活动，深化对长方形面积计算公式的理解，发展空间观念，培养推理能力。	1. 比一比，画一画：常用的面积单位有哪些？请你比一比、画一画吧！ 2. 说一说，讲一讲：一个长方形的长是 9 厘米，宽是 4 厘米，这个长方形的面积是多少呢？（1）说一说你是怎么算出来的？（2）讲一讲为什么长方形的面积计算公式是长乘宽？ 3. 想一想，画一画（给面积，想长和宽）：一个长方形的面积是 36 平方厘米，这个长方形会长什么样呢？将你想象中的长方形的样子记录下来吧，标清楚它的长和宽呦！

年级	学期	课程名称	学 习 目 标	学 习 要 点
三年级	下学期	解密我最行——我是小小密码师	1. 通过"密码箱对抗赛"活动,掌握简单的搭配方法;培养观察、分析能力,养成有序、全面地思考问题的意识和习惯。 2. 通过"行李箱上的秘密""数学化"的过程,能够找出解决数的排列的关键:做到既不重复,也不遗漏。能够在独立思考和合作交流的活动中,完善自己的想法,构建自己的学习方法,体验有序地、全面地思考问题的方法。 3. 通过解决问题的活动,体验生活中处处有数学知识,培养学数学、用数学的兴趣。	1. 密码箱对抗赛:密码只有两个数。一个是 3、5、7 其中的一个数字;另一个是 2、4、6、8 其中的一个数字。记录最多试几次密码才能将密码箱打开。要求一组设定一组破译。 (1) 更改密码为××0,要求第一位置密码为 3、5、7 中的一个,第二位置密码则为 2、4、6、8 中的一个。 (2) 更改密码后,不同小组交换密码箱进行破译。 (3) 破译后想一想自己小组用了多少次。 (4) 看哪个组做得最快。 2. 行李箱上的秘密:小组互动,在行李箱上有两个数码孔,可以分别为 0—9 中的一个数字,组内探究知道这个密码箱可以设置多少种不同的密码吗?是用什么方法发现的呢?记录下来。 3. 探究与思考:比较我们完成的这两次探究方法有什么共同之处?是否是通过有序思考来解决问题的?
		跨越时空的奥秘——年、月、日	1. 认识时间单位年、月、日,了解它们之间的关系;知道大月、小月、二月的天数,闰年、平年的判断方法及 24 小时计时法等知识,建立更好的时间观念。 2. 通过制作年历综合运用年、月、日的知识,解决生活中的实际问题,积累数学思维活动经验,培养动手能力、思考能力及运算能力。 3. 通过课外资料的搜集,建构完整的知识体系。	1. 制作日历卡片,思维导图,手抄报并进行 PK。 2. 多学科里的年、月、日:美术——图腾;科学——自转公转;语文——神话故事;英语——年、月、日;数学——制作日历等,强化对年、月、日的知识学习。 3. 表演节目:讲故事:年的由来;小品:过生日;舞蹈:《归去来兮》等。 4. 谈一谈对年、月、日的感受。

表 2-6　郑州市管城回族区东关小学"立美数学"课程内容表(四年级)

年级	学期	课程名称	学习目标	学习要点
四年级	上学期	巧算专家	1. 在探索计算学习活动中,体验运用不同的方法解决问题。 2. 经历运算的过程,总结巧算和速算的思维和方法,使复杂的问题简单化。提高计算速度和正确率。 3. 在探索学习中学会根据具体算式灵活选择简便的计算方法,培养数学思维,感受运用数学知识带来的便捷,增强学习数学的兴趣与信心。	1. 我是速算小能手:会利用数与数之间的特殊关系进行较快的加乘除运算。 (1) 十几乘十几口诀:头乘头,尾乘尾,中间写上尾加尾。 (2) 多位数与 11 相乘:两边拉,中间加。 (3) 尾数都是 5 的两个两位数乘法的巧算口诀等。 2. 巧算我能行: (1) 掌握一定的巧算方法,会运用加减乘除法的运算定律和积和商的变化规律进行简便计算,从而提高运算速度。 (2) 熟记小学数学中经常用到的巧算方法。如凑整先算、符号搬家、拆数凑整、等值变化、同尾先减等方法。
		巧数图形	1. 掌握数线段、数角和数正方形个数的方法,能理解算式的意义。 2. 经历数图形个数的过程,渗透有序思考、转化、化繁为简等数学思想,进一步发展空间观念。 3. 提高类比推理的能力,感受数学之美,增强学习的兴趣。	1. 巧数线段:画图探究数线段的方法,并运用标数计数法列式计算,明白算式的意义。 2. 巧数角的个数:能有序数出角的个数,并运用标数计数法列式计算,明白算式的意义。 3. 巧数长方形的个数:能有序数出长方形的个数,并运用标数计数法列式计算,明白算式的意义。 4. 交流数线段、角和长方形个数的方法,感受数学规律的美。
		我是调查员(一)	1. 经历简单的数据收集、整理、描述和分析的过程,体会统计在现实生活中的作用,理解数学与生活的密切联系。 2. 能根据统计图中的数据回答并提出简单的问题,	1. 提前思考并且设定需要调查的项目:按自己思考的分类统计郑州市某月某天的天气状况。例如:标题、坐标轴、图序、备注、图例、图形。 2. 出示并分享每种天气情况的种类。

年级	学期	课程名称	学习目标	学习要点
四年级	上学期	我是调查员(一)	3. 体会数据中蕴含着信息。掌握制作单式条形统计图的方法,能制作简单的条形统计图,简单分析统计图的变化趋势。	3. 在统计过程中发展数学思考,能基于统计图表中反映出的数据关系提出简单的数学问题并予以解决,提高解决现实问题的能力。能根据已经统计的数据进行预测和分析,直观感受事件发生的可能性,能与同伴交流思想。
		巧安排	1. 通过生活中的简单事例,初步体会到优化思想在解决问题中的应用。 2. 认识到解决问题中的策略的多样性,初步形成寻找解决问题最优化方案的意识。 3. 感受数学在日常生活中的广泛应用,尝试用数学的方法来解决实际生活中的简单问题,初步培养应用意识和解决问题的实际能力。	1. 在日常生活和生产中,我们经常会遇到下面的问题:完成一件事情,怎样合理安排才能做到用的时间最少、效果最佳。这类问题在数学中被称为统筹问题。 2. 出示例题,如何能够快速让客人喝到茶(租船问题、烙饼问题等),并设计自己的流程。汇报、对比各种方法,最终择优。 3. 面对实际问题时,能主动尝试着从数学的角度运用所学知识和方法寻找解决问题的策略。尝试从优化的角度在解决问题的多种方案中寻找最优的方案,初步体会运用运筹思想解决实际生活中的问题。同时,通过观察、猜测、实验、推理等活动,体会数学的魅力。培养观察、分析及推理的能力,以及探索数学问题的兴趣和发现、欣赏数学美的意识。
	下学期	运算探秘	1. 经历运用商和积的变化规律的过程,探索简便计算的方法,并在运用中进一步理解商和积的变化规律。 2. 通过使用不同的方法来进行简便运算,能够感受到不同方法的优势。 3. 能够准确地分析数据,进而选择合适的简便方法。	1. 速算我能行:会利用数与数之间的特殊关系进行较快的乘除运算。如:12×25,125×88,根据数据特征选择合适的方法进行计算。 2. 巧算我能行: (1)掌握一定的巧算方法,会运用加减乘除法的运算定律和积和商的变化规律进行简便计算,从而提高运算速度。

年级	学期	课程名称	学 习 目 标	学 习 要 点
四年级	下学期	运算探秘		（2）汇报选择的每种方法的解题思路，最后总结出如何根据数据特征进行巧算。 （3）分析对比各种解题方法，并总结出如何根据积的变化规律、商不变的规律来解决问题。
		探秘内角和	1. 能正确识别多边形的顶点、边、内角及对角线。掌握多边形内角和公式，并能应用于解决相关计算问题和情境问题。 2. 经历观察、实验、探索、推理、归纳、应用等过程。培养学会合情推理和分析问题、解决问题的能力。 3. 通过合作交流、探究学习，培养协作精神和创新意识。经历实际问题抽象为数学模型的过程，领悟数学建模思想，增强数学应用意识，感受生活中的数学美。	1. 用不同的方法探索三角形内角和为 180°（动手画，用手撕，测量）：例如，通过在三角形的一个顶点处作它对边的平行线，平行线上的三个角和三角形三个角的联系来证明三角形内角和为 180° 2. 探秘多边形内角和与三角形的联系，掌握多边形内角和的求和方法。 3. 通过动手操作多边形画一画、剪一剪、拼一拼，进一步了解多边形内角和。
		我是调查员（二）	1. 体验数据的收集、整理、描述和分析的过程，进一步体会统计在现实生活中的作用，理解数学与生活的密切联系。 2. 认识复式条形统计图，能根据统计图提出并回答简单的问题，能发现信息并进行简单的数据分析。 3. 通过对现实生活中有关事例的调查，激发学习兴趣，感受信息在信息统计中的便利性，渗透优化的思想。	1. 想办法收集本班学生的身高、体重数据，制作复式统计图。 2. 交流收集数据的方法，展示用电脑软件统计数据和制作统计图的过程。 3. 分析学生的体重指数（BMI）。根据 BMI 的范围，倡导学生合理安排饮食并锻炼。

年级	学期	课程名称	学习目标	学习要点
四年级	下学期	午餐怎样搭配更营养	1. 通过搜索资料和讲座学习,增强对食物营养的了解,丰富营养学方面的知识。 2. 通过实践活动,能从营养学的角度合理搭配食谱,提高运用数学知识解决实际问题的能力。 3. 在实践的过程中,体会分类和优化的思想,感受数学与生活的密切联系,增强运用数学的意识。	1. 我是营养调查员,搜索并调查常见食物的营养。 2. 聆听营养师的建议,学习怎样搭配食物更营养。 3. 动手做一道菜并和同伴分享。 4. 统计全班学生的平均身高和平均体重,并基于自己的营养需要提出合理建议。

表 2-7　郑州市管城回族区东关小学"立美数学"课程内容表(五年级)

年级	学期	课程名称	学习目标	学习要点
五年级	上学期	指点江山	1. 通过练习发现整数乘除法和小数乘除法的联系,体会转化的思想方法。 2. 通过对比小数乘除法在确定小数点位置时的不同,增强计算小数乘除法时的运算能力。 3. 在变形中培养数感和灵活解决问题的能力,培养思维的灵活性。	举例:根据 $14 \times 12 = 168$,按要求想一想,填一填。 1. 变成两个乘法算式且因数中一共有两位小数。 2. 写出积中有三位小数的乘法算式并说一说你是怎么想的? 3. 变成两道除法算式,商是其中一个因数且被除数和除数都有小数。 4. 变成除数是原来的一个因数,被除数和商都有小数。 讨论:在小数乘法和小数除法中确定小数点的位置时有什么不同?
		图形变脸	1. 通过回忆、小组合作,进一步理解和掌握多边形面积计算公式的推导过程,并构建知识网络。 2. 通过拼摆和讨论,对转化这一数学思想理解得更加深刻。 3. 通过练习,能够结合具体情境灵活解决实际问题。	1. 量一量,剪一剪:把一张长方形的纸变成你学过的其他平面图形(面积不变)。 2. 秀一秀,讲一讲:分享和介绍长方形变脸的多种方法,说清楚变脸的过程。 3. 理一理:梳理和建立多边形面积公式之间的联系,感受转化思想的重要性。

年级	学期	课程名称	学习目标	学习要点
五年级	上学期	好运连连	1. 通过设计规则和抽奖，体验事件发生的可能性有大有小以及游戏的公平性。 2. 增强运用所学知识解决实际问题的能力和意识。 3. 通过参与抽奖游戏，提升学习数学的兴趣。	1. 明确任务：元旦到了，老师买了5支钢笔、10本笔记本和20支水笔作为奖励，让同学们抽奖，请在小组内制定抽奖的规则。 2. 动手制作：根据制定的抽奖规则制作抽奖的工具。 3. 体验抽奖：实际抽奖体验抽到每种奖品的可能性的大小。
		心中有"树"	1. 感受植树问题在生活中的大量存在，学会从数学的角度分析问题、解决问题。 2. 探究各类植树问题与植树问题的对应关系以及棵数与间隔数之间的关系。 3. 培养运用数学模型解决问题的意识，增加解决实际问题的能力。	1. 找一找：寻找生活中有哪些问题可以看作是植树问题。 2. 比一比：在这些类似的植树问题中，什么是间隔？什么是间隔长度？什么相当于树？ 3. 讲一讲：这些类似的植树问题属于植树问题的哪种类型？棵数与间隔数的关系是什么？
		一眼望穿	1. 深入理解和掌握2、5、3倍数特征的应用。 2. 能口算出两个数的最大公因数和最小公倍数，进一步发展数感。 3. 能熟练地进行约分和通分，提升运算能力。	1. 2、5、3倍数的特征是什么？ 2. 你能一眼看出下面两个数的最大公因数吗？ 3. 你能一眼看出下面两个数的最小公倍数吗？ 4. 约分和通分练习。
	下学期	能估会算	1. 复习巩固常用的体积和容积单位，建立相应的表象。 2. 通过估测和测量进一步发展对体积和容积的量感。 3. 增加对常用物品的体积或容积的了解，进一步发展空间观念。 4. 增强应用数学的意识和解决实际问题的能力。	1. 说一说：常用的体积有哪些？1立方厘米、1立方分米、1立方米大约有多大？常见的容积单位有哪些？1毫升和1升大约有多少？ 2. 估一估：请估计生活中常见物品（实物或图片）的体积或容积，并说一说你是怎么估的？ 3. 算一算：通过测量计算常用物品的体积或容积。 4. 列一列：根据测量和计算的结果制作生活中常见物品的体积或容积一览表。

年级	学期	课程名称	学　习　目　标	学　习　要　点
五年级	下学期	"计"高一筹	1. 在家长或教师的协助下能利用电脑制作简单的统计表和统计图。 2. 通过对比,能感知折线统计图在体现数据增减变化方面的优势。 3. 体会统计在生活中的作用和意义。	1. 记录或收集郑州市4月份每天的最高气温。 2. 尝试用电脑制作气温统计表或统计图。 3. 比一比:哪种图表更能直观体现郑州市4月份的气温变化情况? 4. 纵观郑州市4月份的天气情况,你认为郑州4月份的天气有什么特点?
		穿针引线	1. 通过动手实践深刻理解长方体和正方体的特征。 2. 在动手实践的过程中巩固和区分长方体和正方体棱长总和、表面积和容积的概念。 3. 增强应用数学的意识,提升学习数学的兴趣。	1. 议一议:交流缝制一个正方体或和长方体的沙包,需要几块什么尺寸的布? 2. 缝一缝:在教师的安全监督下动手缝制沙包。 3. 辨一辨:讨论缝合位置的长度是求长方体或正方体的什么数据?求所用布的多少是求长方体或正方体的什么数据?求所用填充物的多少是求长方体或正方体的什么数据?

表 2-8　郑州市管城回族区东关小学"立美数学"课程内容(六年级)

年级	学期	课程名称	学　习　目　标	学　习　要　点
六年级	上学期	有理有据	1. 加深对分数这一抽象概念的理解,掌握分数乘法的计算方法,能用分数乘法解决简单的实际问题,体会分数与实际生活的联系。 2. 经历分数乘法计算方法的探索过程,借助示意图理解分数乘法的意义,领悟数形结合思想。 3. 感受知识之间的内在联系,提高自主探索与合作交流的学习能力,建立学好数学的信心。	1. 结合生活中分生日蛋糕的实例,通过对分数连加算式的研究,理解分数乘整数的意义,掌握分数乘整数的计算方法。 2. 通过动手折一折、画一画,计算出一张纸的二分之一的三分之一,体会分数乘分数的意义及计算方法。 3. 如果现在给出两个分数,二分之一和五分之一,你能结合本单元学习的内容或以前学习的内容提出哪些数学问题呢?

年级	学期	课程名称	学 习 目 标	学 习 要 点
六年级	上学期	探秘生活中的圆	1. 找出生活中的各种事例,在第一学段的基础上,通过观察操作进一步认识圆,认识到"同一个圆中半径都相等、直径都相等",体会圆的特征,理解轴对称图形的特征,体会圆的对称性。 2. 通过观察、折纸等动手操作的过程,探索并发现圆是轴对称图形,理解同一个圆里半径与直径的关系,在折纸找圆心、验证圆是轴对称图形等活动中,发展空间观念。 3. 结合绘制图案与欣赏图案的过程,体会圆为什么是完美的图形,能用圆规设计简单的图案,在设计图案的活动中感受图案的美,发展想象力和创造力。	1. 设计"套圈游戏",引导思考哪一种方式更公平,感受圆心的作用以及同一个圆内半径都相等。 2. 通过折纸活动,探索并发现圆是轴对称图形。 3. 用圆规设计简单的图案,发展想象力和创造力。自己设计美丽的图案,并以实物、图案或PPT的形式组织班级巡展。
		三餐中的百分数	1. 课前搜集满足儿童成长所需要的营养素的成分和质量,以及每种营养素的占比。 2. 根据称出的各种食物的质量算一算其中所含营养素的质量,并算出这种营养素占总量的百分比,会初步判断一餐中的营养素是否符合儿童生长发育的需求。 3. 会计算各种营养素所占总营养成分的百分比。	1. 通过各种渠道搜集儿童生长发育所需的营养的资料。 2. 分组操作,把食物进行分类称重,并记录数据。 3. 计算各种营养素占总营养素的百分比。 4. 总结汇报,数据分析,得出结论。 5. 每人为家人设计一顿营养丰富的午餐。

年级	学期	课程名称	学 习 目 标	学 习 要 点
六年级	上学期	数与形的完美邂逅	1. 体会数与形的联系,进一步积累数形结合的数学活动经验,培养数形结合的数学思想意识。 2. 体会数形结合的数学思想方法的价值,激发用数形结合的思想方法解决问题的兴趣,感受数学的魅力。 3. 积累数形结合的数学活动经验,体会数学思想方法的价值,激发兴趣;探索规律并验证规律。	1. 题目:小明有一杯牛奶,第一次他先喝了 1/2,加满水又喝了 1/2,问一共喝了多少牛奶? 2. 分析:这道题目对于儿童来讲,数量关系是比较抽象的,但如果借助图形来表述它们之间的数量关系,就会促使儿童比较快地理解牛奶和水的关系。 3. 　1/2　+　1/4　=　3/4 4. 如图中所示,只要分开解决每次喝的牛奶的量,再把它加起来就能够很好地把握这道题的关键。 5. 问题解决中处处暗藏着数形结合的数学思想。如果能把抽象的数学关系用画图的方式表达出来,数学问题便能迎刃而解。
	下学期	心中有数	1. 结合具体情境进行估算,并解释估算的过程。 2. 能选择合适的估算方法和策略,培养估算的意识和能力,进一步发展数感。 3. 进一步体会"凑整"和"化繁为简"的数学思想,培养求简求优的意识。	1. 回忆一下,在生活和学习中,哪些时候要用到估算呢?请总结一下。 2. 题目:学校组织六年级同学看电影,各班人数如下表。(表略) (1) 估一估,应该去哪个电影院看电影? [东方影院能容纳 235 人][星华影院能容纳 300 人] (2) 归纳交流:常用的几种估算方法(大估、小估、中估、四舍五入)。 (3) 选用哪种方法估算结果会更接近六年级的实际人数? 3. 判断正误: $110 \times 41 = 410$ $29 \times 49 = 1\,501$ $\dfrac{1}{2} + \dfrac{4}{7} = \dfrac{5}{9}$ $204 \div 2 = 12$

年级	学期	课程名称	学习目标	学习要点
六年级	下学期	包装盒里的图形奥秘	1. 沟通图形之间的联系,体会线与面、面与体之间的关系,构建知识网络。 2. 沟通平面图形面积计算公式之间的联系,立体图形体积计算公式之间的联系,体会转化、类比、数形结合等数学思想。 3. 经历观察、操作想象、语言描述、绘制图形等活动,培养推理能力,积累几何活动经验,发展空间观念。	1. 平面图形变变变:通过动手操作,剪拼,找到长方形与正方形;长方形、正方形与直角三角形之间;平行四边形、三角形、梯形之间的相互转换与联系。 2. 棱长的计算:装饰礼品盒。 3. 表面积的计算:包装纸问题。 4. 表面积的计算:粉刷教室工程方案。 5. 体积的计算:不规则物体的体积的测量与计算。
		数据说郑州	1. 通过各种渠道搜集郑州市四年内常住人口数据,培养利用网络等各种方式搜集数据的能力。 2. 对比这四年常住人口的变化情况,培养整理、分析数据的意识和能力。	1. 搜集 2019 年、2020 年、2021 年、2022 年郑州市常住人口数据,对比疫情前后郑州市常住人口的变化。 2. 选择合适的统计方案,把数据制成统计表、统计图(想要突出人口变化趋势可以选择使用折线统计图),再次直观感受郑州市常住人口的变化。 3. 引导对比观察统计表中的数据以及直观的折线统计图,小组讨论,汇报郑州市常住人口减少的原因,明确一个城市的经济发展和社会的稳定能极大程度地影响常住人口的数量。
		游戏中的数学	1. 能运用鸽巢原理解决相关实际问题或解释相关现象。 2. 通过操作、观察、比较等数学活动,体会和掌握逻辑推理思想和模型思想,提高学习数学的兴趣。	1. 选用"抢板凳"的游戏导入(5 人4 凳)。 2. 在玩中发现问题:发现无论怎么坐都有一张凳子上要坐两人。 3. 去思考,充分调动思维的翅膀,激发"疑而不解又欲解某某"的强烈欲望。

年级	学期	课程名称	学　习　目　标	学　习　要　点
六年级	下学期	游戏中的数学	3. 通过"鸽巢原理"的灵活应用,感受数学的魅力。	4. 激发积极思维,快速进入学习情境。 5. 注重自主探索精神,在学习中经历猜想、验证、推理、应用的过程。 6. 设计实际生活中与"鸽巢原理"有着密切关系的游戏。例如,关于抢凳子这个游戏,有初步的认识,唤起对游戏规律的好奇,为认识新的鸽巢原理作迁徙铺垫。 7. 自己登台玩游戏,激发了兴趣,调换了情绪,也活跃了学习氛围。同时,从中抽象出所学的原理,经历数学知识抽象的过程,感觉到数学知识的现实性,学会从数学的角度去察看、剖析现实问题。

　　六个年级,四个学习领域,以跨学科主题学习为主,结合真实的情境,丰富多彩的"立美数学"课程将数学的理性之美尽情地诠释。通过这些"立美数学"课程,儿童尽情地在数学王国里遨游,享受学习数学的乐趣,体会数学的奥秘。

第四节　融入理性思考的学习场域

　　"立美数学"课程依据学科课程理念、课程目标、课程设置,结合学校现状,师生特点,旨在践行"立理启智,立言启思,立思促美"的学科课程理念,并从以下五个方面设计"实施与评价",即"立美课堂""立美数学节""立美社团""立美研学"和"立美假期"。

一、建构"立美课堂",锤炼数学文化品格

　　"立美课堂"是和谐的课堂。教师和儿童在和谐愉悦的课堂气氛中进行教与学,营造一个蕴含美感、生动活泼、欢快愉悦的课堂教学氛围。教师在创造这样的课堂的过程中,享受到教育的愉悦和美好,同时也让儿童想学、善学、乐学。"立美课堂"是个性张扬的课堂。教师通过自己独特的、充满创造性的课堂,让儿童的主体性得到充分发挥,个性得到彰显,获得成功的体验。儿童能够得到教师和同伴的肯定、鼓励、欣赏和赞美,从而体现学习的价值和自我发展的价值。

　　(一)"立美课堂"的要义与操作

　　"立美课堂"是怡身怡心的课堂,寓教于乐,快乐学习,师生共同沉浸在课堂的美好之中。

　　"立美课堂"是超越的、生成的课堂。面向全体儿童,关注每一位儿童;因材施教,注重每一位儿童的成长,彰显每一位儿童的个性。

　　"立美课堂"是饱满的并指向提升儿童核心素养的课堂。"立美课堂"尊重儿童,体现儿童的学习主体性地位,让儿童在探索交流中获得真知。

　　"立美课堂"是丰富的、多彩的课堂。课堂教学从儿童已有的知识和经验出发,确保科学性,兼顾系统性,具有现实性和趣味性。

　　"立美课堂"是立体的、多维的课堂。儿童在问题情境——合作探究——展示交流——反馈评价的课堂流程中学习。教师在教学中只起到引导点拨、个别指导、协调学习环节的作用,培育儿童的问题意识、思维能力、终身学习能力。

"立美课堂"是灵动的、活泼的课堂。采用启发式教学,充分发挥儿童的潜能。教学中灵活选择不同的教学方式,帮助儿童主动建构知识体系,恰当运用多种教学手段及信息技术辅助教学。

(二)"立美课堂"的评价标准

依据"立美课堂"的内涵,制定东关小学"立美课堂"教学评价标准。(见表2-9)

表2-9　郑州市管城回族区东关小学"立美课堂"教学评价标准

评价项目及权重	评 价 内 容 及 要 点	评价等级(分)				
教学目标 (0.1)	1. "三维目标"的制定符合课程标准要求,符合教材的阶段要求和儿童的实际发展水平。					
	2. 教学目标制定得明确、具体、恰当。					
教学内容 (0.1)	1. 教学内容从儿童的已有知识和经验出发,确保科学性,具有系统性、现实性和趣味性。					
	2. 能够准确把握教学内容的重点、难点。					
	3. 适当补充教学资源以支撑儿童的学习。					
教学过程 (0.3)	1. 教学思路清晰,结构合理,主题设计明确,教学思路清晰,活动结构合理。					
	2. 情境创设合理,凸显教学本质,并能激发儿童的学习积极性。					
	3. 学习活动组织有效,使儿童在活动中获得充分的体验。					
	4. 遵循儿童的认知规律和情感需求特点,关注儿童的学习差异。					
教学方法 (0.2)	1. 教学方法具有启发性,充分发挥儿童的潜能。					
	2. 灵活选择不同的教学方式,有利于儿童的主动建构。					
	3. 教学手段运用恰当,注意运用信息技术辅助教学。					
	4. 信息反馈及时、全面有效。					

评价项目及权重	评价内容及要点	评价等级（分）				
教师表现 （0.1）	1. 尊重、信任儿童，尊重个性差异，关注全体儿童的发展。注意激发儿童的兴趣，引发儿童的好奇心。					
	2. 教学语言准确简练，板书设计合理、书写工整，演示及示范准确到位。					
	3. 善于设问，善于启发儿童提问，及时捕捉教学信息，灵活应变。					
	4. 评价恰当，具有激励性、过程性、导向性。					
儿童表现 （0.1）	1. 儿童知识基础扎实，对于所学主题具有积极兴趣，能够参与课堂活动。					
	2. 具有良好的学习习惯。					
	3. 思维敏捷，善于提出问题，解决问题，具有创新意识。					
	4. 学习兴趣浓厚，有积极的情感体验和进一步学习的欲望，有积极的学习成就体验和进一步学习的兴趣和自信心。					
教学效果 （0.1）	1. 达到预定教学目标。					
	2. 儿童思维活跃，信息交流畅通，通过积极参与互动建构过程，增强了学习兴趣和自信心。					
	3. 教师的教学设计在付诸课堂实践的过程中得到引证和充实。					
教学特色 （加分）	教学过程中某一环节具有独创性，且效果突出。在整体保障质量的前提下，显现出一定的具有独创性的方法、理念，对于改进教学实践具有资源价值。					
简要评语						

二、举办"立美数学节",展现浓郁的数学氛围

"立美数学节"旨在培养儿童学习数学的兴趣,增强儿童爱数学、学数学、用数学的意识。儿童通过丰富多彩的活动,充分感受到数学的魅力,提高数学学习的基本能力,学会用数学的眼光去获取和发现新的知识,获得数学学习的满足感、成就感。

(一)"立美数学节"的要义与操作

学校每两年举办一次"立美数学节",围绕一个主题,分年级开展系列数学活动。通过"立美数学节"让儿童感受数学的应用价值,获得成功的体验,增强学习数学的信心。

"立美数学节"活动设置的具体要求如下:

活动要做到学有所用。活动设置中各年级必须依据儿童已具备的知识与技能、思想方法,适应时代,贴近生活,有一定的应用性或前瞻性。

活动要具有普及性,全员参与。在形式上如展示类、闯关类等,让每个儿童都能参与,体验数学的魅力。

活动要有成果展示。通过举办"立美数学节"活动,各年级进行数学特色成果展示,展示内容可以是作品也可以是情景剧等,体现数学的创造性和创新性。

"立美数学节"系列活动方案:

1. 活动准备

(1)布置校园和教室;(2)搜集相关资料,准备各年级所需的活动物品;(3)制作活动海报;(4)人员具体分工安排。

2. 活动内容

"立美数学节"分为三个板块,第一个板块是"学数学,用数学"跨学科综合实践活动课程展示,分六个年级在不同时间、不同地点进行汇报分享;第二个板块是"玩儿数学、爱数学"数学游戏互动环节,主要内容及形式:学校前院设立数学游戏角,游戏种类有魔方、24点、华容道、五子棋,儿童课间可自由选择参加活动;第三个板块是"懂数学、享数学"数学文化游园活动,主要内容及形式:校园各处及班级门前墙壁、走廊处张贴数学历史、数学故事、数学手抄报、思维导图等,学校校园中

摆放中外数学家展板,儿童利用两天的课间时间随意游园观看。

学校前院的长廊和后院及大厅通道处悬挂有数学竞猜题目。儿童可以参与竞猜,根据题目的编号,到相应兑换处兑换小印章。如编号为"5",即五年级出的题目,到五年级的兑换处兑换印章;编号"6",即六年级出的题目,到六年级的兑换处兑换印章。每个题目仅能兑换一次,兑完不再兑换。具体兑换时间以兑换处告示为准。

3. 活动流程

(1) 利用升旗仪式,宣布"立美数学节"开幕:校长为"立美数学节"开幕致辞;各年级儿童代表介绍本年级活动主题及内容;儿童代表宣读"立美数学节"《倡议书》。(2) 布置校园。(3) 有序开展活动。(4) 总结评价。

(二)"立美数学节"的评价标准

"立美数学节"旨在从多个维度增强儿童学数学的兴趣,通过各种形式让儿童用数学思想方法解决问题,促进儿童创新意识和能力的提升。在参与活动和游戏的过程中,通过的儿童将获得一枚游戏专柜的印章。凡是参与游园和游戏互动的儿童在"立美数学节"期间集齐三枚小印章即可到自己班数学老师那里领取一枚榜样星。儿童通过参与活动获得榜样星,根据所得数量换算得分,获得最终奖励。每位儿童用"投票卡"对数学节上展示的作品、节目进行投票。各年级选出前十名儿童,学校予以奖励并颁发奖状。

三、创立"立美社团",进入美妙的数学世界

"立美社团"旨在丰富儿童的精神文化,给每一位儿童释放天赋潜能提供展示的舞台。让课本上的数学走到儿童身边,走入儿童的心灵;让数学"活"起来,赋予数学生命力,让数学也会发出声音、做出动作;让儿童充分认识并结交数学这名好伙伴,感受来自数学本身的魅力,体会数学的价值。在校园文化建设中起到层次上的提升和示范凝聚的作用,从而形成学校品牌社团。

(一)"立美社团"的要义与操作

社团是展示校园特色的核心因素之一,也是提高儿童学科素养,开发儿童智力的重要途径。"立美社团"的开展情况,与社团主要负责人的设计、准备、组织及反思有着密切的关系。"立美社团"的宗旨是"寓学于乐,反思前进"。

社团负责人要做好以下三方面的工作：

一是社团活动有计划。社团负责人至少要有一年的计划（平均每两周进行一次活动），并上报学校，以便得到指导与监督。二是社团活动有策划和反思。每次活动都要有明确的主题、时间、地点、具体内容形式和流程等。社团负责人要做好每次活动的记录与反思，以反思促进步。三是社团要针对不同年级儿童的身心特点分层开设活动。如数学阅读沙龙，低段儿童以阅读绘本为主，中段儿童以入门级数学读物为主，高段儿童以有一定深度的数学读物为主。

具体社团设置如下：

计算小达人：通过练习简算、速算、心算等，帮助儿童快速解决计算难题，提高数学计算能力。

图形变变变：通过图形的变换、拼组等，感受图形的美丽，激发儿童学习数学的热情。

数学医院：通过每天征集学习中遇到的问题、难题，进行集中讨论，找出最优解决方法，巩固数学知识，培养儿童的反思能力。

趣味数学：通过讲数学故事、猜数学谜语、做数学游戏和进行数学表演等，提高儿童学习数学的兴趣。

小小发明家：通过制作数学学具、开发数学游戏等，培养儿童的创新意识和动手能力。

（二）"立美社团"的评价标准

"立美社团"可以从"活动前：方案与章程""活动中：活动与参与""活动后：效果与宣传"三方面进行评价，具体评价内容如下。（见表2-10）

表2-10　郑州市管城回族区东关小学"立美社团"评价表

评价项目	评价标准	得分
活动前： 方案与章程	1. 能够结合学校教学计划统筹安排社团活动，符合学校实际、本社团儿童的年龄特点。（5分） 2. 每次活动前有计划，学期工作计划内容详实、具体，有可操作性。（10分）	

评价项目	评价标准	得分
活动中: 活动与参与	1. 每次活动点名及时,社团名册记载详实。(5分)	
	2. 社团活动内容丰富、形式多样。(10分)	
	3. 活动组织有条不紊,秩序良好。(5分)	
	4. 活动现场卫生保持良好,物品摆放整齐。(5分)	
	5. 儿童参与度较高,互动较好,现场反应好。(10分)	
活动后: 效果与宣传	1. 社团活动有报道,能产生一定的影响。(10分)	
	2. 社团活动日常展示,校内一次展示加5分,校外一次展示加10分,上不封顶。学期末能面向全校组织展示活动,社团成员积极参与、凸显团队凝聚力,能够达到预期活动效果,赢得学校师生的称赞。(30分)	
	3. 活动后有记录(内容详实,形式丰富,如文字、图片、视频等),每次活动有反思。(10分)	

四、开启"立美研学",体验多彩的数学活动

数学知识来源于生活实践,又应用于生活实践。现实生活、生产中处处蕴涵着数学问题,把数学经验生活化,运用数学知识解决生活问题是数学学习的出发点和归宿点。因此,我校在条件允许下充分利用社会资源,让儿童走出校门,加强校外实践活动,使儿童了解数学在生产、生活中的应用,在社会情境中体验数学的价值,树立学好数学的信心。

(一)"立美研学"的要义与操作

"立美研学"实际上是一种实践体验式学习,不仅能够让儿童更好地了解和巩固课本上的知识,对于他们综合能力的锻炼也有着不可忽视的作用。它是机动多变的,参与人员广泛,有教师、儿童、家长及部分社会人群。"立美研学"并不仅仅是数学能力的应用,更多的是生活能力的实践。

引导儿童将生活和数学联系起来,把数学问题生活化、生活问题数学化。学习了某一系统知识之后,组织引导儿童将所学的知识运用于生活实际。这样既可以使数学知识得到继续、拓展和延伸,又可以促进儿童探索意识、发现问题意识和创新意识的形成。通过走进商店调查早餐采购情况,估一估全班大约要花多少钱;通过购买门票,了解团体票的优惠方法;最后通过设计入园观光游览车的租车方案,找到最省钱的租车方法。

课堂难以描述解释的数学概念,通过校外实践活动来帮助儿童建立概念,如对较大长度单位"1千米"的认识。以1千米正确表象的建立为例,可以让儿童到绿博园走一走,知道一米约有两步,再让儿童用步测的方法知道"100米有多长",从而估计绕绿博园一圈有多少米,感受"1千米有多长",最后进行实地测量验证。还可以让儿童用目测的方法估计从绿博园入口到园内哪个位置有"1千米"。

帮助儿童确立方向感,形成空间表象,到校园环境中亲身感受的效果会更好。如在"方向和位置"教学中,让儿童绘制从学校到绿博园的路线图,也可以在实践活动后让儿童通过回忆,画出实践路线,帮助儿童感受方向与位置。

(二)"立美研学"的评价标准

"立美研学"对儿童学习效果的评价应着眼于促进儿童核心素养的发展,贯彻党的立德树人、全面发展教育方针。"立美研学"需要多元化、全面性、全过程、多主体的评价,兼顾过程性评价与结果性评价,核心在于培养儿童的核心素养,促进儿童全面发展。"立美研学"的评价以激励为主,激发儿童对数学的学习热情。(见表2-11)

表2-11 郑州市管城回族区东关小学"立美研学"评价标准

评价项目	评 价 标 准	自评	他评	师评
参与态度	儿童富有浓厚的学习兴趣,高涨的学习热情。			
	儿童主动思考、积极探索、乐于互助。			
	能倾听和理解别人的想法并改进自己的方案。			
能力提高	运用多种渠道收集信息。			
	与他人的交往、沟通能力有所提高。			
	遇到困难时,知难而上,不放弃。			

评价项目	评 价 标 准	自评	他评	师评
协作精神	活动目的明确,分工合理。			
	积极参与,收集到的资料积极共享,组间合作顺畅开展。			
	遇到困难时,集体协商。			
展示交流	形式新颖,吸引力强。			
	内容全面,有所启发。			
反思与收获	进行全面有价值的总结,研学记录清晰、完整。			
	梳理收获,提升经验。			
	我的收获:			

五、走进"立美假期",感悟无尽的数学价值

数学是思维的体操,实践是学习数学的源泉,儿童只有在实践中才能真正参与到数学的学习过程中。假期的时间较为集中且较长,可选择的探究活动也较多。利用假期,儿童可以相对独立且充分地探究生活中的数学奥秘,用数学知识解决现实问题,增强学习数学的兴趣,体会数学在实际中的应用,感悟数学的应用价值。

(一)"立美假期"的要义与操作

"立美假期"要求儿童以教师设计的数学主题活动为依托,基于生活经验,密切联系社会实际,综合运用数学知识,相对独立地解决实际生活中的数学问题。在此过程中,儿童是活动的主体,可根据活动的需要,自主制订活动计划,多途径搜集资料,适当寻求他人的帮助,通过动手操作、动口表达、动脑思考,内化所学知识,提高独立解决问题的能力。

设计数学活动的主题时要有特色。教师应根据儿童的年龄特点和身心发展

规律,结合本学期所学内容,确定富有特色的数学活动主题。在设计数学活动时,遵循普遍性、操作性和个性化的特点,结合儿童的生活实际,融合本学期所学重点和难点内容,让儿童尽可能想到问题解决的多种方法。不仅注重知识的融会贯通、方法的巧妙运用,更注重思维的灵活多变。

开展数学活动时要有规划。假期里的数学活动往往是系列活动,这就要求儿童在着手参与前就要做好规划。引导儿童可以通过上网搜索、向有经验的人请教等方式,先明晰活动的目标、要求及可能会遇到的问题,提前做到心中有数,准备好所需用品,规划好时间和进行项目,高效地完成数学活动。

实际践行数学活动时要多思多想。在实际活动中,教师要引导儿童多问自己以下这些问题:"为什么可以这样做?""还可以怎么做?""有没有更好的方法来完成?"其中,"为什么可以这样做?"有助于儿童思考要依据哪些数学知识来解决问题。"还可以怎么做?"帮助儿童多方位、多角度地思考问题,形成发散思维。"有没有更好的方法来完成?"有利于儿童在对比中找到最优解决方案,体会最优选择的便利之处。

完成数学活动后要善于反思总结。严谨准确的语言表达是培养思维逻辑性和周密性的"良方",也是反思不足和总结经验的"妙药"。用调查报告、数学日记和思维导图等方式记录数学思维的过程,有利于儿童用数学的语言描述解决问题的思路和方法,进一步提升数学素养。

"立美假期"活动的具体设置如下。(见表 2 - 12)

表 2 - 12　郑州市管城回族区东关小学"立美假期"活动设置

年　级	学　期	活　动　要　点
一年级	上学期	1. 用学过的立体图形进行拼搭并拍照。 2. 选择一位家庭成员,记录他(她)的一天。 3. 和家长一起购物,认识人民币。
	下学期	1. "我眼中的数学世界"——数学绘画。用数学的眼光观察生活中的某个场景并画出来。 2. 发挥想象,运用我们所学的钟表知识,在卡纸上设计并制作精美可爱、富有创意的钟表图案。

年 级	学 期	活 动 要 点
二年级	上学期	1. 测试一分钟跳绳、一分钟拍球,感受一分钟。 2. 给其中一位家人搭配衣服,并写一篇数学日记。
	下学期	1. 把自己做错的题,印象深的题,或者自己觉得特别有趣的解题故事画成四格漫画。 2. 你听说过"分数"吗? 你能为它写一份说明书吗?
三年级	上学期	1. 制作一个活动日历。 2. 逛公园:制作公园的简易地图。
	下学期	1. 调查水果、蔬菜、肉食的价格并完成记录表。 2. 驾上"爱车"感受 1 公顷和 1 平方千米的大小。
四年级	上学期	1. 请你动手为家里剪几幅窗花,装饰房间。 2. 编写一个和本学期所学知识相关的数学小故事。
	下学期	1. 阅读一本数学读物,写一篇心得。 2. 绘制从家到学校的路线图,要求图文并茂,符合实际。
五年级	上学期	1. 请你收集一位你敬佩的数学家的故事。 2. 采访一下春节期间你所接触的人对春晚节目的满意程度,完成一张调查表。 3. 请你通过各种形式了解分数的历史。
	下学期	1. 制作郑州市上半年白天和夜间的月平均气温的复式条形统计图和复式折线统计图制作。 2. 用自己的方法画下并剪出两个大小不同的圆,观察圆的特点,找出圆与过去学过的平面图形有什么不同,并把这些发现记录下来写成一篇数学日记。
六年级	上学期	1. 假期里和家长一起去银行存一些钱,了解一下什么是本金、利率、利息,并树立理财观念。 2. 围绕百分数写一篇有趣的数学日记。 3. 从六年级上册中选一单元,绘制一张思维导图。
	下学期	回顾学过的所有知识,想一想印象最深的一节数学课,写一篇数学日记。

（二）"立美假期"的评价标准

"立美假期"聚焦儿童的数学核心素养，通过现实的、有意义的、富有挑战性的数学活动，提高儿童的综合能力。在评价时，评价主题、评价标准、评价内容与方式要多元化，注重活动过程，关注个体差异，以积极性评价为主，重视儿童的自我评估、自我调整、自我改进以及活动反思，从而更好地规划未来的行动。（见表2-13）

表2-13　郑州市管城回族区东关小学"立美假期"评价标准

评价项目	评 价 要 点	自评	家长评	同伴评	师评
参与态度	积极参与活动，对活动始终保持浓厚的兴趣。				
	主动提出设想和建议。				
	做好资料的归类、整理、存放。				
	不怕困难、不怕辛苦。				
活动技能	活动方案新颖独特。				
	计划安排合理。				
	会用多种方法搜集和处理信息。				
	实践方法、方式多样。				
实践活动	善于思考，能发现并解决活动中的问题。				
	会与别人交往，能对自己进行反思。				
	活动有新意。				
	关注社会、关注环境的意识。				
成果展示	调查报告、数学日记等内容的书面梳理。				
	交流、汇报等方面的语言表达。				
	成果有新意。				

评价项目	评　价　要　点	自评	家长评	同伴评	师评
能力发展	有求知的好奇心、探究的欲望。				
	独立思考、自主学习,主动提出问题,寻求解决问题的方法。				
	数学表达能力。				
总体体会	自己的总体评价:				

爱美之心,人皆有之。人们执着地追求美,除了艺术的美、大自然的美,还有知识的美。从点到线,从线到面,从简单到复杂,从具体到抽象……数学中处处都体现着理性的美,需要我们用心去体会。"立美数学"是立理启智、立言启思、立思促美的课程,让儿童在学习中感悟数学的理性之美。

(撰稿人：谢艳萍　尹世桥　田　彤　袁嘉仪　崔成林　孙　阁)

第三章
逻辑感：构建有意义的知识结构

　　体会数学知识之间、数学与现实世界之间的逻辑联系，构建数学的逻辑体系，是儿童学会用数学思维思考现实世界的途径。 基于追求发展儿童逻辑思维的课程理念，通过结构化的课程内容，结合儿童的认知水平，帮助儿童构建有意义的知识结构，使儿童能够主动参与到学习推理的过程中去，在自主探究、分析归纳的过程中，提高儿童的数学学习能力和逻辑思维能力。

卓思数学：
让数学之美润泽孩子思维

　　郑州市管城回族区外国语学校数学组现有 36 位教师，其中，中小学一级教师 13 人，中小学二级教师 23 人，郑州市骨干教师 4 人，区级骨干教师 1 人，拥有研究生学历的教师 23 人。数学教研组始终秉承管外"厚德敏行、追求卓越、和谐发展"的办学理念，以培育"智慧人格并重"的管外学子为工作目标，采取小班分层特色教学，将卓思课堂理念深入到日常教学中，不仅要求学生要掌握现代生活中所需要的数学知识与技能，也更加注重对学生的抽象思维、推理能力、创新意识和实践能力的培养，促进学生在情感、态度与价值观等方面的发展。我校依据教育部颁发的《义务教育数学课程标准（2022 年版）》中的文件精神，推进我校数学学科课程群建设，取得了显著成效。

第一节　用数学语言表达世界

一、学科性质观

《义务教育数学课程标准(2022年版)》指出："数学是研究数量关系和空间形式的科学。"①数学作为对于客观现象抽象概括而逐渐形成的科学语言与工具,不仅是自然科学和技术科学的基础,而且在人文科学与社会科学中发挥着越来越大的作用。数学是人类文化的重要组成部分,数学素养是现代社会每一个公民应该具备的基本素养。作为促进学生全面发展的重要教育组成部分,数学教育既要使学生掌握现代生活和学习中所需要的数学知识和技能,更要发挥数学在培养人的思维能力和创新能力方面不可替代的作用,为学生铺垫更为顺畅的未来之路。

基于此,数学课程应手、脑、口并用,激发学生的学习兴趣和发展学生的思维,让学生在动手操作、动脑思考、动口表达中掌握基础知识和基本技能;培养学生的抽象思维和推理能力;培养学生的创新意识和实践能力;促进学生在情感、态度与价值观等方面的发展,以期为学生的未来生活、工作和学习奠定重要的基础。

二、学科课程理念

基于上述理解,我校提出了"卓思数学"的学科课程理念。"卓思数学"课程是根据学生的学习现实、个性心理和数学知识特点,采取灵活多样的教学形式,在数学课程中开阔数学视野,拓展数学知识,提高学生的学习积极性。通过此课程的开展,师生共同在活动中体验,在体验中探究,在探究中发现,提升学生的数学核心素养。

(一)"卓思数学"重素养

《义务教育数学课程标准(2022年版)》中指出:"数学在形成人的理性思维、科

---

① 中华人民共和国教育部.义务教育数学课程标准(2022年版)[S].北京:北京师范大学出版社,2022:1.

学精神和促进个人智力发展中发挥着不可替代的作用。数学素养是现代社会每一个公民应该具备的基本素养。"①义务教育阶段的数学课程是培养公民素质的基础课程,具有基础性、普遍性和发展性。"卓思数学"使学生掌握必备的基础知识和基本技能,培养学生的抽象思维和推理能力,培养学生的创新意识和实践能力,促进学生的情感态度与价值观等方面的发展。

(二)"卓思数学"延思维

数学思维是人脑和数学对象交互作用并按照一般的思维规律认识数学本质和规律的理性活动。具体来说,数学思维就是以数和形及其结构关系为思维对象,以数学语言和符号为思维的载体,并以认识发现数学规律为目的的一种思维。《义务教育数学课程标准(2022年版)》指出:"在义务教育阶段,数学思维主要表现为:运算能力、推理意识或推理能力。"②"卓思数学"在学生学习数学知识的过程中,适时、科学、有效地渗透数学思维,真正地对学生以后的学习生活和工作长期起作用,并使他们终身受益,为学生的终身学习和发展奠定基础。

(三)"卓思数学"促发展

《义务教育数学课程标准(2022年版)》中指出:"改变单一讲授式教学方式,注重启发式、探究式、参与式、互动式等,探究大单元教学,积极开展跨学科的主题式学习和项目式学习等综合性教学活动。"③"卓思数学"以学生的认知发展水平和已有的经验为基础,面向全体学生,注重启发式等多种教学方式,因材施教。教师要发挥主导作用,处理好讲授与学生自主学习的关系,引导学生独立思考,主动探索合作交流,使学生理解和掌握基本的数学知识与技能,体会和运用数学思想与方法,获得基本的数学活动经验,促进其数学思维及情感态度与价值观等方面的发展。

(四)"卓思数学"善创新

数学的创造性智慧源于它是一种创造性的活动。《义务教育数学课程标准

---

① 中华人民共和国教育部.义务教育数学课程标准(2022年版)[S].北京:北京师范大学出版社,2022:4.
② 中华人民共和国教育部.义务教育数学课程标准(2022年版)[S].北京:北京师范大学出版社,2022:6.
③ 中华人民共和国教育部.义务教育数学课程标准(2022年版)[S].北京:北京师范大学出版社,2022:86.

（2022 年版）》指出："项目学习教学以用数学方法解决现实问题为主,其目标是引导学生发现解决现实问题的关键要素,用数学的思维分析要素之间的关系并发现规律,培养模型概念,经历发现、提出、分析、解决问题的过程,培养应用意识和创新意识。"①"卓思数学"追求在"发现问题,提出问题,分析问题,解决问题"的递进过程中提升学生的数学素养,每一次问题的解决都是一次数学智慧的生长,也是数学学习的快乐体验,更是数学智慧的创新。"卓思数学"让学生感受到数学能给人类美的智慧、真的智慧、创造探索自由的智慧。

---

① 中华人民共和国教育部.义务教育数学课程标准(2022 年版)[S].北京：北京师范大学出版社,2022：88.

第二节　感触逻辑思维的魅力

《义务教育数学课程标准(2022 年版)》指出,义务教育阶段数学课程的总目标是:通过义务教育阶段的数学学习,学生逐步会用数学的眼光观察现实世界,会用数学的思维思考现实世界,会用数学的语言表达现实世界。(简称"三会")(1)获得适应未来生活和进一步发展所必需的数学基础知识、基本技能、基本思想、基本活动经验。(2)体会数学知识之间,数学与其他学科之间,数学与生活之间的联系,在探索真实情境所蕴含的关系中,发现问题和提出问题,运用数学和其他学科的知识与方法分析问题和解决问题。(3)对数学具有好奇心和求知欲,了解数学的价值,欣赏数学美,提高数学学习兴趣,建立学好数学的信心,养成良好的学习习惯,形成质疑问难、自我反思和勇于探索的科学精神。

一、学科课程总体目标

基于《义务教育数学课程标准(2022 年版)》,"卓思数学"设置了空间观念、创新能力、推理能力和模型思想四个方面的课程目标。通过数学课程学习,学生的各项能力全面提升,同时,通过数学学科的教学活动,锻炼学生的自主学习能力、人际交往能力、语言表达能力,全面发展和提高学生的数学学科核心素养。

(一)空间观念能力目标

基于《义务教育数学课程标准(2022 年版)》,空间观念主要是指根据物体特征抽象出几何图形,想象出所描述的实际事物,想象出物体的方位和相互之间的位置关系,描述图形的运动和变化,依据语言的描述画出图形等。

空间观念是几何课程改革中的一个课程核心概念,根据几何图形想象所描述的实际物体,进行几何体与其三视图、展开图之间的转化。这是一个包括观察、想象、比较、综合、抽象分析,不断由低到高向前发展的认识客观事物的过程,是建立在对周围环境直接感知基础上的,对空间与平面相互关系的理解和把握。

（二）创新能力目标

基于《义务教育数学课程标准（2022 年版）》，创新意识的培养是现代数学教育的任务，应体现在数学教与学的过程之中，学生自己发现和提出问题是创新的基础。

创新是知识经济时代的一个显著标志，知识创新的基础是教育。教育要创新，就要大力推进素质教育，其着力点是培养学生的创新意识和创新能力。江泽民总书记 1995 年在全国科学技术大会上指出："创新是一个民族进步的灵魂，是国家兴旺发达的不竭动力。"有创新才有进步，有创新才有发展，有创新才有实力，有创新才有腾飞。江主席的重要指示，丰富了素质教育的内涵。

（三）推理能力目标

基于《义务教育数学课程标准（2022 年版）》，推理能力的发展应贯穿于整个数学学习的过程中，推理是数学的基本思维方式，也是人们学习和生活中经常使用的思维方式。

推理属于思维的基本形式，主要是通过不低于一个的一致判断亦或是前提，产生全新思路与结论的过程。将推理应用于数学学科的学习中，可以培养学生的跨越性思维。推理能力是核心素养的重要组成，也是数学学习过程中的重要思维方法。所以，培养学生的推理能力，为学生营造开放性的学习环境，能够不断提高学生的数学学习能力，全面提升其数学学科素养，为学生后期数学学科知识的学习奠定坚实基础。

（四）模型思想目标

基于《义务教育数学课程标准（2022 年版）》，模型思想的建立是学生体会和理解数学与外部世界联系的基本途径，建立和求解模型的过程，包括从现代生活或具体情境中抽象出数学问题、用数学符号建立方程、不等式、函数等表示数学问题中的数量关系和变化规律，求出结果并讨论结果的意义，这些内容的学习，有助于学生初步形成模型思想，提高学习数学的兴趣和应用意识。

数学来源于生活，又应用于生活。在生活中寻找数学，有利于学生发现问题和解决问题，同时也让学生感到问题的真实、新奇、有趣、可操作，既能满足学生好奇、好动的心理要求，也能激发学生的兴趣，激活学生头脑中已有的生活经验，使学生用积累的经验感受其中隐含的数学问题，从而促使学生将生活问题抽象成数学问题,感知数学模型的存在。在数学教学过程中进行数学建模思想的渗透,不仅可以使学生体会到数学并非只是一门抽象的学科,而且还可以使学生感觉到利用数学建模思想,结合数学方法解决实际问题的妙处,进而对数学产生更大的兴趣。

二、学科课程年级目标

依据上述学科课程总体目标、中学数学教材、教参,结合我校实际"卓思课程"的课程理念,我校将七、八、九年级数学课程目标设置如下。(见表3-1)

表3-1 7—9年级数学课程目标表

年级	上 学 期	下 学 期
七年级	**第 一 单 元:** 共同要求 1. 认识常见几何体的基本特征,能对这些几何体进行简单的分类。 2. 进一步认识点、线、面的基本含义,了解点、线、面、体之间的关系。 3. 在平面图形和几何体相互转换的过程中,发展几何直观和空间观念。 校本要求 1. 积极准备与数学有关的故事,了解数学在生活中的作用。 2. 从故事的学习中了解数学名人趣事、数学史,提升学生的数学学习兴趣。 3. 从故事的学习和分享中,丰富学生的常识,提高学生的表达分享能力,使不同的人在数学上得到不同的发展。 **第 二 单 元:** 共同要求 1. 能用数轴上的点表示有理数,会比较有理数的大小。 2. 掌握有理数的加、减、乘、除、乘方及简单的混合运算;理解有理数的运算律,并能运用运算律简化运算。 3. 会用科学计数法表示大数,发展数感。	**第 一 单 元:** 共同要求 1. 会进行同底数幂的乘除法、幂的乘方、积的乘方运算。 2. 能进行简单的整式乘除法运算。 3. 了解零指数幂和负整数指数幂的意义,并会进行简单计算。 校本要求 1. 通过七巧板的制作、拼摆等活动,培养学生的动手操作及自主学习能力。 2. 通过七巧板的学习,提高学生的图形组合能力及空间想象能力。 3. 通过在学习活动中激发学生对数学的兴趣,培养学生团队合作的意识。 4. 通过了解七巧板的历史,激发学生的民族自豪感和爱国精神。 **第 二 单 元:** 共同要求 1. 理解相交线、平行线的相关概念及性质。 2. 会用三角板、量角器等工具熟练地画垂线、平行线及简单的几何图形。 校本要求 1. 让学生通过搜集生活中的轴对称图形,理解轴对称图形的定义。

年级	上　学　期	下　学　期
七年级	**校本要求** 1. 通过学习数学史,了解数学的发展过程,激发学生的学习兴趣。 2. 启迪学生的数学思维;培养学生的创新意识;提高学生的美学修养。 **第　三　单　元：** **共同要求** 1. 经历字母表示数量间关系的过程,发展符号感,进一步体会整式加减运算的必要性。 2. 掌握整式的加减运算并能解决简单的实际问题。 **校本要求** 1. 能从现实生活中抽象出常见的几何体,并进行分类,培养观察、抽象、归纳、概括、判断等思维能力以及分类的数学思想。 2. 通过几何图形的制作、切截、拼接等活动,培养学生的动手操作及自主学习能力。 3. 通过优秀立体模型的展示与介绍,培养学生的语言表述能力,培养学生的团队合作意识。 **第　四　单　元：** **共同要求** 1. 认识线段、射线、直线、角等简单平面图形。 2. 能用符号表示角、线段,能估计一个角的大小。 3. 认识度、分、秒,会进行角的单位换算。 **校本要求** 1. 通过简单的三阶幻方的填写,掌握幻方的相关特点和中心数等概念。 2. 通过对幻方的观察,小组合作,培养观察、分析和探究能力,并能灵巧地计算。 3. 通过变式进一步了解和掌握复杂的幻方填写。	2. 通过折叠探索轴对称图形的性质,培养学生的观察、想象、动手操作能力。 3. 通过剪纸制作美丽的轴对称图形,培养学生数学美(对称美)的意识,并能把这种美运用于生活,服务于生活。 **第　三　单　元：** **共同要求** 1. 理解什么是变量、自变量、因变量,并能举出反映变量间关系的例子。 2. 通过探索变量之间的关系,进一步发展符号感。 **校本要求** 1. 学习归类、凑整,巧用运算率。 2. 了解分数裂项,整体换元,添数配对,倒序相加。 **第　四　单　元：** **共同要求** 1. 认识三角形的特性,掌握三角形三边之间的关系及三角形内角和定理。 2. 能对三角形进行正确分类。 **校本要求** 1. 了解数学史的故事。备用故事:《方程求解的趣味故事》《圆周率的由来》《勾股定理的趣味故事》等。 2. 从故事的学习和分享中,丰富学生的常识,提高学生的表达分享能力,使不同的人在数学上得到不同的发展。

年级	上　学　期	下　学　期
七年级	**第 五 单 元：** **共同要求** 1. 理解一元一方程及一元一次方程解的概念。 2. 会解一元一次方程，并能利用一元一次方程解决简单的实际问题。 **校本要求** 1. 会用运算律、数学公式、化归思想、数形结合等数学思想简化数学问题。 2. 经历简化复杂的数学问题的过程，提高解题能力，提高学习质量。 3. 通过数学问题的简化过程，领悟数学的本质和灵魂。 **共同要求** 1. 能根据具体情况选择数据整理的方法。 2. 能利用数据的收集与整理解决简单的实际问题。 **校本要求** 1. 会用代数式表示简单问题中的数量关系，并能验证所探索的规律。 2. 通过拼接图形的活动，让学生尝试找出图形中的规律，并用字母表示这一规律。 3. 在探索规律的过程中，体验类比、转化等思维方法，培养学生良好的思维品质。	**第 五 单 元：** **共同要求** 1. 通过丰富的生活实例认识轴对称，理解对应点所连的线段被对称轴垂直平分。 2. 掌握轴对称图形的性质，并能按照要求作出轴对称的图形。 **校本要求** 1. 培养观察、抽象、归纳、概括、判断等思维能力以及分类的数学思想。 2. 培养学生的动手操作及自主学习能力。 3. 通过展示与介绍，培养学生的语言表述能力，培养学生的团队合作意识。 **第 六 单 元：** **共同要求** 1. 能利用数状图和列表法计算事情发生的概率。 2. 能利用试验或模拟试验的方法，估计一些复杂事件发生的概率。 **校本要求** 1. 以"品数学之美，论思维之妙"为主题，以数学之美、数学之用、数学之趣三个模块为依托，开展活动，启迪学生思维。 2. 让学生通过数学活动感受数学、喜欢数学、体会数学的独特魅力。
八年级	**第 一 单 元：** **共同要求** 1. 经历勾股定理的探索过程，理解勾股定理及其逆定理的含义。 2. 会用勾股定理解决简单的实际问题。 **校本要求** 1. 将数学生活化，让学生发现数学的美。 2. 运用数学知识解决实际问题，培养学生的数学能力。	**第 一 单 元：** **共同要求** 1. 探索三角形全等的判定方法，能利用三角形全等进行证明。 2. 掌握线段垂直平分线的性质，并会利用线段垂直平分线的性质进行证明。 3. 掌握角平分线的性质，并会利用角平分线的性质进行证明。 **校本要求** 1. 将数学与文学进行融合，丰富学生的数学学习内容，激发学生的学习兴趣。

年级	上　学　期	下　学　期
八年级		2. 培养学生用数学的眼光在较复杂的信息里寻找关键信息的能力,为解决问题打下基础。 3. 引导学生从数学的角度审视诗歌、对联等,帮助学生在体会数学的美妙的同时,培养自己的逻辑思维能力。
	第 二 单 元: **共同要求** 1. 理解算数平方根、平方根、立方根的概念,并会计算。 2. 明确有理数、无理数及实数与数轴上对应点的关系。 **校本要求** 1. 了解数的发展史,会对数进行分类。 2. 初步学会从数学的角度发现问题和提出问题,提高实践能力。 3. 体会数学的特点,了解数学的价值。	**第 二 单 元:** **共同要求** 1. 了解不等式及不等式解集的概念,会在数轴上表示不等式的解集。 2. 掌握不等式的基本性质,并会解一元一次不等式。 3. 能利用一元一次不等式(组)解决简单的实际问题。 **校本要求** 1. 了解数字谜的特点,学习解决数字谜的基本方法。 2. 经历简单的推理过程,培养学生的发散思维,提高逻辑思维能力和解决问题的能力。 3. 培养学生数学学习的兴趣,激发求知欲。
	第 三 单 元: **共同要求** 1. 能用不同的方式确定物体的位置。 2. 在给定的平面直角坐标系中,会根据点的坐标确定点的位置、由点的位置写出点的坐标。 3. 在同一直角坐标系中感受图形变换前后点的坐标变化。 **校本要求** 1. 熟悉几何画板的启动和关闭。 2. 熟悉几何画板界面的组成以及工具的使用。 3. 初步了解几何画板的功能和特点,能够画出简单的几何图形。	**第 三 单 元:** **共同要求** 1. 通过具体事例认识平移和旋转,掌握平移和旋转的基本性质。 2. 感受图形之间的变换关系,能利用平移和旋转的基本性质解决简单的问题。 **校本要求** 1. 通过最值问题的探索,培养学生的数学模型思想,研究动态环境下图形最值的模型。 2. 培养学生数学思考、数学应用以及解决数学问题的能力。 3. 在数学活动中,获得数学学习的直接经验,并利用活动经验获得数学学习的方法。

年级	上 学 期	下 学 期
八年级	**第 四 单 元：** 共同要求 1. 了解函数的三种表示方法，能利用图像分析简单的函数关系。 2. 掌握正比例函数及一次函数的概念及性质，并能利用这些函数解决简单的实际问题。 3. 通过一次函数与方程（组）及不等式的关系，构建相互联系的知识体系。 校本要求 1. 了解魔方的起源及相关知识，认识魔方的组成。 2. 通过活动初步感知复原单面魔方的技巧和方法。	**第 四 单 元：** 共同要求 1. 会用提公因式法、公式法进行因式分解。 2. 通过分解因式方法的过程，体会数学知识之间的联系。 校本要求 1. 在学习活动中激发学生学习数学的兴趣，增加数学知识的趣味性。 2. 通过活动，培养学生的语言表述能力，拓展知识面，培养想象力。 3. 寓教于乐的同时培养学生的逻辑思维能力、推理判断能力。
	第 五 单 元： 共同要求 1. 理解二元一次方程（组）的概念，能设两个未知数，并列方程组来表示实际问题中的两种相关的等量关系。 2. 掌握解二元一次方程组的解法，体会"消元"的思想。 校本要求 1. 了解数产生的历史、认识自然数。 2. 了解中国古代数学的伟大成就，激发学生的民族自豪感。	**第 五 单 元：** 共同要求 1. 了解分式、分式方程的基本概念，掌握解分式方程的基本方法和步骤。 2. 能进行简单的分式加减法计算。 3. 能解决一些与分式有关的简单的实际问题。 校本要求 1. 了解代数式中的最值问题。 2. 构建函数求最值，会求在几何图形运动过程中的最值。 3. 学习在综合性问题中求最值。
	第 六 单 元： 共同要求 1. 掌握算数平均数、加权平均数的概念，并会求一组数据的算数平均数和加权平均数。 2. 掌握众数和中位数的概念，会求一组数据的众数和中位数；会用极差、方差去衡量总体的波动大小。 校本要求 1. 了解"谁是卧底"游戏，学习"谁是卧底"与数学教学的融合。	**第 六 单 元：** 共同要求 1. 理解四边形、平行四边形、菱形、矩形、正方形的概念。 2. 掌握平行四边形、菱形、矩形、正方形的基本性质及判定方法。 校本要求 1. 积极准备与数学有关的故事，了解数学在生活中的作用。 2. 从故事的学习中了解数学名人趣事、数学史，提升学生的数学学习兴趣。

年级	上　学　期	下　学　期
八年级	2. 以"加法、减法"为例设计"谁是卧底"游戏。 3. 总结区分游戏中出现的数学知识点。 **第 七 单 元：** **共同要求** 1. 掌握两直线平行的性质定理、判定定理、三角形内角和定理及其推论的证明过程。 2. 初步掌握证明过程的基本格式，能利用这些定理解决简单的实际问题。 **校本要求** 1. 以"品数学之美，论思维之妙"为主题，以数学之美、数学之用、数学之趣三个模块为依托，开展活动，启迪学生思维。 2. 让学生通过数学活动感受数学、喜欢数学、体会数学的独特魅力。	3. 从故事的学习和分享中，丰富学生的常识，提高学生的表达分享能力，使不同的人在数学上得到不同的发展。
九年级	**第 一 单 元：** **共同要求** 1. 理解平行四边形、矩形、菱形、正方形的性质及判定，并会应用。 2. 掌握三角形中位线定理及直角三角形的斜边中线定理，并会应用。 **校本要求** 1. 通过开展丰富多彩的数学活动，在活动中激发学生学习数学的热情，充分感受数学的乐趣。 2. 通过比赛提高学生的运算能力、观察力和逻辑思维能力，锻炼学生的心理素质，培养学生坚强的意志品质。 **第 二 单 元：** **共同要求** 1. 了解一元二次方程的相关概念，会用配方法、公式法、因式分解法解一元二次方程。	**第 一 单 元：** **共同要求** 1. 会计算包含 30 度、45 度、60 度、90 度角的三角函数值问题；能够利用三角函数解决与直角三角形有关的问题。 2. 体会数形结合的数学思想。 **校本要求** 1. 初步感悟：认识黄金分割。 2. 动手实践：探索黄金分割。 3. 学以致用：设计黄金分割。 4. 拓展延伸：感悟黄金分割。 **第 二 单 元：** **共同要求** 1. 理解二次函数的概念，会用描点法及表达式画出二次函数的图像，并且根据图像确定二次函数的性质。

年级	上　学　期	下　学　期
九年级	2. 会用建立一元二次方程模型的方法解决简单的实际问题。 **校本要求** 1. 通过对数学中的几类特殊数的研究，激发学生的求知欲，并锻炼和培养学生的思维品质。 2. 通过对母亲河多方面数据的分析，进一步了解和认识黄河，增强生态保护意识，引导学生用数学的眼光观察和认识事物。 **第 三 单 元：** **共同要求** 1. 进一步发展数据分析观念，体会概率与统计的关系。 2. 能运用列表、画树状图等方法计算一些简单事件发生的概率。 3. 能用概率解决一些简单的实际问题。 **校本要求** 1. 了解应用软件分类以及特点，学生能根据需求选择适合的应用软件。 2. 应用软件概述、应用软件分类。 **第 四 单 元：** **共同要求** 1. 掌握比例的基本性质、线段的比、成比例线段。 2. 掌握相似三角形的性质定理和判定定理，会利用图形的相似解决一些简单的实际问题。 **校本要求** 1. 了解代数式中的最值问题。 2. 构建函数求最值，会求在几何图形运动过程中的最值。 3. 学习在综合性问题中求最值。 **第 五 单 元：** **共同要求** 1. 通过实例了解中心投影、平行投影和正投影的概念及基本性质。	2. 能利用二次函数的图像及性质解决简单的实际问题。 **校本要求** 1. 寻找生活中的对称美。 2. 探索轴对称图形的性质，学着制作对称美的作品。 **第 三 单 元：** **共同要求** 1. 认识圆，掌握圆的基本性质。 2. 理解圆周率的意义，掌握圆周率的近似值。 3. 理解圆的周长与面积计算公式，并能正确计算圆的周长与面积。 **校本要求** 1. 通过最强大脑活动，让学生感受数字碰撞的魅力和逻辑推理的美感。 2. 激励学生继续探索数学奥秘，勇攀数学高峰。

年级	上 学 期	下 学 期
九年级	2. 了解三视图的基本概念,会画基本几何体的三视图。 3. 通过几何体与三视图之间的相互转化,体会几何体与平面图形之间的相互联系,感悟转化的数学思想。 **校本要求** 1. 通过背诵圆周率、科学实验秀、科普祖冲之与圆周率、集体速算竞赛等趣味活动,拉近与数学的距离。 2. 渗透中国传统文化,激发学生对数学学习的热情和兴趣。 **第 六 单 元:** **共同要求** 1. 了解反比例函数的概念,能画出反比例函数的图像,掌握反比例函数的性质。 2. 体会数形结合的思想方法,能利用反比例函数解决简单的实际问题。 **校本要求** 总结区分学习的数学知识点。	

通过学段目标的层层递进,锻炼学生的动手能力,培养学生的数学思维,在数学的探索过程中让学生进一步提升数学能力。

第三节　在探索中培养思维能力

　　《义务教育数学课程标准(2022年版)》指出,义务教育数学课程以习近平新时代中国特色社会主义思想为指导,落实立德树人根本任务,致力于实现义务教育阶段的培养目标,使得人人都能获得良好的数学教育,不同的人在数学上得到不同的发展,逐步形成适应终身发展需要的核心素养。义务教育数学课程应使学生通过学习数学,形成和发展面向未来社会和个人发展所需要的核心素养。核心素养是在数学学习的过程中逐渐形成和发展的,不同学段发展水平不同,是制定课程目标的基本依据。数学课程内容是实现课程目标的重要载体。课程内容的选择体现数学学科特征;关注数学学科发展前沿与数学文化,继承和弘扬中华优秀传统文化;与时俱进,反映现代科学技术与社会发展需要;符合学生的认知规律,有助于学生理解、掌握数学的基础知识和基本技能,形成数学基本思想,积累数学基本活动经验,发展核心素养。课程内容的呈现注重数学知识与方法的层次性和多样性,适当考虑跨学科主题学习;根据学生的年龄特征和认知规律,适当采取螺旋式的方式,适当体现选择性,逐渐拓展和加深课程内容,适应学生的发展需求。①

　　基于此,我校开设数学"卓思课程",主要通过"卓越课堂、卓越学科、卓越社团、卓越节日、卓越之旅、卓越仪式、卓越空间、卓越校园"等途径实施,着力培养"有梦想、敢拼搏、有情趣、会生活、有灵性、善学习、有特长、健身心"的卓越少年。

一、学科课程结构

　　"卓思数学"学科课程主要分为四部分:数与代数、图形与几何、统计与概率、综合与实践。"卓思数学"课程结构如下图3-1所示。

---

① 中华人民共和国教育部.义务教育数学课程标准(2022年版)[S].北京:北京师范大学出版社,2022:2.

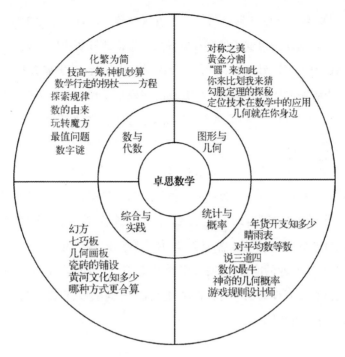

图 3-1 郑州市管城回族区外国语学校"卓思数学"课程结构图

（一）数与代数

通过开展一系列的计算大赛、解题大赛等活动，提高学生的计算兴趣、计算能力。郑州市管城回族区外国语学校开设的课程有：技高一筹、神机妙算、数学行走的拐杖——方程、数的由来、玩转魔方、化繁为简、数字谜等。

（二）图形与几何

根据学生不断成长的认知规律和积累的活动经验，调动学生参与剪、拼、摆、画等动手操作活动和合理的猜想验证等探究活动，体会变化莫测的图形带来的奥秘，进一步发展学生的空间观念和几何直观，提升抽象能力和推理能力。郑州市管城回族区外国语学校开设的课程有：你来比划我来猜、对称之美、勾股定理的探秘、定位技术在数学中的应用、几何就在你身边、黄金分割、"圆"来如此等。

（三）统计与概率

通过对数据进行收集、整理、描述、分析，从数据中提取信息并进行简单推断；通过数据分析体验随机性：一方面，对于同样的事情每次收集到的数据可能不同；

另一方面,只要有足够的数据就可能从中发现规律。统计与概率的学习,有助于学生感悟从不确定性的角度认识客观世界的思维模式和解决问题的方法,初步理解通过数据认识现实世界的意义,感知大数据时代的特征,发展数据观念和模型观念。郑州市管城回族区外国语学校开设的课程有:年货开支知多少、"晴雨表"、对平均数等数"说三道四"、数你最牛、神奇的几何概率、游戏规则设计师等。

(四)综合与实践

"综合与实践"是一类以问题为载体、以学生自主参与为主的学习活动。在学习活动中,学生将综合运用"数与代数""图形与几何""统计与概率"等知识和方法解决问题。"综合与实践"有助于学生感受数学与科学、技术、经济、金融、地理、艺术等学科领域的融合,积累数学活动经验,体会数学的科学价值,提高发现与提出问题、分析与解决问题的能力,发展应用意识、创新意识和实践能力。郑州市管城回族区外国语学校开设的课程有:幻方、七巧板、几何画板、瓷砖的铺设、黄河文化知多少、哪种方式更合算等。

二、学科课程设置

义务教育阶段数学课程的设计,应充分考虑本阶段学生数学学习的特点,符合学生的认知规律和心理特征,有利于激发学生的学习兴趣,引发学生的数学思考;充分考虑数学本身的特点,体现数学的实质;在呈现作为知识与技能的数学结果的同时,重视学生的已有经验,使学生体验从实际背景中抽象出数学问题、构建数学模型、寻求结果、解决问题的过程。

我校除了开设国家规定的基础课程之外,还根据实际情况开设了以下拓展课程,以此来丰富课程内容,完善课程设置。具体的拓展课程设置如下表。(见表3-2)

表3-2 郑州市管城回族区外国语学校"卓思数学"课程设置表

	数与代数	图形与几何	统计与概率	综合与实践
七上	1. 技高一筹,神机妙算 2. 数学行走的拐杖——方程	你来比划我来猜	年货开支知多少	幻方

	数与代数	图形与几何	统计与概率	综合与实践
七下	探索规律	对称之美	"晴雨表"	七巧板
八上	1. 数的由来 2. 玩转魔方	1. 勾股定理的探秘 2. 定位技术在数学中的应用	对平均数等数"说三道四"	几何画板
八下	1. 数字谜 2. 最值问题 3. 谁是卧底	几何就在你身边	数你最牛	瓷砖的铺设
九上	化繁为简	黄金分割	神奇的几何概率	黄河文化知多少
九下	杨辉三角	"圆"来如此	游戏规则设计师	哪种方式更合算

三、学科课程内容

"卓思数学"为学生提供了丰富多彩的课程内容,使学校课程体系更规范合理,学校特色更鲜明,各个年级的具体课程目标及课程内容要点见下表。(见表3-3)

表3-3 郑州市管城回族区外国语学校"卓思数学"课程内容表

年级	学期	课程名称	学 习 目 标	学 习 要 点
七年级	上学期	数与代数	1. 在计算游戏比赛中,掌握有理数的加、减、乘、除、乘方及简单的混合运算。 2. 理解有理数的运算律,能运用运算律简化运算。 3. 能根据具体问题中的数量关系列出方程,能解一元一次方程。 4. 掌握等式的基本性质,能解一元一次方程。	1. 技高一筹,神机妙算 2. 数学行走的拐杖——方程
		图形与几何	1. 会画简单物体的视图,并会根据视图描述简单的几何体。 2. 了解直棱柱、圆锥的侧面展开图,能根据展开图想象和制作模型。	你来比划我来猜

年级	学期	课程名称	学　习　目　标	学　习　要　点
七年级	上学期	统计与概率	1. 经历收集、整理、描述和分析数据等活动，了解数据处理的过程。 2. 会制作统计图，能用统计图直观、有效地描述数据。	年货开支知多少
		综合与实践	通过观察、猜想、归纳等方法，找出数量间的关系，并能进行填空。	幻方
		数学文化	通过阅读数学故事书，了解幻方的起源、发展历程、种类及应用。	数学发展史
	下学期	数与代数	1. 借助现实情境了解代数式，进一步理解用字母表示数的意义。 2. 能分析具体问题中的简单数量关系，并用代数式表示。	探索规律
		图形与几何	1. 通过具体实例了解轴对称、轴对称图形、中心对称、中心对称图形的概念，探索它们的基本性质。 2. 能画出简单平面图形关于给定对称轴的对称图形。 3. 认识并欣赏自然界和现实生活中的轴对称图形和中心对称图形。	对称之美
		统计与概率	1. 理解平均数、中位数、众数的意义，能计算中位数、众数、加权平均数，知道它们是对数据集中趋势的描述。 2. 体会刻画数据离散程度的意义，会计算简单一组数据的离差平方和、方差。	晴雨表
		综合与实践	1. 理解三角形及其内角、外角、中线、高线、角平分线等概念，了解三角形的稳定性。 2. 了解多边形的概念及顶点、边、内角、外角、对角线等基本概念，探索并掌握多边形内角和与外角和的公式，了解四边形的不稳定性。	七巧板
		数学文化	阅读数学故事书，了解七巧板的起源、发展历程、种类及应用。	数学故事会

年级	学期	课程名称	学　习　目　标	学　习　要　点
八年级	上学期	数与代数	1. 通过查阅资料，了解数的起源、发展历程、种类及应用。 2. 通过查阅资料、学习视频等，掌握三阶、四阶魔方的玩法及技巧。	1. 数的由来 2. 玩转魔方
		图形与几何	1. 探索勾股定理及其逆定理，并能运用它们解决一些简单的实际问题。 2. 理解平面直角坐标系的有关概念，能画出平面直角坐标系。 3. 在给定的直角坐标系中，能根据坐标描出点的位置、由点的位置写出它的坐标，描述物体的位置。	1. 勾股定理的探秘 2. 定位技术在数学中的应用
		统计与概率	1. 理解平均数、中位数、众数的意义，能计算中位数、众数、加权平均数，了解它们是数据集中趋势的描述。 2. 能解释数据分析的结果，根据结果作出简单的判断和预测。	对平均数等数"说三道四"
		综合与实践	了解几何画板的工作区间及常用工具，能画出常见的几何图形。	几何画板
		数学文化	了解无理数和实数的概念，能用有理数估计一个无理数的大致范围。	追求真理的先驱——无理数的诞生
	下学期	数与代数	能画出一次函数的图像，根据一次函数的图像和表达式"$y=kx+b(k\neq0)$"探索并理解 $k>0$ 和 $k<0$ 时，图像的变化情况。	1. 数字谜 2. 最值问题 3. 谁是卧底
		图形与几何	1. 探索并证明角平分线、垂直平分线的性质及判定定理。 2. 了解等腰三角形、直角三角形、平行四边形的概念，探索并证明它们的性质及判定定理。	几何就在你身边
		统计与概率	1. 体会刻画数据离散程度的意义，会计算一组简单数据的离差平方和、方差。 2. 通过表格、折线图、趋势图等，感受随机现象的变化趋势。	数你最牛

年级	学期	课程名称	学 习 目 标	学 习 要 点
八年级	下学期	综合与实践	运用图形的轴对称、中心对称、旋转、平移进行图案设计。	瓷砖的铺设
		数学文化	通过阅读数学读物，小组交流文学中的数学。	数学与文学
九年级	上学期	数与代数	1. 能利用整式的基本性质及运算法则进行简单的整式加法、减法和乘法运算。 2. 能利用分式的基本性质进行约分和通分，能对简单的分式进行加、减、乘、除运算。	化繁为简
		图形与几何	通过建筑、艺术上的实例了解黄金分割。	黄金分割
		统计与概率	能通过列表、画树状图等方法列出简单随机事件所有可能的结果，以及指定随机事件发生的所有可能的结果，了解随机事件的概率。	神奇的几何概率
		综合与实践	经历收集、整理、描述和分析数据等活动后，了解数据处理的过程。	黄河文化知多少
		数学文化	利用相似和投影知识测量学校旗杆的高度。	数学文化节
	下学期	数与代数	经历观察、猜想、推理、验证等学习过程，能用符号表示数及代数式，树立符号意识。	杨辉三角
		图形与几何	1. 理解圆、弧、弦、圆心角、圆周角的概念，了解等圆、等弧的概念；探索并掌握点、线与圆的位置关系。 2. 会计算圆的弧长、扇形的面积。 3. 了解正多边形的概念及正多边形与圆的关系。	"圆"来如此

年级	学期	课程名称	学　习　目　标	学习要点
九年级	下学期	统计与概率	进一步通过列表、画树状图等方法列出简单随机事件所有可能的结果，以及指定随机事件发生的所有可能的结果，熟知随机事件的概率。	游戏规则设计师
		综合与实践	能用一次函数和二次函数解决简单的实际问题。	哪种方式更合算
		数学文化	能用锐角三角函数解直角三角形，能用相关知识解决一些简单的实际问题。	数学文化节

　　通过以上具体丰富多彩的拓展课程，来体现数学"卓思课程"，增加学生的参与度、趣味性等。

第四节　创设可供推理的情境

管外数学教研组立足中学生认知发展水平和身心发展水平,依据《义务教育数学课程标准(2022年版)》和新课程理念,在数学教学中始终倡导面向全体学生,提高学生的综合素质。数学学科通过创设"分层教学"、构建"卓思课堂"、打造"数学社团"、开展"数学小讲师比赛"、开展"数学社会实践活动"五种途径,依据学情,由浅入深,分年级、分学期实施。

一、创设"分层教学",面向全体学生

分层教学坚持面向全体学生的原则,根据不同层次学生的知识水平和接受能力,设计不同层次的教案,采用不同的教学方法,因"层"而教。因此,能使教学内容较好地适合每个学生的要求。[①] 根据"最近发展区"理论,分层教学可使每个学生得到最好的发展。对于优等生,可以充分发展自己的个性,可以最大限度地挖掘自身的内在潜能;对于学习困难生,可以从进行非智力因素方面的教育着手,激发学习热情,从他们的实际情况出发,为他们"量身定做"适合他们理解和接受水平的知识内容,从而使他们对数学学习产生兴趣,达到逐步提高学习成绩的目的。

（一）"分层教学"的实施方法

我校"分层教学"课程依据学校的"差异化小班教学"特色,将学生按照数学和英语的学习能力和水平分为A层和B层,每学期期末根据本学期综合成绩评定,进行AB调班,班内动态AB分层。从学生的实际情况出发,尊重学生的个体差异,有的放矢地进行有差别的教学,从而使每个学生都能扬长避短,学有所进。[②] AB层实行走班制度的教学模式。

---

① 沈晶晶.浅析中职信息技术课程有效教学方法之分层教学[J].赤子:上中旬,2016(24):194.

② 傅彤方,岳卫忠,李志尚.善待学生差异,实施分层教学[J].中国教育学刊,2016(S1):40-41.

1. 教学方法的分层

一方面,对 A 层次学生以"放"为主,"放"中有"扶",重在指导其自主学习;对 B 层次学生以"扶"为主,"扶"中有"放",重在带领其学习。总之,教师要引导不同层次的学生在各自不同的"最近发展区"前进。因为在学生的"最近发展区",教师如果给予适当的教育引导,那么"最近发展区"就会变成"现实发展区",最近发展水平就会变成现实发展水平。

另一方面,根据学生的个别差异提问,课堂提问不搞"一刀切",有针对性地对不同的学生提出不同深度的问题,让不同层次的学生拥有同等参与机会和成功感,达到全面发展的目的。如果对 A 层次学生提出的问题过于简单,就不能启迪其思维;如果对 B 层次学生提出的问题太难,超越他们的认知水平,学生望而生畏,就会挫伤他们的学习积极性。因此,教师要深入了解各层次学生的认知基础和思维水平,把握他们的认知水平,量力而"问",达到"让学生跳一跳,摘到果子"的目的,兼顾 A、B 两个层次的学生,使各层次的学生各有所得。

2. 作业的分层

课堂教学后要布置作业,因为教师的"暂时隐退",所以要依据教学目标设计弹性作业供学生自由选择。作业中出现的一些基础性、富有思考性的习题可让 B 层次学生做。对 A 层次学生则安排一些较难的作业,培养思维的灵活性和创造性。这样做切实减轻了学生的负担,提高了学生的学习积极性。①

3. 课后辅导的分层

课后分层辅导常采用的方法是答疑和谈话的形式。在进行课后分层辅导的过程中,不仅要指导数学知识,帮助学生克服学习中的障碍,还应注意加强师生的情感交流,进一步了解学生的学习状况和思想动态,帮助学生及时调整学习状态。

(二)"分层教学"的评价方式

根据"分层教学"的内涵特点,学校从课堂、课后、考试成绩三个方面进行等级评定,详见下表。(见表 3-4)

---

① 王明英.初中数学分层次教学的初探[J].中学生导报:教学研究,2013,000(037):1-1.

表 3-4　郑州市管城回族区外国语学校"分层教学"综合评价表

评价维度		评 价 因 素	权值	评价层次			
				优	良	中	差
评析教师教学行为50分	组织能力	教学目标全面、明确、突出重点、有层次性。	15				
		教学程序安排科学合理,符合各层次学生的认知规律。					
		教态亲切和蔼,语言清晰生动,富有启发性和感染力。					
	注意中心	注意力放在学生身上,关注不同层次的学生在参与学习过程中的思维发展情况。	5				
		及时反馈和调节各层次学生的活动。					
	教学态度	充分尊重和信任各层次学生,以热情和宽容的态度善待学生。	5				
		注意捕捉合适时机评价学生,有足够的热心和耐心帮助 B 层次学生。					
	教学机智	敏锐地捕捉各层次学生的各种信息,根据学生需要灵活调整教学策略,保证完成主要目标。	15				
		恰当处理课堂教学中学生暂时形成的心理不利兴奋点,把注意力重新转移回来,使教学过程恢复正常。					
	教学境界	因材施教,讲学稿使用得体,使各层次的学生获得不同程度的学习发展。	10				
		让各层次学生都拥有自身的情感体验,并主动参与学习数学。					
		注重学生全面发展,培养学生的创造能力。					
评析学生学习活动50分	参与状态	参与学习活动的形式多样、恰当(师生谈话、合作交流、动手实践等)。	10				
		学生积极参与教学全过程。					

评价维度		评 价 因 素	权值	评价层次			
				优	良	中	差
评析学生学习活动50分	参与状态	不同层次学生都能积极参与。	10				
	情绪状态	学生具有适度的紧张感。	10				
		各层次学生善于自我控制,保持良好的注意状态。					
	交流状态	构建了师生、生生之间的信息交流。	10				
		各层次学生讨论交流的内容有思考性、有价值。					
	思维状态	能引发各层次学生的积极思考,各层次学生展现出解决问题的强烈愿望。	10				
		各层次学生能利用经过猜想和探索发现的结论去努力探索新的发现。					
	生成状态	各层次学生能各尽所能,感到踏实和满足。	10				
		学生能调控自己学习时的消极心理,对学习更有信心和兴趣。					
	综合评价	优点及特点	优	良	中	差	问题及建议
			90—100	75—89	61—74	60分及以下	

二、构建"卓思课堂",培养学生的创新意识和创新能力

《义务教育数学课程标准(2022年版)》中明确提出:"学生的学习应是一个主动的过程,认真听讲、独立思考、动手实践、自主探索、合作交流等是学习数学的重要方式。教学活动应注重启发式,激发学生的学习兴趣,引发学生积极思考,鼓励学生质疑问难,引导学生在真实情境中发现问题和提出问题,利用观察、猜测、实

验、计算、推理、验证、数据分析、直观想象等方法分析问题和解决问题，促进学生理解和掌握数学的基础知识和基本技能，体会和运用数学的思想与方法，获得数学的基本活动经验；培养学生良好的学习习惯，形成积极的情感、态度和价值观，逐步形成核心素养。"①这就要求初中数学课堂教学应改变传统的"教师教，学生学"的以教师为主体的教学模式，把学生的课堂主体地位还给学生，让学生从被动学习的"机器"转变为主动学习、主动参与、合作探究的"人"。"卓思课堂"教学模式充分体现了《义务教育数学课程标准(2022年版)》中的这一理念。

（一）"卓思课堂"的实施方法

初中数学"卓思课堂"教学模式以学习小组为单位，以"导学案"为载体，由"自主学习""协作探究""同思共进""以练带学"四个阶段构成。

1. 课前"自主学习"阶段

课前，小组成员借助课本、互联网等多形式，以导学案为学习路线图，按图索骥，自主学习、主动学习、探究学习，完成导学案上的"自主学习"部分。让学生先自行掌握部分需要识记的基础知识，同时在导学案的"我的疑惑"一栏记下自己的疑惑与不解。②

2. 课中"协作探究"阶段

课中"协作探究"阶段分两个小节进行。首先是小组成员之间的交流解惑，处理"自主学习"阶段记下的"我的疑惑"，再进一步合作探究本节新知，完成导学案"课堂教学知识点"部分内容，初步完成学习目标，同时将本小组的疑惑与不解记录在导学案"小组之惑"一栏里。第二小节是小组之间、师生之间的合作交流探究。教师以平等的身份，参与到组间进行交流与解惑，小组间展示本小组的学习成果、学习心得，同时也将本小组之惑提交给班级进行讨论，实现全班的师生互动、生生互动，完成导学案"课堂教学知识点"部分，完成本节学习目标、能力目标、情感目标。

3. "同思共进"阶段

在完成前两个阶段后，师生共同回顾本堂所学，学生反思本次探究学习过程中的所得与不足，组员自评、组内互评、教师评价相结合，总结归纳知识点，巩固学

---

① 欧志伟.让学生在课堂中"动起来"[J].福建基础教育研究,2013(12):1.
② 张新艳."三环五步"模式在数学教学中的应用研究[J].新课程研究(上旬刊),2015(9):118-119.

习效果,学生完成导学案"课堂小结"部分,评选本堂"探究之星"与最佳"协作小组",实现共同进步的目标。

4."以练带学"阶段

这一阶段也分两个部分进行,既是课堂效果的检测,也是课堂的延伸。第一部分是"同思共进"阶段之后,学生完成"课堂检测",教师以多种形式了解完成效果,从而了解学情为后续教学和辅导做好准备。学生也能据此反思学习目标的完成情况,对所学知识进行梳理、巩固,完成导学案"我的反思"部分。第二部分是课后"跟踪训练"。学生完成教师精选的课后作业"跟踪训练",进一步巩固知识,让学生学以致用,实现知识的升华、能力的提升。

(二)"卓思课堂"的评价方式

该课堂采用评价表的方式对学生的学习效果进行评价。组员自评、组内互评、教师评价依据学生的自主学习、协作探究、同思共进、以练带学,对学生的学习效果进行优、良、中、差的等级评价。(见表3-5)

表3-5 郑州市管城回族区外国语学校"卓思课堂"学生评价表

评价阶段		自主学习		协作探究		同思共进	以练带学	
评价内容		基础知识	我的疑惑	交流解惑	展示成果	反思所得与不足	课堂检测	跟踪训练
评价主体	组员自评							
	组内互评							
	教师评价							
综合评价								

三、打造"数学社团",培养学生的数学学习兴趣

社团活动以"参加一个社团,培养一种兴趣;学会一门知识,练就一项技能;体会一个成功,享受一份快乐"为主要目标,通过多种主题的社团活动,如:七巧板、幻方、制作一个无盖长方体盒子、设计轴对称图形等,引导学生主动思考,培养学

生的学习兴趣、创新思维和实践能力。同时，在教师的引导和学生的合作中，形成健全的情感、态度和价值观，为未来发展和终身学习奠定良好的基础。

（一）"数学社团"的实施方法

数学社团是我们教学活动课程的一种组织形式，它是数学教学工作中的一部分，也是我们彰显特色的一个重要组成。①

学科教学是以班级授课制的形式，面向全体学生，按照统一编写的教材和教学大纲进行教学。② 但在现实中，由于学生的知识基础、性格和天赋存在的差异，导致学生在学习能力和动力方面存在相当大的差异。为解决学生实际差异与教学目标规定的统一要求两者之间的矛盾，需要开设各种活动课程，学生根据个人爱好和个人能力选择相应的社团，并在其中发挥特长。

1. 选取富有趣味的社团活动内容

精心选取生动有趣的内容以充分激发学生的数学学习兴趣，从而唤起学生对数学知识的好奇心，保持学生对数学知识的渴求。社团活动的充分准备和开展，能够很好地让学生产生数学学习的动机。③

社团活动内容的选取，应极具趣味性。社团活动内容应足以激发学生对数学学习的兴趣，初中学段较低年级学生的思维多以直观形象为主，类似"七巧板""照镜子""摆火柴"等活动内容都能够激发他们的学习兴趣。

社团活动内容的选取，需要联系学生的实际生活。数学本就源自生活，当学生遇到自己已有经验中的东西时，自然会有浓厚的学习兴趣。当学生遇到的实物刚好与自己的理想相联系时，也会激发浓厚的学习兴趣。因此，兴趣小组在选取内容时，应该密切联系学生的生活实际。

社团活动内容的选取，还应联系课堂的教学内容。如果社团活动的内容仅仅局限于课本中的内容，学生必然会感到乏味；反之如果过分脱离课本，学生也会觉得厌烦。而在他们之间找到平衡点，才是适宜的激励水平。因此，在选择社团活动的内容时，综合应用知识的水平应该被充分体现。活动的内容选取应来自课本

① 解薇.开展数学社团活动的实践和思考[J].考试周刊,2011(26)：1.
② 徐兵.中学体育社团活动的实施与建议[J].三峡大学学报：人文社会科学版,2013(S1)：210-211.
③ 杨慧娟.高中数学新课程实验教科书使用调查研究[D].重庆：西南大学博士论文,2012.

且要高于课本,如此更容易引起学生对数学知识的兴趣。因此,选择具有新奇性的社团活动内容,组织极具趣味性的活动,改变传统的课堂教学。①

2. 社团活动的组织要善于挖掘内部因素

如果学生的兴趣仅仅停留于表面层次,终将是短暂的、不持久的,只有将其转变成内部动力,学习兴趣才能持久。因此,在组织社团活动时,要擅于挖掘内部因素,只有这样才能使学生的学习兴趣保持长久。

(二)"数学社团"的评价方式

由教师、学生共同组成评审团体,以民主、公正、公平为基本原则,注重整体性、多元化评价,具体评价见下表。(见表3-6)

表3-6 郑州市管城回族区外国语学校"数学社团"评价量表

评价项目	评 价 内 容	评价分值	得 分
学生参与	学生能认真参加活动,并从中学有所获,学有所得,能在活动中提出自己的想法,完成自己承担的任务。	(20分)	
活动内容	学生基于活动主题,合理设计活动内容,紧扣数学活动主题,活动作品符合所提出的要求。	(20分)	
知识评价	通过主题活动,掌握相应的数学知识。	(15分)	
过程表现	活动过程中,表现出良好的表达能力和组织能力。	(15分)	
	活动过程中,积极主动求知、合作、实践,有创新、竞争意识。	(15分)	
自我评价与反思	善于总结提炼,及时巩固消化。发现自己的优缺点,提出改进措施。	(15分)	
合　　计		100分	

四、开展"数学小讲师"比赛,提高学生的数学思维水平

基于"把课堂还给学生""以人为本"的教育教学理念,给学生提供展示自我的

---

① 郭毅.基于初中数学兴趣小组合作学习的实践[J].高等继续教育学报,2010,023(003): 99-100.

平台,他们不仅可以痛快地过一把"老师瘾",感受数学的精彩与美妙,而且可以在无形中强化学习效果,加深对知识的理解与领悟,激发学习数学的热情,提升数学学科素养。同时,培养学生会思考、会表达的学习能力,提高数学思维水平。①

(一)"数学小讲师比赛"的实施方法

每学年开展一次"数学小讲师比赛",充分发挥整个数学教研组的集体力量,精心设计比赛方案,各个年级分别准备3道备选题目,每班挑选出1名同学参加比赛,从备选题目中抽取一题进行讲解。

(二)"数学小讲师比赛"的评价方式

由学生、教师共同组成评审团体,以民主、公正、公平为基本原则。注重整体性、多元化评价,具体评价见下表。(见表3-7)

表3-7 郑州市管城回族区外国语学校"数学社团"评价量表

评价项目	评价内容	评价分值	得分
阐述题意	说明题目的已知条件是什么,特别需要说明题目中的隐含条件。	(10分)	
	指出难点的位置在哪里,并估计题目的难度,指出题目的易错点等等。	(10分)	
题目背景	说明题目所涉及的主要知识点。	(10分)	
题目解答	解题思路的发现。	(10分)	
	解题步骤。	(10分)	
	处理的方法。	(10分)	
	最终结论。	(10分)	
总结提炼	总结题目体现的数学思想和数学方法,总结解决此类问题的基本规律。	(15分)	
教态与语言	教态自然,普通话标准,语言流畅。	(15分)	
合　　计		100分	

---

① 王丽蓉.数学教学与数学思维能力的培养[J].装备制造与教育,2006,000(005):83-86.

五、开展"数学社会实践活动",培养学生的创新精神和实践能力

《义务教育数学课程标准(2022年版)》指出:数学知识源于生活,又应用于生活。数学实践活动是对这句话的最好验证。教师认识到了教学实践活动在教学中的地位与作用,但课本上每学期仅有两个实践活动内容,远远满足不了教学实际的需要。教师要带领学生走出教室,接触社会,打开学生的眼界,增加学生的信息量,使他们看到生活之中处处有数学,数学是生活中不可缺少的有力工具。我校针对中学生的特点,结合学生所学的知识,鼓励学生联系生活实际,组织开展社会实践活动。我们设计了三个主题:1. 测量楼房高度;2. 测量大树的年龄;3. 调查居民楼一个月的用电量。组织好数学实践活动,开展好数学实践活动,教师任重而道远。我们应不断学习和思考,不断探索和尝试,构建具有个人特色的数学实践活动教学模式,为学生数学能力的提升,为学生的全面发展努力,再努力!

(一)"数学社会实践活动"的实施方法

活动组织形式:小组合作模式。学生一般由6—10人组成社会实践活动小组,自己推选组长,聘请有一定专长的成年人(如本校教师、学生家长等)为指导老师。研究过程中,活动小组成员有分有合,互相协作。具体过程参考如下:

A. 编组、选题;

B. 聘指导教师;

C. 制定活动方案;

D. 小组研究设计具体操作(设计访谈表格、问卷;制定参观、观察、活动计划;准备录音机、录像机等活动工具);

E. 实践活动(观察、访谈、问卷、实验);

F. 分析活动资料(定量:用统计图表定量分析自己的调查结果;定性:用比较与分类、归纳与演绎、分析与综合、抽象与具体等方法分析整理后的资料,找出规律特点);

G. 撰写社会实践调查报告。

(二)"数学社会实践活动"的评价方式

由学生、教师共同组成评审团体,以民主、公正、公平为基本原则。注重过程性、整体性、多元化评价,具体评价见下表。(见表3-8)

表 3-8　郑州市管城回族区外国语学校"数学社会实践活动"评价表

评价项目	评 价 内 容	评价分值	得　分
观察能力	能留心观察生活中的事物,并从中发现问题、提出问题与探讨研究问题。	(10分)	
动手操作能力	学生能认真参加活动,并从中学有所获,学有所得。	(25分)	
交流表达能力	可以与他人合作,交流思维的过程与结果,初步形成评价与反思的意识。	(15分)	
创造能力	能多角度、多层次、多侧面地分析问题,从而产生许多联想。	(20分)	
成果展示	能解决问题,并撰写实践报告。	(30分)	
合　　计		100分	

通过师生共同参与评价,反馈课程效果,进而继续完善"数学社会实践活动",让学生不仅能参与到活动中,还能够通过活动来总结经验和思考接下来需要进步的环节。

作为数学教育工作者,我们既要认识到数学作为工具的层面,也要认识到数学作为教育的层面。在按照数学教学大纲开展教学活动的同时,尽可能去真正理解和体会数学的现实意义,这也会是丰富课堂教学内容的一种较好的数学、互动方式。不能单纯地只教给学生课本知识,用题海战术去解决试卷上的问题,取得高分,而是要教会学生数学方法,拓展学生的思维、培养学生的创新意识、应用能力等。卓越教育是为实现每个学生拥有幸福且有意义的人生而进行的教育。卓越——卓然独立,越而胜己,它包含了要有"敢为天下先""敢于突破自己,直面自己的问题,能够创造性地解决问题"这一精神内涵。在教学中高屋建瓴,激发学生的数学兴趣,得到更加全面优质的教育,从而达到卓越教育的目标。

（撰稿人：张　旭　李　舍　李俊俊　王孟茹　范　铭　李文博）

第四章
参与感：寻求儿童的个性发展

一切为了每一位儿童的发展，是教育的核心理念。儿童的学习应是一个主动的过程，在课程中不仅要考虑数学学科自身的特点，更要遵循儿童学习数学的心理规律，尊重儿童之间的差异，重视儿童直接经验的形成，用真实、有效的生活情境为儿童指引方向，使儿童积极参与到课程中去，在促进儿童获得对数学的理解的同时，儿童的思维能力、情感态度和价值观等多方面也都能得到进步和发展，进而促进个性发展。

趣玩数学：
开启儿童乐思之旅

郑州市管城回族区港湾路小学建校于 2006 年，现有数学教师 46 人，河南省骨干教师 3 人，郑州市骨干教师 2 人，获得副高职称 2 人，中小学一级职称 18 人，中小学二级职称 26 人。我校数学团队在深入研究学科课程标准、解读教材的基础上，依据《义务教育数学课程标准（2022 年版）》，推进数学学科课程群建设，取得了显著成效。

第一节　在交往互动中共同提升

一、学科性质观

《义务教育数学课程标准（2022年版）》指出："数学是研究数量关系和空间形式的科学。"①"数学在形成人的理性思维、科学精神和促进个人智力发展中发挥着不可替代的作用。数学素养是现代社会每一个公民应当具备的基本素养。数学教育承载着落实立德树人根本任务、实施素质教育的功能。义务教育数学课程具有基础性、普及性和发展性。学生通过数学课程的学习，掌握适应现代生活及进一步学习必备的基础知识和基本技能、基本思想和基本活动经验；激发学习数学的兴趣，养成独立思考的习惯和合作交流的意愿；发展实践能力和创新精神，形成和发展核心素养，增强社会责任感，树立正确的世界观、人生观、价值观。"②基于对上述学科性质的理解，我校数学团队认为，数学课程应以学生的发展为中心，引导学生独立思考，主动探索，合作交流，让学生在趣味化、生活化的数学活动中建构数学知识，培养学生善于发现、乐于探究、勤于思考、重于创造的数学素养。

二、学科课程理念

依据《义务教育数学课程标准（2022年版）》的精神和学科性质，结合学校数学学科的实际情况，我校将数学学科课程理念定位为"趣玩数学"。"趣玩数学"旨在追求以趣促学，以玩促思，逐步提升学生的数学学科核心素养。

"趣玩数学"是以生为本的课程。对于教育者来说，教育学生的核心理念是"一切为了每一位学生的发展"。"趣玩数学"在课程设计和数学活动组织中注重学生的全面、持续、和谐发展，不仅考虑数学学科自身的特点，更遵循学生学习数

---

① 中华人民共和国教育部.义务教育数学课程标准（2022年版）[S].北京：北京师范大学出版社，2022：1.
② 中华人民共和国教育部.义务教育数学课程标准（2022年版）[S].北京：北京师范大学出版社，2022：1.

学的心理规律,使学生在获得对数学的理解的同时,在思维能力、情感态度和价值观等多方面得到进步和发展,为学生的未来生活、工作和学习奠定重要的基础。

"趣玩数学"是以探为魂的课程。"探索"是数学的生命。《义务教育数学课程标准(2022年版)》指出:"学生的学习应是一个主动的过程,认真听讲、独立思考、动手实践、自主探索、合作交流等是学习数学的重要方式。"①"趣玩数学"课程遵循"以疑激趣,以趣促学"的原则,促进学生在趣中学、在玩中思,经历发现问题、提出问题、分析问题、解决问题,培养主动探索精神,提升数学素养。

"趣玩数学"是以创为标的课程。培养学生的创造性思维是社会发展的需要。"趣玩数学"课程着眼于提高学生的思维能力,充分尊重学生的独立思考精神,鼓励他们探索问题,支持他们大胆质疑,勇于创新,通过渗透创造性思维方法,培养学生思维的灵活性、深刻性和独创性。

总之,"趣玩数学"课程致力于通过实施相关课程,引导学生独立思考、主动探索、合作交流,使学生理解和掌握基本的数学知识和技能,体会和运用数学思想与方法,获得基本的数学活动经验,提高数学思维品质的深刻性、敏捷性、广阔性、灵活性和发散性,培养学生的创新能力,促进学生的全面发展。

---

① 中华人民共和国教育部.义务教育数学课程标准(2022年版)[S].北京:北京师范大学出版社,2022:3.

第二节　追寻儿童个性发展之道

《义务教育数学课程标准(2022年版)》指出:"数学为人们提供了一种认识与探究现实世界的观察方式。通过数学的眼光,可以从现实世界的客观现象中发现数量关系与空间形式,提出有意义的数学问题;能够抽象出数学的研究对象及其属性,形成概念、关系与结构;能够理解自然现象背后的数学原理,感悟数学的审美价值;形成对数学的好奇心与想象力,主动参与数学探究活动,发展创新意识。"①我校根据"趣玩数学"课程理念,设置了数学课程总体目标和年级目标。

一、学科课程总体目标

《义务教育数学课程标准(2022年版)》中提出,数学课程应致力于实现义务教育阶段的培养目标,要面向全体学生,适应学生个性发展的需要,使得人人都能获得良好的数学教育,不同的人在数学上得到不同的发展。因此,我校将"趣玩数学"课程总体目标分为知识技能目标、数学思考目标、问题解决目标、情感态度目标四个维度。

（一）知识技能目标

经历数与代数的抽象、运算与建模等过程,掌握数与代数的基础知识和基本技能;经历图形的抽象、分类、性质探讨、运动、位置确定等过程,掌握图形与几何的基础知识和基本技能;经历在实际问题中收集和处理数据、利用数据分析问题获取信息的过程,掌握统计与概率的基础知识和基本技能;参与综合实践活动,积累综合运用数学知识、技能和方法等解决简单问题的数学活动经验。

（二）数学思考目标

建立数感、符号意识和空间观念,初步形成几何直观和运算能力,发展形象思

---

① 中华人民共和国教育部.义务教育数学课程标准(2022年版)[S].北京：北京师范大学出版社,2022：5.

维与抽象思维;体会统计方法的意义,发展数据分析观念,感受随机现象;在参与观察、实验、猜想、证明、综合实践等数学活动中,发展合情推理和演绎推理能力,清晰地表达自己的想法;学会独立思考,体会数学的基本思想和思维方式。

（三）问题解决目标

初步学会从数学的角度发现问题和提出问题,综合运用数学知识解决简单的实际问题,增强应用意识,提高实践能力;获得分析问题和解决问题的一些基本方法,体验解决问题方法的多样性,发展创新意识;学会与他人合作交流;初步形成评价与反思意识。

（四）情感态度目标

积极参与数学活动,对数学有好奇心和求知欲;在数学学习的过程中,体验获得成功的乐趣,锻炼克服困难的意志,建立自信心;体会数学的特点,了解数学的价值;养成认真勤奋、独立思考、合作交流、反思质疑等学习习惯,形成坚持真理、修正错误、严谨求实的科学态度。

二、学科课程年级目标

依据《义务教育数学课程标准（2022 年版）》中的总体目标,根据数学学科特点,深入研究教材、教参并结合学校数学学科的实际情况,制定了六年的数学课程年级目标。这里以一年级为例。（见表 4-1）

表 4-1 "趣玩数学"一年级课程目标

上　学　期	下　学　期
第　一　单　元: 1. 掌握数数的基本方法,能用数表示物体的个数。 2. 了解符号"<""＞""＝"的含义,通过比较数的大小,感悟相等和不相等的关系。 3. 掌握比较物体多少的基本方法。 4. 了解学校生活,进行入学教育。 5. 能用生活经验对相关的数字信息作出解释。	**第　一　单　元:** 1. 能辨认长方形、正方形、平行四边形、三角形、圆等平面图形。 2. 通过动手操作,感知平面图形的特征。 3. 积累观察物体的经验,形成初步的空间观念。 4. 能从数学的角度观察世界。

上　学　期	下　学　期
第 二 单 元： 1. 了解"上下、左右、前后"的基本含义，感受它们的相对性。 2. 会描述现实生活中物体的相对位置。 3. 了解物体间位置、方向的相对性，形成初步的空间观念。 4. 在活动中获得积极的情感体验。	**第 二 单 元：** 1. 利用对应方法感悟减法是加法的逆运算。 2. 通过对问题的探索，在已有经验的基础上自主得出 20 以内退位减法的各种计算方法。 3. 会解决简单的实际问题，感悟数学与现实世界的关联，形成初步的模型意识和应用意识。 4. 学会与他人合作交流，体验数学与日常生活的密切联系。
第 三、五、六 单 元： 1. 正确地读数、写数，掌握数的顺序及大小。 2. 通过具体的操作活动，利用对应的方法，理解加法的意义，感悟减法是加法的逆运算。 3. 能用数字表示生活中物体的数量，并能解决生活中的简单问题。 4. 感受学习数学的乐趣，养成良好的学习习惯。	**第 三 单 元：** 1. 学会物体的简单分类，在动手活动中感悟分类的价值，在分类的过程中认识事物的共性与区别，学会分类方法。 2. 能依据事物特征，按照一定的标准进行分类。能发现事物的特征并制定分类标准，依据标准对事物进行分类。 3. 运用文字、图画或表格等方式记录并描述分类的结果，能用语言简单描述分类的过程，体会如何用数学语言表达现实世界。 4. 形成初步的数据意识，为后续学习统计中的数据分类打好基础。
第 四 单 元： 1. 通过实物和模型辨认简单立体图形，能对图形分类，会用简单的图形拼图。 2. 能直观地描述这些立体图形的特征，根据描述的特征对图形进行分类。 3. 会用简单的图形拼图，能在组合图形中说出各组成部分图形的名称，能说出立体图形中某一个对应的平面图形。 4. 观察想象、表象思维和语言表达能力得到发展。	**第 四 单 元：** 1. 在实际情境中感悟并理解 100 以内的各数，知道它们的数序、大小和组成。 2. 理解个位、十位的意义，能正确、熟练地读写。 3. 探索整十数加一位数及相应的减法的算理与算法，并会用 100 以内的数表示生活中的事物。 4. 会进行简单估算。 5. 在解决生活情境问题的过程中，体会数和加减运算的意义，形成初步的符号意识、数感、运算能力和推理意识。
	第 五 单 元： 1. 在实际情境中认识人民币。 2. 知道元、角、分之间的关系，能进行简单的单位换算。

上　学　期	下　学　期
	3. 积极投入模拟购物活动中,能清晰地表达和交流信息,在情境中合理使用人民币。在教师的指导下能够反思并述说购物过程,积累使用货币的经验。 4. 了解货币的意义,具有勤俭节约的意识,形成对货币多少的量感和初步的金融素养。 **第 六 单 元:** 1. 感知数的加减运算要在相同的数位上进行,体会简单的推理过程。 2. 会用已有的知识解决数目比较大的同数连加、同数连减的实际问题。 3. 养成独立思考的习惯,体验学习成功的快乐,树立学好数学的信心。
第 七 单 元: 1. 在生活情境中认、读、写"整时",能说出钟面上的时间。 2. 通过拨表针、观察等实践活动,能将生活中的事件与时间建立联系,感悟时间与过程之间的关系。 3. 了解时间的意义,形成时间长短的量感,渗透珍惜时间的教育,建立时间观念,能够养成遵守和珍惜时间,合理安排时间的好习惯。 **第 八 单 元:** 1. 能熟练、准确地口算 20 以内的进位加法,形成初步的运算能力。 2. 利用对应方法理解加法意义。 3. 在观察操作中养成探究、思考的意识,注重数和运算之间的特征和联系。 4. 会用加法解决简单的实际问题及解释计算结果的实际意义。 5. 体验数学与日常生活的密切联系,感受数学在生活中的应用。	**第 七 单 元:** 1. 通过活动发现图形或数字排列的简单规律,并能描述和表示规律,会根据发现的规律进行推理。 2. 用数学的观点分析生活中的各种现象,激发对数学问题的好奇心,发展数学思考能力。 3. 将简单的规律运用到解决简单的实际问题中,感受数学与生活的广泛联系。 4. 感受规律在生活中的应用,培养欣赏规律美的意识。

　　总之,我校秉承"趣玩数学"的课程理念,以上述四个维度的课程目标为指导,设计和开发数学教学活动,发展学生的数学能力,多维度培养学生的数学学科素养。

第三节 激发儿童参与活动的志趣

依据《义务教育数学课程标准（2022 年版）》，"趣玩数学"课程一方面充分依托国家基础课程，另一方面聚焦学科目标和学科素养开发丰富的课程，两者相互补充，相互促进，使每一个学生都能在"趣中学，玩中思"的课程理念下得到全面且个性的发展。

一、学科课程结构

"趣玩数学"课程依据《义务教育数学课程标准（2022 年版）》，结合学生发展特点，将数学课程分为"趣玩运算""趣玩图形""趣玩数据""趣玩实践"四大类。"趣玩数学"课程结构如下。（见图 4 - 1）

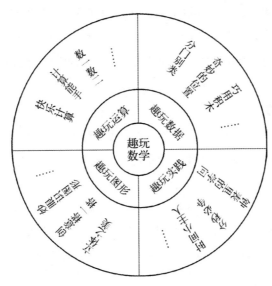

图 4 - 1　郑州市管城回族区港湾路小学"趣玩数学"课程结构示意图

1. 趣玩运算

"趣玩运算"通过开展有趣的计算、巧算活动，丰富解题策略，激发学生的计算兴趣,培养学生的数感,发展思维的灵活性。"趣玩运算"开设"快乐计算""精打细算""乘之有诀""数学大通关""小数点的奥秘"等课程。

2. 趣玩图形

"趣玩图形"通过开设与"图形和几何"内容相关联的拓展课程,注重发展学生的空间观念,经历拼搭图形的过程,体会图形变化的神奇,感受数学之美。学生在活动中初步发展创新意识,提高动手操作能力,发展学生的空间观念。"趣玩图形"开设"创意搭一搭""魅力七巧板""神奇的尺子""妙手绘图""对称之美"等课程。

3. 趣玩数据

依据《义务教育数学课程标准(2022年版)》中"统计与概率"领域内的阐述,"趣玩数据"注重发展学生的数据分析观念。学生在实际问题中经历收集和处理数据、利用数据分析问题、获取信息的过程,掌握数据收集、整理和分析的方法,能对数据进行归类,体验数据中蕴含的信息。"趣玩数据"开设"小小记录员""扣子分分类""趣味统计""可能不可能"等课程。

4. 趣玩实践

实践活动有助于学生体验数学与生活的内在联系。"趣玩实践"注重在实际生活中引发学生的数学思考,培养学生应用知识解决实际问题的能力。"趣玩实践"开设"跳蚤市场""制作日历""有趣的人民币""合理安排"等课程。

二、学科课程设置

"趣玩数学"以课程目标的达成和核心素养的落实为出发点,围绕"趣中学,玩中思"的学科理念,"趣玩数学"课程设置如下。(见表4-2)

表4-2 "趣玩数学"课程设置

年级	学期	趣 玩 运 算	趣 玩 图 形	趣 玩 数 据	趣 玩 实 践
一年级	上学期	快乐计算 计算能手 数一数二	立体之美 创意搭一搭 妙眼识图形	分门别类 奇妙的位置 巧用积木	钟表里的学问 分秒必争 时间小主人
	下学期	数以百计 精打细算 算无遗漏	巧手玩图形 魅力七巧板 图形变变变	扣子分分类 我会整理 分类小能手	有趣的人民币 小小采购员 跳蚤市场

年级	学期	趣 玩 运 算	趣 玩 图 形	趣 玩 数 据	趣 玩 实 践
二年级	上学期	乘胜追击 九九争上游 乘之有诀	角的世界 玩转活动角 神奇的尺子	搭配大师 创意搭一搭 明星设计师	到底有多长 尺寸校园 我会测量
	下学期	除法大聚会 心中有数 除之有余	探索图形美 图形变变变 快乐剪纸	我是调查员 数据库 小小整理员	壁纸设计师 我是小侦探 破案小能手
三年级	上学期	心中有数 计算有妙招 数学大通关	校园中的测量 剪纸中的数学 摆格妙	光荣榜里的数学 小小统计员 乒乓球赛制	让旧物活起来 生产日期的奥秘 一绳之地
	下学期	计算风暴 小数点的奥秘 口算达人	校园小导游 妙手绘图 地砖的奥秘	小小进货员 拔河比赛 日历大探秘	搭配中的学问 制作日历 图形中的密铺
四年级	上学期	转盘转转转 思前算后 算尽锱铢	玩转三角板	天气预报员 和时间赛跑 奥运数学	合理安排 扑克牌游戏 社区调查员
	下学期	妙用运算律 巧算小数 巧算 24 点	神奇的内角和 对称之美 魔幻平面图	趣味统计 身高的秘密 小小营养师	鸡兔同笼 知识竞赛 揭秘中奖奥秘
五年级	上学期	巧算妙算 神机妙算 小数大用	我当设计师 画中有话 百变 DIY	"掷"能高手 可能不可能 "数字"魔术	"邮费"有标准 "植树"学问多 奇思妙解
	下学期	一目了然 妙趣算算算 巧算专家	如此"包装" 小小创意师 七巧慧心	有趣的数据 身高的奥秘 抽奖有玄机	图形的运动 打电话
六年级	上学期	数学百分百 趣味计算 计算"大师"	画圈圈 圆形之美 "圆"来是你	数据分析师 我当调查员 走进大数据	我定"起跑线" 数之文化 小小导游
	下学期	玩转数字 我是促销员 自行车里的数学	诱人的蛋糕 立体之美 图形变变变	会说话的"百分数" 我爱数据 统计家族	校园比例尺 妙笔绘图 玩转"华容道"

三、学科课程内容

依据"趣玩数学"课程设置,具体的课程内容设置如下。(见表 4-3)

表 4-3 "趣玩数学"课程内容设置

年级	学期	课程名称	学 习 目 标	学 习 要 点
一年级	上学期	快乐计算	能熟练地听算 20 以内的加减法。	听算 20 道题,只写得数,不写算式,进行星级评价
		计算能手	能熟练地口算 20 以内的加减法。	100 道 20 以内的口算题
		数一数二	通过摆小棒表示数的方法,培养动手操作能力和观察能力。	11—20 数的组成
		立体之美	初步感知长方体、正方体、圆柱、球这些立体图形,获得对简单几何体的直观体验。	积木形状的辨别
		创意搭一搭	深入感知长方体、正方体、圆柱、球这些立体图形,获得对简单几何体的深度体验。	积木拼摆
		妙眼识图形	通过观察、动手操作等活动能够辨认和区别图形。	找朋友初识立体图形
		分门别类	通过观察,熟知各个立体图形的特征,并根据特征给立体图形分类。	立体图形分一分
		奇妙的位置	了解"上、下、前、后"的基本含义,感受它们的相对性。	用"上、下、前、后"说一说
		巧用积木	进一步加深对长方体、正方体、圆柱、球的特征认识。	积木拼搭,初步体验图形间的联系
		钟表里的学问	初步认识钟面,会认读整时,知道整时的两种写法。	认钟面,书写时间
		分秒必争	通过拨一拨、认一认、画一画等活动,了解再过 1 小时是几时,能辨认大约是几时。	辨认"几时过一点儿"和"快几时了"

年级	学期	课程名称	学习目标	学习要点
一年级	上学期	时间小主人	增强时间观念,感悟时间的重要性。	说一说自己一天的时间安排
	下学期	数以百计	能熟练地听算100以内的加减法。	100道100以内的口算题
		精打细算	理解20以内进位加法的算理,掌握计算方法。	20以内的进位加法
		算无遗漏	掌握加减混合运算的计算方法,理解加减混合所表示的含义。	20以内的加减混合运算
		巧手玩图形	通过观察、操作,初步感受图形之间的关系。	平面图形的认识及拼组
		魅力七巧版	培养创新意识,感受所拼图形的数学美。	七巧板的创意拼图
		图形变变变	通过操作发现图形之间的联系,培养创新意识。	平面图形的剪、折、拼,获得新的或漂亮的图案
		扣子分分类	通过动手操作,能够根据给定的标准分类,掌握分类的方法。	根据不同的分类标准(颜色、形状等)将扣子进行分类
		我会整理	经历简单的数据整理过程,用自己的方式呈现分类结果。	书包的整理与分类
		分类小能手	通过动手操作,能够根据给定的标准分类,掌握分类的方法。	听指令画同类物品
		有趣的人民币	认识不同面值的人民币及其单位、单位间的进率,懂得爱护人民币,勤俭节约。	人民币的详细认识
		小小采购员	通过和身边的人轮流当售货员和采购员,积累购物经验,培养合作意识。	人民币的换算

年级	学期	课程名称	学习目标	学习要点
一年级	下学期	跳蚤市场	利用出售旧物的跳蚤市场活动,培养交往沟通能力和理财能力,加深对人民币的理解,提高对数学的学习兴趣。	人民币的简单计算
二年级	上学期	乘胜追击	在具体情境中理解乘法意义。	根据加法算式改写乘法算式
		九九争上游	掌握并熟练运用口诀。	补充口诀,口诀接龙,看乘法算式说口诀
		乘之有诀	在实际情境中利用口诀解决问题。	看图列式计算
		角的世界	初步认识角,知道角的各部分名称及特征。	判断角,找生活中的角
		玩转活动角	会辨认直角、锐角、钝角。	折出不同的角
		神奇的尺子	利用三角尺、七巧板拼出不同的角。	学会使用三角尺、七巧板
		搭配大师	掌握搭配的秘诀。	用服装搭配出多种可能性
		创意搭一搭	培养推理意识和有序、全面思考问题的能力。	结合生活经验合理选择搭配
		明星设计师	培养推理能力。	根据实际情况设计解决问题的策略和方法
		到底有多长	初步建立"1 厘米""1 米"的长度观念。	测量食指的宽,制作米尺
		尺寸校园	辨析长度"厘米""米"并会使用。	根据物体和数据选择合适的长度单位
		我会测量	用尺子测量物体的长度。	用尺子测量常见物体的长度并准确填写数据

年级	学期	课程名称	学习目标	学习要点
二年级	下学期	除法大聚会	在具体情境中理解除法意义。	利用乘法口诀写出除法算式
		心中有数	熟练运用乘法口诀求商。	填数、补充除法算式
		除之有余	理解余数的意义。	写出余数的可能性
		探索图形美	能辨认轴对称图形。	欣赏轴对称图形,判断轴对称图形
		图形变变变	能辨认简单图形平移后的图形,初步理解旋转。	动手平移、旋转简单的图形,观察图形的变化
		快乐剪纸	会剪简单的轴对称图形。	动手创作出喜欢的轴对称图形
		我是调查员	学会收集数据。	调查二年级各班男女生数量等特定情境中的数据
		数据库	会填写和记录收集到的数据。	在表格中填写二年级各班男女生数量等特定情境中的数据
		小小整理员	会整理、分析、描述数据。	会用"正"字方法记录整理分析的数据
		壁纸设计师	掌握用图形的运动设计图案的基本方法。	欣赏图形的运动,设计喜欢的图形运动方案
		我是小侦探	初步理解逻辑推理的含义。	猜书的游戏活动
		破案小能手	培养初步观察、分析、推理和解决问题的能力。	我不是最后一名,谁是第一名?
三年级	上学期	心中有数	经历探究两位数加两位数口算方法的过程,能熟练地进行口算。经历算法的多样化和解决问题策略的多样化的探究过程,培养根据具体情况选择用适当方法解决问题的意识。	运用口算方法进行两位数加两位数的口算

年级	学期	课程名称	学习目标	学习要点
三年级	上学期	计算有妙招	经历连续进位加法的计算方法的形成过程,进一步理解加法的计算法则,会笔算三位数的连续进位加法,学会结合具体情境进行估算,培养估算能力和数感。	笔算连续进位加法
		数学大通关	熟练掌握数的计算,包括加减法的口算、笔算,乘除法的计算,能够正确计算出结果。	采用接龙通关方式,后面一个学生的第一个数是前面一个学生的计算结果,依次向后接龙
		校园中的测量	经历测量的过程,认识长度单位毫米、分米、米、千米,建立长度观念,会选择不同的方式测量,增强合作交流,提高操作技能,发展实践能力。	小组分工估计并测量校园周边物体的长、宽、厚度,做好记录,完成活动任务
		剪纸中的数学	通过动手剪一剪,剪出有规律图形,加深对平移旋转的认识,培养动手实践能力、形象思维能力、逻辑思维能力。	用剪刀剪出轴对称图形,欣赏作品,合作交流用轴对称图形知识解决实际问题
		摆格妙	将数字摆在相应的格内,找出简单的组合数,在摆格的过程中体验问题解决策略的多样性,培养有序思维能力、语言表达能力、合作交流能力。	用0、1、3、5几个不同的数字组成没有重复的两位数,保证不重不漏
		光荣榜里的数学	通过光荣榜的形式,激发学习热情,发展数学思维,体验数学学习的乐趣。	从光荣榜中发现数学信息
		小小统计员	体会到统计的必要性,能进行简单分析,通过对周围生活有关事例的调查,激发学习兴趣,培养合作意识和创新精神。	进行简单的统计

年级	学期	课程名称	学习目标	学习要点
三年级	上学期	乒乓球赛制	在借助与时间相关的知识解决"设计赛制安排"的活动过程中,巩固计算时间的方法,体会用表格表达信息时的清晰、简洁,感受数学与生活的联系,体会知识间的关系,积累活动经验。	小组合作设计赛制
		让旧物活起来	培养勤俭节约的习惯,学会物品的二次利用,并运用到数学中来。	通过剪、拼、摆、折等数学活动,变成我们的数学问题,同时也培养了节约的传统美德
		生产日期的奥秘	通过观察生活中各类食物的生产日期及保质期等,学会计算保质期或者生产日期。	列举分析生活中的各种日期,探究其中的数学问题,从而达到目标
		一绳之地	通过剪一剪、画一画、数一数等方式,感受活动过程中的乐趣,并发现其中的数学问题,最后得出所剪的段数和刀数之间的关系。	在实践活动中探究段数与刀数之间的关系,学会并应用这个规律,从而解决这一类型的数学问题
	下学期	计算风暴	通过多样化的练习,提高学生计算能力的准确率和计算速度。	口算习题的快速解答
		小数点的奥秘	联系实际生活认识小数,知道以元为单位、以米为单位的小数的意义,通过学习用小数解决生活中的问题。	用小数解决问题
		口算达人	提高口算的正确率和计算速度。	口算速算训练
		校园小导游	能熟练地运用所学的东、西、南、北、东北、东南、西北、西南8个方向。	能用这些方向词描述简单的路线
		妙手绘图	认识面积的含义,能用自选单位估计和测量图形的面积。	通过绘图认识面积单位"平方厘米、平方分米、平方米、平方千米、公顷",会进行简单的单位换算

年级	学期	课程名称	学习目标	学习要点
三年级	下学期	地砖的奥秘	通过用面积单位拼摆长方形的活动，探索长方形、正方形面积的计算公式，获得探究学习的经历。掌握长方形、正方形的面积公式。	会用面积公式正确计算长方形、正方形的面积，解决实际问题，发展空间观念
		小小进货员	通过进货数量的不同，所需要的金额也不同，从而感受两位数乘两位数的意义。	准备不同价格的物品，通过进货不同的物品数量，体验和感受两位数乘两位数的意义
		拔河比赛	通过拔河比赛，初步了解搭配问题。	通过不同动物或人物的分组搭配，进行拔河比赛
		日历大探秘	了解年、月、日的关系，12月份的天数及大小月，平年和闰年。	通过不同的日历，找出相同和不同之处
		搭配中的学问	初步掌握有序搭配的方法和策略，训练有序思考能力和全面思考问题的习惯。	有序搭配，不重不漏
		制作日历	巩固年、月、日的知识，体会年、月、日之间的内在联系。	掌握年历的制作方法
		图形中的密铺	通过实践，探索哪些平面图形可以密铺，理解密铺的特点。	进行简单的密铺设计
四年级	上学期	转盘转转转	认识大数并体会其在日常生活中的应用，进一步培养数感。	制作一到九的转盘，随机转九至十二次组成一个随机数，并对此数进行读法、写法和估算的考察
		思前算后	掌握三位数乘两位数的笔算方法，能解决生活中的实际问题。	10道三位数乘两位数的笔算和验算
		算尽锱铢	加深对三位数除以两位数算理的理解，提高学生的计算能力。	15道三位数除以两位数的笔算及验算
		玩转三角板	牢固掌握数学知识与技能，培养用数学进行交流、探究和创新的意识。	借助几副三角板、12张A4卡纸，通过实践和思考，把三角板拼成的角一一列举出来，并张贴在A4纸上

年级	学期	课程名称	学习目标	学习要点
四年级	上学期	天气预报员	认识天气,把握天气特点,认识天气符号,能播报简单的城市天气预报。知道预防雾霾天气的措施,养成关注天气的习惯。	通过课前收集和天气相关材料、课上小组讨论合作播报活动,培养观察能力、表达能力
		和时间赛跑	认识时钟,知道时钟的基本用途,知道"1 分＝60 秒",体会秒在生活中的应用。	通过观察、体验活动,初步感知 1 秒、几秒、1 分,体验数学与生活的密切联系,渗透珍惜时间的观念
		奥运数学	了解奥运会知识,体验学习乐趣,总结学习方法。引导全情投入,发现奥运会特有的数学价值。	运用知识解决奥运会比赛项目中的数学问题,提高计算能力
		合理安排	能够利用合理、快捷的方式解决沏茶这一简单的生活问题,懂得在同一时间内,所做事情越多,效率就越高的道理。	利用合理、快捷的方式解决生活中的简单问题,提高寻找最优方案解决问题的能力
		扑克牌游戏	通过扑克牌搭建,深刻体会结构的稳定性和强度的影响因素在实践中的应用。懂得合作的重要性,学会与同伴团结协作。	通过过程的体验,培养"发现与明确问题——制定设计方案——制作模型或原型——优化方案——解决问题"的探究意识
		社区调查员	了解获取信息的一些方法,知道调查的一般过程和意义,设计调查题目,并能利用网络进行调查。	通过相互调查,培养互相关心与合作的意识
	下学期	巧算 24 点	根据 3 张或者是 4 张扑克牌上的数字,通过选择加、减、乘、除运算符号的方法得到 24。通过学生喜爱的扑克牌游戏,激发主动探索解决问题的意识和策略,加强加、减、乘、除的口算练习,增强学习数学的热情和积极性。	准备一副扑克牌。根据 3 张或者是 4 张扑克牌上的数字,通过选择加、减、乘、除运算符号的方法得到 24
		巧算小数	加强对小数的理解,提高学生的运算能力。	20 道小数加减法的笔算和验算

年级	学期	课程名称	学习目标	学习要点
四年级	下学期	妙用运算律	加深加法交换律和结合律的计算过程,熟练运用运算定律。	准备数字和图形卡片,自由组合,使等式成立 例:28+37=□+28 α+45=45+□ 45+85+67=□+(85+□)
		神奇的内角和	通过量、拼、折等方法,探索和发现三角形内角和是180°。在探索中体验发现的乐趣,增强学好数学的信心。	通过量、拼、折等活动,在探索、实验、发现、讨论交流中,推理归纳出三角形的内角和是180°
		对称之美	通过观察、实验、猜测、验证与交流等数学活动,初步形成数学学习的方法。在数学学习活动中,养成良好的思维品质。	探索并理解对应点所连的线段被对称轴垂直平分的性质;探索并理解线段垂直平分线的两个性质
		魔幻平面图	通过观察、猜想、验证、操作,经历认识轴对称图形的过程,掌握判断轴对称图形的方法,培养动手、创新等能力。在认识、制作和欣赏轴对称图形的过程中,感受到物体或图形的对称美,培养积极健康的审美情趣。	了解生活中的对称现象,认识轴对称图形的一些基本特征。能正确识别轴对称图形,会制作简单的轴对称图形
		趣味统计	对数据进行简单分析后,进一步体会统计在生活中的意义和作用,联系生活实际的信息统计,能激发学习兴趣。	进一步体会统计在现实生活中的应用,会看统计图,并能根据数据进行合理分析、简单预测
		身高的秘密	认识条形统计图,知道条形统计图的意义和用途,学会制作条形统计图。	条形统计图的制作步骤,提高动手操作能力
		小小营养师	了解营养与健康常识,培养运用简单排列组合,统计知识解决问题的能力,懂得科学合理饮食的重要性。	运用正确的数学思想分析、调配科学合理的午餐菜谱
		鸡兔同笼	了解"鸡兔同笼"问题的结构特点,渗透化繁为简的思想,尝试使用多种方法解决问题,初步形成解决此类问题的一般性策略。	使用"假设法"解决鸡兔同笼问题

年级	学期	课程名称	学习目标	学习要点
四年级	下学期	知识竞赛	经历自主探索、尝试、合作学习的过程，经历用不同方法解决知识竞赛中的问题，促进模型思想的内化。	利用模型思想解决知识竞赛中答对或答错的题目
		揭秘中奖奥秘	在生活中渗透数学文化，能够学以致用，用数学知识解释、揭露中奖奥秘。	将数学知识应用于生活中，利用所学知识能够计算出60个名额中的一等奖、二等奖各有多少个
五年级	上学期	巧算妙算	理解整数乘法的运算定律对小数乘法同样适用，能熟练运用乘法运算定律进行小数乘法的简便运算。	将整数乘法运算定律推广到小数
		神机妙算	能熟练应用运算定律进行简便计算。	根据数据的特点应用乘法运算定律，使计算更简便
		小数大用	会解决分段计费的实际问题，体会函数思想。	分段计费问题
		我当设计师	运用转化的思想将不规则图形转化为规则图形，并运用平行四边形、三角形和梯形的面积知识，估算或计算多边形的面积。	会计算常见图形、组合图形、不规则图形的面积
		画中有话	体验用数对表示位置，学会将数对应用于生活中。	运用数对表示位置
		百变DIY	理解并运用平行四边形、三角形、梯形面积公式，进行图形变换。	不同图形之间，等面积等底图形的高设计；不同图形之间，等面积等高图形的底设计；相同图形中，底一定，面积和高之间的关系；相同图形中，高一定，面积和底之间的关系

年级	学期	课程名称	学习目标	学习要点
五年级	上学期	"掷"能高手	经历猜测、动手操作等活动加深对"组合"的理解,能定性研判可能性。	掷一掷,猜一猜,抽奖问题分析
		可能不可能	让学生经历"猜想——实践——验证"的过程,培养学生的猜想意识和初步的判断和推理能力。	摸球游戏规则修正
		"数字"魔术	了解一些抽奖活动的设计,体会可能性的大小及中奖概率的大小。	抽奖活动中可能性大小的比较
		"邮费"有标准	通过在具体情境中解决实际问题的探究过程,总结出解决问题的一般过程。培养分析问题、解决问题的能力。	有分段计费、本埠和外埠不同的收费标准,根据问题选择相应的信息
		"植树"学问多	初步体会植树问题的模型思想,并尝试用植树问题的方法解决实际生活中的简单问题。	三种植树类型
		奇思妙解	通过知识迁移的方法掌握小数乘法的简便运算方法,培养思维的灵活性和逻辑性。	将整数乘法运算定律推广到小数
	下学期	一目了然	感受折线统计图的意义,能根据数据的特点选择合适的统计图。	折线统计图和条形统计图及统计表的对比,选择合适的统计图
		妙趣算算算	能熟练地找到一个数的因数和倍数。	找一个数的因数和倍数,说出100以内数的因数和倍数
		巧算专家	理解并掌握分数与小数互化的方法,判断最简分数能否化成有限小数的方法,培养观察、抽象概括的能力。	掌握一位小数化成分数的方法,以及掌握小数化成分数的一般方法,同时掌握分数化小数的方法

年级	学期	课程名称	学习目标	学习要点
五年级	下学期	如此"包装"	明白体积或者容积相等的长方体或正方体,正方体的表面积最小。感悟数学知识之间有内在联系。	通过合作探究、观察、猜想、测量、记录,得出结论:物体的长、宽、高的差距越小,越节约包装材料
		小小创意师	综合、灵活运用所学的对称、平移、旋转等知识,设计出各种漂亮图案,进一步感受数学无处不在。	观察生活中的一些图案的特点,感知同一个图案可以通过不同的运动方式得到,同样的运动方式,它的方法也是多样的
		七巧慧心	通过用七巧板拼图活动,体会图形的变换,发展空间观念。	用七巧板上的基本图案,通过不同拼接,感知数学之美
		有趣的数据	养成认真观察的好习惯,使思维清晰化、具体化、反思深入化,增强学习数学的兴趣。	从四大块内容出发,用文字记录数学问题并思考
		身高的奥秘	感受折线统计图的意义,能根据数据特点选择合适的统计图。	折线统计图和条形统计图及统计表的对比,选择合适的统计图
		抽奖有玄机	了解一些抽奖活动的设计,体会可能性的大小及中奖概率的大小。	抽奖活动中可能性大小的比较
		图形的运动	理解旋转的含义,掌握简单图形旋转 90° 的方法。	图形的运动——旋转
		打电话	体会如何快速地通知以及最大化地利用资源。	画不同的打电话线路图
六年级	上学期	数学百分百	调动学习数学的兴趣和积极性。	提高加、减、乘、除的口算能力
		趣味计算	尝试学会用逆推的策略解决问题。	用逆推思维解决问题

年级	学期	课程名称	学习目标	学习要点
六年级	上学期	计算"大师"	在小组合作交流的过程中,学会发现、欣赏并学习同伴身上的优点。	用逆推思维解决问题
		画圈圈	认识和了解圆的特征及圆心和半径的作用,会用圆规画圆。	以亲自动手制作的圆形纸片为主线,通过折一折、画一画认识圆的各部分名称,理解圆的特征
		圆形之美	通过观察、操作等活动认识圆及圆的对称性,能用圆规设计简单图案并感受图案美。	将数学和生活实际联系起来,欣赏生活中的圆,通过直尺和圆规设计一些和圆有关的图案
		"圆"来是你	理解圆周率的意义,理解和掌握圆的周长计算公式,并解决相应的实际问题。	通过测量、计算、猜测、验证等过程,推导出圆的周长和直径之间的关系,理解并掌握圆的周长的计算方法
		数据分析师	初步认识扇形统计图的特点和作用,知道扇形统计图可以清楚地表示出各部分的数量和总数之间的关系。	认识扇形统计图的特点和作用,能从统计图中获取必要的信息,并根据统计图进行简单的数据分析
		我当调查员	通过测量等操作活动,使学生经历收集、整理数据的过程。使学生综合运用所学的数学知识、技能和方法,了解和认识日常生活中水资源浪费的情况。	联系生活实际,测算水龙头的滴水速度,绘制折线统计图;运用所测数据联系实际生活,解决实际问题
		走进大数据	通过探索交流活动、经历、统计图辨析的过程,感知三种统计图的特点和作用,增强统计观念。体会数学与日常生活的紧密联系,感受统计在生产、生活中的广泛应用和统计的价值。	辨析三种统计图的特点和作用,根据不同的统计图进行简单的数据分析

年级	学期	课程名称	学习目标	学习要点
六年级	上学期	我定"起跑线"	了解田径场以及环形跑道的基本结构,学会综合运用圆的周长等知识来计算并确定400 m跑道的起跑线。使学生经历观察、计算、推理等数学过程,综合运用数学知识解决实际问题。	培养用数学的眼光看待生活,发现生活中的数学问题的习惯,学习运用所学的数学知识解决生活中的实际问题
		数之文化	利用图形来解决数的问题。在解决问题的过程中掌握数形结合、归纳推理、极限等基本的数学思想。	数与形可使复杂的问题变得简单,抽象问题变得直观。利用图形直观形象的特点表示出数的规律,借助图形解决一些比较抽象、复杂、不好解释的问题
		小小导游	会根据确定一个点的具体位置,描述简单的路线图。通过用方向和距离来确定平面上的位置。	"设计参观路线并描述怎么走"是描述路线的具体应用
	下学期	玩转数学	加深对数字的理解,增长有趣的知识。	建立数学思维,为日后探索奇妙的数学王国作准备
		我是促销员	能正确理解"打折"的含义。理解原价、现价和折扣之间的关系,能灵活运用折扣来解决生活中的问题。帮助消费者作出合理的决策。	掌握基本的打折销售的方法
		自行车里的数学	通过解决生活中常见的有关自行车的问题,了解数学与生活的广泛联系。探索普通自行车和变速自行车的速度与内在结构的关系。	运用数学知识解决实际问题
		诱人的蛋糕	认识圆柱的特征,能正确判断圆柱体,进一步培养学生的空间观念。	理解掌握圆柱的特征,建立空间观念
		立体之美	认识圆柱和圆锥的特征,灵活解决表面积和体积的相关问题。	等体积变形的问题解决和切面面积的计算

年级	学期	课程名称	学习目标	学习要点
六年级	下学期	图形变变变	理解和掌握把一张长方形纸剪成一个大洞的方法。	探索可以让两个同学从这个大洞钻过去的秘诀
		会说话的"百分数"	掌握折扣、成数、税率与利率的含义，并会进行相关计算。在解决实际问题的过程中，能运用分析、比较、综合、归纳、推理等数学思考方法。	掌握商场购物打折等实际问题的解决方法，不断提升数学的应用能力；综合运用百分数的知识解决生活中遇到的实际问题
		我爱数据	经历数据收集、整理、描述、分析的全过程，运用所收集的数据解决生活中的实际问题。	能通过所收集的数据，分析并解决遇到的实际问题
		统计家族	进一步掌握统计的知识，发展统计观念。培养综合运用所学知识解决问题的能力，感受统计与实际生活的密切联系。	能够根据需要，选择用合适的统计图表有效表示数据，发展统计意识和统计观念
		校园比例尺	结合实际生活认识比例尺，理解、掌握相应的数量关系，能正确地求图上距离、实际距离。在学习活动中，体验数学与生活的联系，感受数学知识的魅力。	理解比例尺的意义，能根据比例尺求实际距离或图上距离
		妙笔绘图	进一步学习运用比例尺的知识计算图上距离或实际距离，灵活地运用比例尺绘制简单的平面图，激发学习数学的兴趣。	利用比例尺知识绘制平面图
		玩转"华容道"	在探索如何释放"曹操"的复杂过程中，培养战略、战术技巧。通过玩华容道游戏，训练学生的逻辑思维能力和推理能力。	棋盘上仅有两个小方格空着，玩法就是通过这两个空格移动棋子，用最少的步数把曹操移出华容道

依据《义务教育数学课程标准(2022年版)》中对课程实施的要求，通过以上实践活动，每一个学生都能在"趣中学，玩中思"的课程理念下得到全面且个性化发展。

第四节　体悟真实的学习情境

依据《义务教育数学课程标准(2022年版)》中对课程实施的要求,"趣玩数学"结合学校的实际情况,从"趣玩课堂""趣玩社团""趣玩游戏""趣玩阅读""趣玩研学"五个方面设计学科课程的实施与评价,旨在践行"趣中学,玩中思"的课程理念,让学生的学习真正发生,让学生真正领略数学的魅力。

一、构建"趣玩课堂",助力数学课程实施

依据《义务教育数学课程标准(2022年版)》,我们认为"趣玩课堂"是充满趣味性、生动活泼的课堂,是充分点燃学生学习兴趣,展现数学思维、感悟数学思想的课堂。"趣玩课堂"从学生的兴趣出发,让学生喜欢上学习,感受求知的快乐。

(一)"趣玩课堂"的实施

"趣玩课堂"的实施主要是针对课堂40分钟而言的,具体内容包含以下几个环节:

创设有效情境,激发学习兴趣。情境是思维的载体,好的问题情境不仅可以吸引学生的注意力,而且能引发学生进一步思考。在教学实践中,教师充分考虑学生的兴趣,根据学习内容,创设学生感兴趣的情境,如故事情境、游戏情境、生活情境、操作情境等,调动学生的学习热情。

鼓励生生对话,主动探索。对话和交流是学生学会合作,培养团队意识的重要方式。学生在教师的组织和引导下讨论和交流,根据教师创设的情境,在交互对话中互相质疑,共享集体思维成果,完成对所学知识的建构。

引导总结反思,大胆展示。在交流互动之后,学生将探究和发现的结论在全班进行分享,体验思考和探究的快乐。

(二)"趣玩课堂"评价标准

依据"趣玩课堂"的实施情况,学校逐步建立并完善"趣玩课堂"评价标准。(见表4-4)

表 4－4 "趣玩课堂"评价标准

课　题		执教人	评课人	班级		评分
维　度		A	B	C	D	
		85—100	75—84	60—74	不达标	
教师表现	趣味性 30分	1. 目标明确。学习目标的制定明晰、正确、叙写规范，目标具体可测评。 2. 以学定教。立足学生已有的经验基础，充分考虑学生的兴趣，根据学习内容，挖掘各种教学资源，创设学生感兴趣的情境，调动学生的学习热情。 3. 因材施教。课堂教学的各个环节关注学生的差异性，兼顾各个层面的学生。				
	主体性 20分	1. 活动自主。体现让学生自主"发现问题，提出问题，分析问题，解决问题"的原则。 2. 赏识激励。关注学习过程，课堂评价及时、准确、丰富，以激励、欣赏为主。 3. 寓教于乐。教态亲切，语言亲和，方法灵活。				
儿童表现	参与度 20分	1. 互帮互学，有效进行小组合作学习。 2. 乐思善述。学生的思维有广度和深度，勇于发表自己的观点，乐于听取别人的意见。 3. 积极参与。在学习过程中，学生积极投入，气氛活跃。				
	发展性 20分	1. 知行合一。重知识与能力的综合、过程与技能的转化、体验与品质的过渡。 2. 目标达成。体现"教——学——评"的一致性。学习目标达成度高。				
创新和生成 10分		恰当运用现代教育技术，教学设计有创新点，课堂有生成。				

二、建设"趣玩社团"，提升数学素养

"趣玩社团"是激发学生学习兴趣，探索数学魅力的重要场所。社团立足数学学科特点，结合学生的兴趣爱好，引导学生在兴趣中探究数学，在实践中收获快乐。

（一）"趣玩社团"的实施

"趣玩社团"将数学活动与数学学科课程的内容进行有机整合,并确定与数学有关的社团活动主题。主题确定后,对社团活动项目或课题进行讨论,制定具体的、可行的、有效的活动实施方案,激发学生学习数学的兴趣。目前,"趣玩数学"开发了"计算小能手""每日一记""数学文化""巧手制作"等社团。

"计算小能手"社团主要以培养学生的数感、提高学生的计算能力等为目的。课程的主要内容是基础课程里的口算、表内乘除法、多位数加减法和简便运算等。

"每日一记"社团以学生日记的形式记录日常生活中所发现的数学知识,数学学习过程中的疑惑、发现、总结、反思等。数学日记能让学生体会到生活中处处有数学。

"数学文化"社团依托教材中的"你知道吗?"板块进行研究,通过介绍数学家的故事、数学史话及数学小常识,感受数学文化的多姿多彩。

"巧手制作"社团从学生的已有基础知识出发,引导学生通过巧移小棒、拼七巧板、巧搭积木、设计图案等主题,在摆、画、搭、拼等实践活动中探究图形的奥秘,培养学生的空间观念、观察能力及创造能力。

（二）"趣玩社团"评价标准

为了让社团活动的组织更有效,学生在参与社团活动的过程中发挥学习能动性,学校建立了"趣玩社团"评价标准。（见表4-5）

表4-5 "趣玩社团"评价表

评价内容	评 价 标 准	评价成绩
社团管理 （40分）	社团管理体制完善,机构设置合理,制定符合学生实际的社团建设实施方案。（10分）	
	建立健全社团各项规章制度,并严格执行。（10分）	
	社团成员资料档案齐全。（10分）	
	社团活动空间、环境良好,有相应的文化建设。（10分）	

评价内容	评　价　标　准	评价成绩
组织与开展 （30分）	定期开展社团活动,组织有序,记录完善。（15分）	
	社团活动内容丰富,形式多样,体现实践性和综合性,有利于培养学生多方面的素质。（15分）	
社团成果丰硕 （30分）	每学期组织一次社团成果展示活动。（15分）	
	展示内容、展示形式丰富多样,展示时间安排合理。（15分）	
总分：		

三、设计"趣玩游戏",体验数学学习乐趣

"趣玩游戏"将数学与游戏有机结合起来,激发学生参与学习的积极性,进而培养学习的兴趣,体会"妙趣横生、其乐无穷"的数学精髓,提高数学学习的效率。

（一）"趣玩游戏"的实施

一、二年级开设"七巧板拼图游戏"课程。学生用七块板拼成几何图形,如三角形、平行四边形、不规则的多边形等,也可以拼成各种具体的人物形象。通过拼图,体会图形的变换,能够发展学生的空间观念,同时在动手动脑的过程中发展学生的想象能力,培养学生的创新意识。

三、四年级开设"数独游戏"课程。"数独游戏"是一种逻辑性较强的数字填充游戏。学生把数字填进每一格,每行每列和每个宫集齐1至9所有数字。教师会提供一部分的数字,使谜题只有一个答案。逻辑思维的训练能够激发学生的学习兴趣,全面提升学生的专注力、反应力,同时也能够提升学生的数学思维能力,激发学生的学习潜力。

五、六年级开设"智力魔方"游戏课程。还原魔方的过程是一个集观察、思考动手于一体的过程,并且在此过程中要求学生必须保持高度集中的注意力,手眼协调,能够快速操作。高年级学生已具备一定的数学思维能力,在还原魔方的过程中,可以进一步提高学生的数学思维能力,为今后学习线性数学、建构数学模型打下基础。

（二）"趣玩游戏"评价标准

为了激发学生参与学习的积极性,提高数学学习的效率,学校制定了"趣玩游戏"评价标准。（见表4－6）

表4－6　"趣玩游戏"评价表

评价内容	评　价　标　准	评价成绩
游戏创设 （55分）	1. 游戏创设有特色,有新意。（10分）	
	2. 游戏趣味性强,效果优良。（10分）	
	3. 游戏创设结合课程,促使知识性教学目标的完成。（15分）	
	4. 有利于引发学生多种能力的锻炼,促进课程能力目标的完成。（20分）	
游戏实施 （45分）	1. 游戏的互动性强,体现学生协作互助的优良效果。（15分）	
	2. 学生投入游戏的积极性高,参与度良好。（10分）	
	3. 游戏设计难易适度,便于开展实施。（10分）	
	4. 游戏安全性好,符合学生的年龄特点。（10分）	
总分:		

四、开展"趣玩阅读",品鉴数学文化底蕴

"趣玩阅读"是以数学阅读为依托,倡导学生广泛阅读,在师生、生生互动交流的过程中,培养学生阅读、思考和数学表达的能力,享受数学的乐趣和魅力。

（一）"趣玩阅读"的实施

目前,"趣玩阅读"通过"数学知识库""数学故事我来讲""数学手抄报"等途径予以实施。

"数学知识库"利用学校阅览室、图书馆、班级图书角等资源,旨在丰富学生的学习领域,增加数学见识,满足学生的个性需求,并通过提供多样的学习途径,营造学习氛围,引导学生自主管理、自主发展。

"数学故事我来讲"通过激发学生学习数学的兴趣,开阔学生视野,丰富我校数学文化活动,激励学生学习数学家的优秀品质,感受数学的趣味与神奇。

"数学手抄报"是学生将阅读后的感悟以及阅读过程中的发现设计成手抄报,以此掀起爱数学、学数学、用数学的热潮。

(二)"趣玩阅读"评价标准

为促进学生有效参与数学阅读,真正达到读有所思、思有所获、获有所表的目的,制定了"趣玩阅读"成果展示评价表。(见表4-7)

表4-7 "趣玩阅读"成果展示评价表

评价指标	评价			
	自评 ★★★	互评 ★★★	指导教师评价 ★★★	综合评价 ★★★
读有所思				
读后收获				
成果展示				
交流分享				

(注:各部分评价等级从高到低的设置依次为:三颗星、两颗星、一颗星。)

五、开启"趣玩研学",促进数学思维发展

"趣玩之旅"倡导生活场景即课程,鼓励学生回归生活,积极参与研学活动,学会用知识解决问题,感受问题解决过程中的乐趣。

(一)"趣玩研学"的实施

一、二年级:带领学生走进社区,引导学生学会用数学的眼光观察周围事物,发现数学原型,将自己发现的问题记录下来,并利用所学知识尝试解决生活中的问题。

三、四年级:借助在学校周边果树研究所、地铁站等场所中发现的问题,引导学生分小组选择、研究,并用数学观点进行分析、思考,通过观察、比较、操作实验和感性化的情境辅助,教师帮助学生找到问题的根源,明白其中的道理。

五、六年级：以小组形式在家长的带领下走进科技馆、博物馆等场所，引导学生把储备的知识与这些社会资源进行吸收转化，达到学以致用的目的。

（二）"趣玩研学"评价标准

"趣玩研学"通过两种形式进行评价。一是活动表现评价，依据学生在活动过程中的表现进行评价，对团队协作、研学态度、展示交流、研学成效等进行评价。二是成长册评价，学生通过自己的作品如手抄报、日记、数学绘本等来表达自己的研学收获，并收集进自己的成长册。具体评价标准如下。（见表4-8）

表4-8 "趣玩研学"评价表

评价项目	评 价 标 准	效果（好，较好，一般）
团队协作	活动目的明确，制定方案合理。	
	有问题意识，敢于质疑。	
	遇到困难集体协商。	
研学态度	有组织、有纪律。	
	能根据提出的问题认真思考并记录。	
	在小组中进行良好的沟通交流。	
	能倾听其他成员的想法并改进自己的方案。	
展示交流	形式多样，引人入胜。	
	内容全面，有所启发。	
研学成效	梳理收获，提升经验。	
	能够进行全面、有价值的总结。	

依据《义务教育数学课程标准（2022年版）》中对课程实施的要求，我校践行"趣中学，玩中思"的课程理念，让学生的学习真正发生，让学生真正领略数学的魅力。

作为数学教育工作者，我们要引导学生用美的眼光欣赏数学，了解数学在各个领域中所发挥的作用，走进数学的历史长河，去追寻数学家的足迹，经历数学探索的历程,体验数学学习的乐趣。在"趣玩数学"的理念引领下,教师上出智慧和乐趣并存的数学课,使数学回归生活现实土壤,在关注社会、关爱生命中发挥积极作用,使学生感受到"有情感、重明辨、促思想、重实用、乐创造"的数学学习乐趣。

(撰稿人:崔亚利 李兰英 雷 扬 彭媛媛 柳迎春 李永杰)

第五章
见识感：充分调动儿童的生活经验

　　语文有优美的诗句，音乐有动听的旋律，美术有鲜艳的画面……这些都是美好的事物，数学也可以体现出美吗？可以的！数学给儿童呈现的是一种理性的美。数学课程要从儿童的已有生活经验出发，将数学知识与儿童的生活经验紧密结合。立足课堂、校园拓展、放眼社会，引导儿童发现生活中的问题，并尝试用数学的方法去解决，感受数学对人的生活的巨大帮助，这是数学课程的初衷。

智慧数学：
让儿童在思维和探究中茁壮成长

郑州市管城回族区第二实验小学数学组现有教师 31 人，其中，本科学历 26 人、专科学历 5 人；获得中小学一级职称 5 人、中小学二级职称 6 人、助理级 7 人，未定职称 13 人；管城回族区区级优秀班主任 5 人，管城回族区区级优秀教师 2 人，管城回族区区级骨干教师 1 人。 我校根据《教育部关于全面深化课程改革落实立德树人根本任务的意见》《义务教育数学课程标准（2022 年版）》等精神，推进数学学科课程群建设，取得了显著的效果。

第一节　让数学与生活联系得更紧密

一、学科性质观

《义务教育数学课程标准(2022年版)》指出:"义务教育数学课程具有基础性、普及性和发展性。学生通过数学课程的学习,掌握适应现代生活及进一步学习必备的基础知识和基本技能、基本思想和基本活动经验;激发学习数学的兴趣,养成独立思考的习惯和合作交流的意愿;发展实践能力和创新精神,形成和发展核心素养,增强社会责任感,树立正确的世界观、人生观、价值观。"①

基于这种认识,我们认为数学课程的核心价值旨在让儿童在掌握数学知识与技能的基础上促进其思维能力和探究能力的发展。儿童的学习过程是一个生动活泼的、主动的和富有个性的过程。在这个过程中,儿童具有主体地位,课程的设计要充分考虑到儿童的阶段性心理发展特点对学习数学的影响,尊重儿童的认知规律和心理特征;更要考虑数学课程的学科特点,体现数学的本质;还要充分考虑儿童现有的生活经验和知识基础,从已有的生活经验中抽象出数学问题,构建数学模型、寻求结果从而解决问题,最终实现对儿童的思维能力和探究能力的培养,这是一个充满智慧思考的过程。

二、学科课程理念

《义务教育数学课程标准(2022年版)》指出:"学生的学习应是一个主动的过程,认真听讲、独立思考、动手实践、自主探索、合作交流等是学习数学的重要方式。教学活动应注重启发式,激发学生学习兴趣,引发学生积极思考,鼓励学生质疑问难,引导学生在真实情境中发现问题和提出问题,利用观察、猜测、实验、计算、推理、验证、数据分析、直观想象等方法分析问题和解决问题;促进学生理解和

---

① 中华人民共和国教育部.义务教育数学课程标准(2022年版)[S].北京:北京师范大学出版社,2022:1.

掌握数学的基础知识和基本技能,体会和运用数学的思想与方法,获得数学的基本活动经验;培养学生良好的学习习惯,形成积极的情感、态度和价值观,逐步形成核心素养。"①充满智慧的数学课程会让儿童最终获得思维能力和探究能力的提升。在课程中,儿童会认真听讲、积极思考、动手实践、自主探索、合作交流,也会充分体验观察、猜想、实验、推理、计算、验证等探索过程。依据《义务教育数学课程标准(2022年版)》中的精神并结合我校的实际情况,提出了我校"智慧数学"之课程哲学。

"智慧数学"就是让儿童在掌握了必备的基础知识和基本技能的基础上获得"智慧的思维能力和探究能力",即最终让儿童在思维和探究中茁壮成长。

"智慧数学"是一种看长远重"立德树人"的课程。在所有的教育中,育人是第一要务,古人的"修身齐家治国平天下"和党的十八大、十八届三中全会对"立德树人"的要求就是最好的体现。"智慧数学"遵循着育人这一要求,在学科课程内容的设置上从长远考虑,为儿童的未来生活、工作、终身学习等作准备、打基础,其课程目标的达成不仅关注数学知识、技能的学习,也关注数学思想的感悟及数学经验的积累;不仅关注儿童数学能力的养成,也关注儿童的数学思想、情感、态度和价值观的培养,进而完成育人目标。

"智慧数学"是一种谈质量重"核心素养"的课程。一个数学核心素养很高的人常常会给人一种精明干练、条理清晰、思维缜密的良好印象,这归根于数学学科自身所拥有的不同于其他学科的客观性、直观性、逻辑性和灵活性等特征。《义务教育数学课程标准(2022年版)》指出:"数学为人们提供了一种理解与解释现实世界的思考方式。通过数学的思维,可以揭示客观事物的本质属性,建立数学对象之间、数学与现实世界之间的逻辑联系;能够根据已知事实或原理,合乎逻辑地推出结论,构建数学的逻辑体系;能够运用符号运算、形式推理等数学方法,分析、解决数学问题和实际问题;能够通过计算思维将各种信息约简和形式化,进行问题求解与系统设计;形成重论据、有条理、合乎逻辑的思维品质,培养科学态度与理

---

① 中华人民共和国教育部.义务教育数学课程标准(2022年版)[S].北京:北京师范大学出版社,2022:3.

性精神。"①在"智慧数学"课程中,处处彰显着对数学核心素养的重视与践行,比如说"前五"的听算是对儿童数感、运算能力等的培养与训练,拓展课程是对空间观念、几何直观、数据分析能力等的培养和训练等等。

"智慧数学"是一种说理解重"明辨思维"的课程。我们都知道,数学学科来源于生活又高于生活,它充满着对立与统一的辩证思维。在义务教育阶段,像四则运算中的加和减、乘和除,数的认识中的正数和负数等都存在着对立关系,它们彼此独立又相互关联,同处于一个统一的矛盾体中,既相互对立,又可以在某种情况中彼此转化。这些丰富的辩证素材,会巧妙地融入到智慧课程的实施过程中,在教与学的过程中有目的、有意识地逐步渗透,进而发展儿童的明辨思维,助推儿童科学世界观的形成。

"智慧数学"是一种研教学重"思想方法"的课程。在数学学科的教学中,充满着很多重要的思想方法,如建模思想、转化思想、优化思想、分类思想等等,它们是对数学知识形成过程的高度总结与概括,在解决问题的实践中经过反复验证,对儿童解决问题具有十分重要的意义。沈文选教授在《数学思想领悟》中指出:"数学思想是数学科学的灵魂,是数学科学赖以发展的重要因素。"②在儿童经历过观察、猜想、推理、动手操作等活动体验后,通过总结、验证形成一定的思想方法,从而更好地应用于生活中遇到的实际问题,找寻解决问题的新方法,这样,有助于儿童再现结论得出的过程,这就是数学学科中思想方法的形成过程。

"智慧数学"是一种乐创造重"学以致用"的课程。德国数学家菲利克斯·克莱因说:"数学是人类最高超的智力成就,也是人类心灵最独特的创作。"小学数学学科尊重学生的已有知识经验,注重从生活中来到生活中去。通过选用贴近学生实际生活的新情境,对学生的原有知识经验进行加深拓宽,在质疑、解答、碰撞中形成新的知识,并在新旧知识中形成联结,最终形成新的数学模型,从而更好地应用于实际生活中。

总之,"智慧数学"课程的核心理念为"让儿童在思维和探究中茁壮成长",即

---

① 中华人民共和国教育部.义务教育数学课程标准(2022年版)[S].北京:北京师范大学出版社,2022:6.
② 沈文选,杨清桃.数学思想领悟[M].哈尔滨:哈尔滨工业大学出版社,2008:19.

让儿童在掌握了必备的基础知识和基本技能的基础上获得"智慧的思维能力和探究能力"。"智慧数学"中的教学活动都是以"问题"为导向,在与儿童的生活密切相关的问题情境中进行的,每一次的问题解决都是数学学习的愉快体验,也是一次数学智慧的探究,更是一次数学智慧的生长。

第二节　提升儿童解决实际问题的能力

我校数学组坚持以儿童为主体，以与儿童生活密切联系的"问题情境"为导向，并依据《义务教育数学课程标准（2022年版）》等全面落实"智慧数学"的课程理念，提出了"智慧数学"的学科课程总体目标和年级目标。

一、学科课程总体目标

《义务教育数学课程标准（2022年版）》指出："通过义务教育阶段的数学学习，学生逐步会用数学的眼光观察现实世界，会用数学的思维思考现实世界，会用数学的语言表达现实世界（简称'三会'）。"①

依据《义务教育数学课程标准（2022年版）》，"智慧数学"课程的总体目标主要从以下几个方面来说明。

学生能获得适应未来生活和进一步发展所必需的数学基础知识、基本技能、基本思想、基本活动经验。体会数学知识之间、数学与其他学科之间、数学与生活之间的联系，在探索真实情境所蕴含的关系中，发现问题和提出问题，运用数学和其他学科的知识与方法分析问题和解决问题。对数学具有好奇心和求知欲，了解数学的价值，欣赏数学美，提高学习数学的兴趣，建立学好数学的信心，养成良好的学习习惯，形成质疑问难、自我反思和勇于探索的科学精神。②

二、学科课程年级目标

基于以上目标要求，依据《义务教育数学课程标准（2022年版）》、小学数学教

---

① 中华人民共和国教育部.义务教育数学课程标准（2022年版）[S].北京：北京师范大学出版社，2022：11.
② 中华人民共和国教育部.义务教育数学课程标准（2022年版）[S].北京：北京师范大学出版社，2022：11.

材、小学数学教参并结合我校的"智慧数学"课程理念及实际情况,我校确定了如下"智慧数学"课程年级目标。这里以六年级为例。(见表5-1)

表5-1 郑州市管城回族区第二实验小学"智慧数学"六年级课程目标

上 学 期	下 学 期
第 一 单 元: 1. 掌握分数乘法和整数乘法的关系,懂得分数乘法的算理并会进行相关运算。 2. 会计算分数乘整数、分数、小数;能运用乘法运算定律进行一些简便计算。 3. 通过听算和当堂测的练习,提高听算速度及对本单元知识点的灵活运用,应用分数乘法解决实际问题。	**第 一 单 元:** 1. 掌握正数和负数的意义,理解负数在日常生活中的实际意义,会熟练地读写,理解并掌握数的分类。 2. 能在数轴上表示正负数,体会数的顺序及大小,促进数感的培养。 3. 通过听算和当堂测的练习,提高听算速度及推动对本单元知识点的灵活运用,体验数学与生活的联系。
第 二 单 元: 1. 会根据平面上的一个点的位置说出它相对于观测点的方向和距离,结合当堂测的练习,进一步掌握用方向和距离来表示平面上的位置的方法。 2. 能通过物体距观测点的方向、距离确定其具体位置,并能描述其详细的线路。 3. 通过当堂测的活动,熟练地画出路线图;并能用数学语言精确地描述位置和简单的路线图,以及两个点位置的相对性;感受确定位置在生活中的运用。	**第 二 单 元:** 1. 通过了解折扣、成数、税率、利率在生活中的应用,懂得其含义并掌握相关计算,通过听算和当堂测的练习,熟练百分数的计算。 2. 能够解决有关百分数的简单实际问题,掌握商场购物打折和银行税率与利率等经济方面的实际问题的解决方法。
第 三 单 元: 1. 领会倒数的含义,能正确快速地求倒数。 2. 理解分数除法的含义及算理,并能利用分数除法的知识解决具体情境中的问题。 3. 经历听算、当堂测的活动,提高听算速度及促进对知识点的灵活运用;能运用分数除法的计算方法解决生活中的实际问题。	**第 三 单 元:** 1. 掌握圆柱、圆锥的特征及其相关的表面积、体积的公式推导。 2. 在理解表面积和体积的含义的基础上,能利用计算公式解决具体情境中的问题。 3. 通过听算和当堂测的练习,提高听算速度及促进对知识点的灵活运用;经历制作圆柱和圆锥模型的过程,加深对图形特征的认识;在体积公式的探索过程中,体会转化和极限等数学思想。

上 学 期	下 学 期
第 四 单 元: 1. 理解比的意义,知道比与分数、除法的关系,会求比值,通过听算及当堂测的练习,加深理解比在生活中的应用。 2. 学会比的性质、比值、比的化简等知识,并会在具体情境中解决相关问题。 3. 通过当堂测活动,深化化简比的重要性,并能更熟练地化简比。	**第 四 单 元:** 1. 掌握比例、正(反)比例的意义或性质,能正确判断和解决问题;会绘制正比例图像,并能根据图像特点解决问题。 2. 在方格纸上能灵活地按比例进行缩放。 3. 通过听算和当堂测的练习,加深比的实际应用,综合运用所学知识解决实际问题。
第 五 单 元: 1. 认识圆,掌握圆的基本特征和用圆规画圆;在具体活动中掌握圆周率及周长公式。 2. 学会圆的面积公式、扇形的相关特征,并能解决具体情境中的相关问题。 3. 通过当堂测的练习,加深对知识的理解,会利用圆规和直尺设计一些与圆有关的图案,解决一些与圆有关的数学问题。	**第 五 单 元:** 1. 认识抽屉原理,能灵活运用抽屉原理和最不利原则解决相关问题。 2. 加深对抽屉原理的理解,感受模型思想在解决简单的实际问题中的运用。
第 六 单 元: 1. 掌握百分数的含义、读写,知道百分数在生活中的广泛应用。 2. 理解小数、百分数和分数的区别与联系,会熟练地进行三者间的转化。 3. 通过当堂测的练习,能熟练找到数量关系,并帮助解决百分数的实际问题,加深理解分数和百分数意义的相通之处。	**第 六 单 元:** 1. 经历对一至六年级的知识进行系统梳理的过程,查漏补缺,加深理解,形成系统的知识网络体系。 2. 通过听算和当堂测的练习,能比较熟练地进行整数、小数、分数的四则运算,会用相关数学知识解决实际问题,掌握所学几何体的特征、周长、面积和体积等知识。 3. 在问题解决中培养空间观念和几何直观,积累基本的活动经验,提高应用意识和探究意识。
第 七 单 元: 1. 理解扇形统计图与其他统计图的区别在于能够清晰地表示部分和整体的关系。 2. 在具体情境中感悟扇形统计图在生活中的重要意义及整理数据可以有不同的途径。 3. 通过多种途径调查生活中浪费水的现象,培养处理信息的能力,感受数学与生活的联系。 4. 通过听算和当堂测的练习,提高听算速度及对知识点的灵活运用;结合生活情景,体验统计图的必要性和简洁性。	

上　学　期	下　学　期
第　八　单　元： 1. 自主探究发现图形中的数的规律,体会和掌握发现总结规律的方法。 2. 体会数形结合的方法及形的直观和简捷性,会根据图形发现规律并解决问题。 3. 通过当堂测的练习,加深对知识的理解;培养在数学学习过程中的数形结合、归纳推理、极限等数学意识;通过有趣的数学题,开发智力,提高探究问题的积极性,体验学习数学的快乐。	

总之,坚持以儿童为主体,以儿童熟悉的"问题情境"为导向,让儿童在思维探究活动中快乐地茁壮成长。

第三节　呈现情境导向的学习样态

我校"智慧数学"课程群是以"1＋3＋X"模式进行,"1"指的是国家基础课程,是为儿童未来生活、工作和终身学习奠定重要的基础;"3"是校本基础课程,指学校的数学课堂改革模式中的"前五""后五"和"午读计算专项训练",为儿童的数感、运算能力、推理能力、应用意识等数学核心素养的提升打下基础;"X"是依托基础课程的学科特点、儿童的学习需求及儿童核心素养的提升等开发的模块拓展课程,主要为了满足儿童的个性化学习需求以及儿童核心素养的提升,让儿童在有趣的数学活动中体验知识的形成过程,获得思维能力和探究能力的提升。基础课程实行固定班级教学模式,模块拓展课程实行固定班级教学模式和走班上课教学模式两种形式。

一、学科课程结构

依据《义务教育数学课程标准(2022 年版)》中的"义务教育阶段数学课程内容由数与代数、图形与几何、统计与概率、综合与实践四个学习领域组成"。[①] 我校"智慧数学"课程分为"智慧算术""智慧空间""智慧统计""智慧实践"四大类别。(见图 5－1)

"智慧算术"主要是为了提升儿童的数运算能力和应用意识等数学核心素养,内容为数的运算及和运算相关联的趣味活动等。开设的课程有"听算小萌娃""初拜数学门""口算小冠军"等。数与代数领域是小学数学基础课程的重要领域,开设数与代数领域相关联的"智慧数学"课程,不仅能激发儿童学习数学的兴趣,更有助于儿童理解运算的算理,寻求用合理、简洁的运算途径解决问题。

"智慧空间"开设的课程有"我爱积木""巧用小棒""七彩点子图"等。图形与几何领域是小学数学基础课程的重要领域,开设与"图形与几何"相关联的课程,

---

① 中华人民共和国教育部.义务教育数学课程标准(2022 年版)[S].北京:北京师范大学出版社,2022:16.

图 5-1　郑州市管城回族区第二实验小学"智慧数学"课程结构图

注重发展儿童的空间观念,体会图形之间的联系与变化,在活动中提高动手操作的能力,发展初步的探究意识,感受图形之美。

"智慧统计"主要是为了让儿童感受数据的分类、收集、整理、分析,感受简单的随机事件及其结果发生的可能性有大有小,开设的课程有"数据大收集""分类小管家""整理小能手"等。统计与概率是小学数学基础课程的重要领域,开设与"统计与概率"相关联的课程,注重发展儿童的数据分析观念,让儿童亲身体验在特定情境中收集与整理、分析数据,提取有用信息的过程,进而获得整理和分析的方法,能对数据进行归类,体验数据中蕴含的信息。

"智慧实践"主要是为了让儿童在实际情境中综合使用所获得的知识和技能来解决实际问题,感受数学知识在实际中的重要作用,进而提高学生学习数学的浓厚兴趣。并且,通过数学游戏、实践操作、反思体会、日记等形式来实现。开设的课程有"快乐手指操""操作我能行""听令摆物"等内容。"智慧实践"课程是小学数学基础课程的重要领域,主要意义在于让儿童在具体的情境中学会灵活运用所掌握的数学知识和技能,丰富其生活体验,提升数学素养。

二、学科课程设置

依据"智慧数学"课程理念以及儿童的年龄特点,结合学校数学课程开发的实际情况,按照数学四大领域设置了如下课程。(见表 5-2)

表 5-2　郑州市管城回族区第二实验小学"智慧数学"课程设置表

		智 慧 算 术	智 慧 空 间	智 慧 统 计	智 慧 实 践
一年级	上学期	听算小萌娃 初拜数学门 口算小冠军	我爱积木 巧用小棒 七彩点子图	数据大收集 分类小管家 整理小能手	快乐手指操 操作我能行 听令摆物
	下学期	听算小勇士 再拜数学门 算数我能行	我爱拼图 巧用积木 善变七巧板	我爱人民币 分类小管家 整理小能手	快乐手指操 操作我能行 规律王国
二年级	上学期	花样口诀 进退我会算 竖式大比拼	神奇的单位 观察与思考 我知尖尖角	你追我赶 班级小管家 争当冠军组	镜子之谜 书写时间 服装搭配师
	下学期	均分我最棒 四则大作战 大数不难	对称之美 运动的数学 小小设计师	天气记录员 一天中队长 旗落谁班	逻辑推理 争当测量员 挑战数独
三年级	上学期	趣味数学 A 结账我当家 探秘编码界	好玩的数学 我是小裁缝 龟兔赛跑	猜我在哪儿 整理图书架 我与韦恩图	谁更苗条 谁迟到了 山东剪纸
	下学期	趣味数学 B 档案设计师 校园数学	好玩的数学 时间去哪了 一起捉迷藏	统计知多少 我是小导游 出生年月日	谁大谁小 回家的路 小小设计师
四年级	上学期	挑战"大数" 运"乘"帷幄 排"除"万难	量角小能手 两条直线的秘案 四边形认亲赛	条形图来报道 以一当二 以一当多	黑猫警长破案 神奇的莫比乌斯带 烙饼大比拼
	下学期	巧妙运算 揭秘小数 小数加减	图形的位置 图形的运动 稳定的图形	移多补少 有趣的平均数 统计图的困惑	数学趣闻 生活中的角 营养午餐

		智 慧 算 术	智 慧 空 间	智 慧 统 计	智 慧 实 践
五年级	上学期	笔算天地 小数速算 方程我会用	位置与生活 植树达人 巧算面积	解密抽奖 公正法官 掷一掷	数学大师说 妙笔记事 操作测评
	下学期	分数加减算 因数倍数通 我是谁	玩转图形 素描体验 体积探秘	折线统计图 次品难逃 电话通知	数学百科 数学小记 你会了吗
六年级	上学期	玩转分数 形中玩数 问题解决百分百	逐图圆梦 巧设图案 方位之我辨	小棒拼图 家庭消费小能手 节约用水我先行	快乐数学 数学思辨 数学的急智
	下学期	经济大探秘 生活中的数学 自行车的秘密	按图"锥柱" 图形大揭秘 立体与平面	统计荟萃 评分小达人 巧解复式统计图	头脑风暴 寓意数学 行走的数学

三、学科课程内容

基于以上"智慧数学"课程结构及课程设置,依据《义务教育数学课程标准（2022年版）》,我们确定了"智慧数学"分年级的各课程目标及内容。（见表5-3）

表5-3　郑州市管城回族区第二实验小学"智慧数学"课程内容表

年级	学期	课程名称	学 习 目 标	学 习 要 点
一年级	上学期	听算小萌娃	能熟练地听算20以内的加减法。	听算20道,只写得数不写算式,进行星级评价
		初拜数学门	能在生活中发现、提出数学问题并予以解决,培养问题意识。	20以内的加减法主题图
		口算小冠军	能熟练地口算20以内的加减法。	100道20以内的口算题

年级	学期	课程名称	学习目标	学 习 要 点
一年级	上学期	我爱积木	初步感知长方体、正方体、圆柱、球这些立体图形,获得对简单几何体的直观体验。	积木的拼摆,积木形状的辨别
		巧用小棒	通过摆小棒表示数的方法,培养动手操作能力和观察能力。	11—20 数的组成
		七彩点子图	通过画点子图初步了解计数物体个数的方法。	数字大小的比较
		数据大收集	掌握收集、整理数据的方法,发展数学思维,提高解决问题的能力。	课程表的认识及科目信息
		分类小管家	能对简单的立体图形进行分类,进一步加深对立体图形的认识。	立体图形的分类
		整理小能手	经历简单的数据整理过程,用自己的方式呈现分类结果。	物品的整理和分类
		快乐手指操	能够清楚地认识并读出 1—5 的数,培养对手指游戏的兴趣。	数手指游戏
		操作我能行	在动手实践操作中掌握重点、难点,进一步培养小组合作能力。	摆一摆,比一比
		听令摆物	锻炼计数能力和听觉反应能力。	听数字,摆物体
	下学期	听算小勇士	能熟练地听算 100 以内的加减法。	100 道 100 以内的口算题
		再拜数学门	能在生活中发现、提出数学问题并予以切实解决,培养问题意识。	20 以内的数学问题
		算数我能行	掌握加减混合运算的计算方法,理解加减混合所表示的含义。	6—10 加减法的算一算、连一连

年级	学期	课程名称	学习目标	学习要点
一年级	下学期	我爱拼图	通过观察、操作,初步感受图形之间的关系。	平面图形的认识及拼组
		巧用积木	通过描、拓、剪等活动,直观感受所学平面图形的特征。	立体图形的拓印;平面图形的画一画、剪一剪
		善变七巧板	培养探究意识,感受所拼图形的数学美。	七巧板的创意拼图
		我爱人民币	认识不同面值的人民币及其单位、单位间的进率,懂得爱护人民币、勤俭节约。	人民币的详细认识
		分类小管家	通过动手操作,能够根据给定的标准分类,掌握分类的方法。	听指令,画同类物品
		整理小能手	经历简单的数据整理过程,用自己的方式呈现分类结果。	书包的整理与分类
		快乐手指操	能清楚地认识并读出20以内的数,养成护手与讲卫生的好习惯。	手指操练习
		操作我能行	在动手实践操作中掌握重点、疑惑点,进一步培养小组合作能力。	购物活动的演练;人民币的换算
		规律王国	通过观察、实验、猜测等活动,发现图形和数字排列的简单规律,培养观察推理能力。	拨珠子,找规律
二年级	上学期	花样口诀	掌握并运用口诀。	口诀填充;口诀接龙;看得数说口诀;说关于口诀的故事
		进退我会算	能熟练地进行100以内的加减法。	听算100以内的加减法
		竖式大比拼	掌握100以内笔算加减法的计算方法。	100以内笔算加减法的比赛

年级	学期	课程名称	学习目标	学习要点
二年级	上学期	神奇的单位	能进行长度、时间单位间的换算。	生活情境中的单位挑错；有关单位换算的问题解决
		观察与思考	养成认真观察的习惯，使思维清晰化、反思深入化，增强学习数学的兴趣。	从不同方向观察物体的形状
		我知尖尖角	会辨认角和画角。	从图形中找角；画角比赛；用不同的角设计图案
		你追我赶	培养基本的数据分析意识。	小组积分表的认识与分析
		班级小管家	会进行简单的数据收集与整理。	统计课外书的阅读情况
		争当冠军组	培养统计中的符号意识。	得分表中关于星星、月亮、太阳的认识，并计算各组得分
		镜子之谜	初步了解对称现象。	和"镜子"里的小朋友一起做运动
		书写时间	会认时间，培养珍惜时间和合理安排时间的习惯。	按照时间顺序制作周末计划表
		服装搭配师	培养观察分析及推理意识。	根据服装搭配出所有的可能性，并结合实际情况合理选择
	下学期	均分我最棒	了解平均分的意义，会处理实际问题。	平均分的认识及小组分糖果活动
		四则大作战	能熟练地听算 100 以内的加减法、整百、整千数加、减法和表内乘除法，进行简单的四则混合运算。	100 道整数的计算题
		大数不难	掌握万以内的数的相关知识。	大数的读写；找近似数；万以内的数的表示
		对称之美	认识并能判断轴对称现象，有发现和欣赏数学美的意识。	欣赏并寻找生活中的对称现象

年级	学期	课程名称	学习目标	学习要点
二年级	下学期	运动的数学	发现并描述生活中的平移和旋转现象。	发现生活中的平移和旋转现象
		小小设计师	培养运用数学去创造美的意识。	有关对称图形的拼剪。
		天气记录员	会用自己的方式收集与整理数据。	通过媒体或自我观察记录一个月的天气情况
		一天中队长	培养寻找合适的方法记录数据的能力。	轮流当中队长,对各组一天的纪律卫生情况进行统计
		旗落谁班	培养分析数据、解决问题的能力。	根据一周的统计结果评选出获得流动红旗的班级
		逻辑推理	初步形成观察、分析及推理的能力。	当侦探,通过信息推理真相
		争当测量员	认识克与千克,初步建立1克和1千克的质量观念。	称称物体有多重
		挑战数独	培养数学兴趣,丰富知识,感受数学神奇,学会触类旁通,进而提升数学素养。	数独游戏
三年级	上学期	趣味数学A	通过学习两位数乘法,激发数学学习的兴趣,开发智力。	两位数乘两位数的笔算
		结账我当家	通过解决一些数学问题,感受数学知识在生活中的应用。	在班级开设小型超市,亲身体验结账、算账、怎样买最划算等情形,并用自己的方法去解决
		探秘编码界	通过掌握常见编码构成规律,能解读常见的简单编码,提高逻辑思考能力,体验数学学习的乐趣。	对身份证、车牌号等数字编码的认识
		好玩的数学	通过数学游戏,在学中玩,在玩中学,感受学习的魅力,提高数学学习的兴趣。	有关扑克牌猜大小、二十四点等游戏

年级	学期	课程名称	学 习 目 标	学 习 要 点
三年级	上学期	我是小裁缝	通过画一画、剪一剪,用自己知道的图形做出喜欢的服饰	画、剪出自己喜欢的服装
		龟兔赛跑	通过听龟兔赛跑的故事,感受时间的长短,并从中学到要谦虚、踏实的道理。	龟兔赛跑的故事大讨论及有关时间长短的感悟
		猜我在哪儿	通过做游戏的方式,利用给定条件推出藏身之处,锻炼逻辑思维能力。	根据条件猜礼物
		整理图书架	通过对本班学生所喜爱的图书进行调查,并制作出统计图,对下学期的图书摆放数目进行指导。	图书角图书的分类与整理
		我与韦恩图	通过韦恩图,解决生活中遇到的问题,与韦恩图成为好朋友。	用韦恩图解决有关问题
		谁更苗条	通过用相同的篱笆围长方形或正方形,发现长方形更加苗条,感受长方形和正方形的不同。	篱笆中的周长问题
		谁迟到了	通过与给定的一个时间进行比较,深化对时、分、秒的认识。	记录每天出现的迟到时间,说一说迟到时间和上课时间的差。
		山东剪纸	通过长方形、正方形的剪纸活动,培养动手能力,同时提高直观感知力。	剪纸方法的学习;剪纸作品的展览。
	下学期	趣味数学B	通过学习小数的基本知识,激发数学学习的兴趣,体验数学学习的乐趣。	小数的分类与加减法
		档案设计师	通过整理有关数的知识,了解数学知识在生活中的应用,感受数学的魅力。	整数、小数、分数的分类整理

年级	学期	课程名称	学习目标	学习要点
三年级	下学期	校园数学	通过对校园事物的探究,掌握正方形和长方形的面积,并对时间、测量有一定的认知,能计算长方形和正方形的周长。	校园里的周长和面积的计算
		好玩的数学	通过数学游戏,在玩中学、学中玩,培养数学兴趣。	数学游戏的收集和分享
		时间去哪了	通过数学日记,养成认真观察、记录有关数学情境的习惯,感受生活中处处有数学。	用数学日记的形式记录一天的活动
		一起捉迷藏	在动手操作中掌握重点、疑惑点,也进一步培养小组合作能力。	小组合作,在不同的图形里面找出隐藏的长方形和正方形
		统计知多少	通过竞答的方式,说出从统计图中能获得哪些有用的信息,并能为实际生活提供方便。	复式统计图在生活中的应用
		我是小导游	通过做小导游,从而熟悉方位。	给出平面图形,做导游指出方向,并领大家到想要去的地方
		出生年月日	通过对年、月、日的学习,会判断平年和闰年以及一些其他信息。	年、月、日相关问题的快速解答
		谁大谁小	通过各种比赛,感受在不同的比赛中,大小的判断也不同。	给出比赛结果,判断谁输谁赢,谁大谁小
		回家的路	通过数学日记的方式,记录自己回家的路线图,从而将所学知识应用于生活中。	描述自己从家到学校的方向,并画出路线图
		小小设计师	通过设计自己的一天,深刻认识到时间在流逝,要珍惜时间。	制定规划,合理安排自己的一天

年级	学期	课程名称	学习目标	学习要点
四年级	上学期	挑战"大数"	认识大数并体会其在日常生活中的应用,进一步培养数感。	大数的认识、读写、改写、比较、估算
		运"乘"帷幄	掌握三位数乘两位数的笔算方法,能解决生活中的实际问题。	15道三位数乘两位数的笔算及验算
		排"除"万难	加深理解三位数除以两位数的算理,提高计算能力。	20道三位数除以两位数的笔算及验算
		量角小能手	进一步认识线段、射线和直线,并认识常见的几种角,会正确运用量角器量角、画角。	线段、射线和直线的认识;量角和画角
		两条直线的秘案	理解垂直与平行的概念,会用直尺、三角尺画垂线和平行线,培养数学应用意识。	找一找生活中的平行与垂直并介绍;比一比谁画垂线、平行线最规范,边画边说;说一说生活中如何利用平行、垂直,并写成数学日记
		四边形认亲赛	掌握平行四边形和梯形的特征,体会几何图形在生活中的应用。	四边形的认识和应用
		条形图来报道	经历数据的收集与整理、表达和分析信息的过程,体会统计的意义。	条形统计图的绘制
		以一当二	掌握条形统计图的特点,能绘制条形统计图并提取有效信息、解决相关问题。	以一当二的条形统计图的认识及绘制。
		以一当多	进一步认识条形图可以"以一当多"的作用,会画直条,并根据发现的信息进行简单的数据分析。	用一格代表两个或多个的统计图的认识及绘制
		黑猫警长破案	通过听故事了解数学奥秘,学会记录数学信息,并书写数学日记。	讲述黑猫警长破案的故事,自己用数学知识编故事

年级	学期	课程名称	学习目标	学习要点
四年级	上学期	神奇的莫比乌斯带	通过动手制作，观看视频，在动手实践中体会数学的乐趣。	神奇的莫比乌斯带的制作
		烙饼大比拼	通过对烙饼问题的探索，感受数学在日常生活中的广泛应用，运用其中的数学方法来解决具体情境中的相关问题。	烙饼问题的推导
	下学期	巧妙运算	能灵活计算小数的加减及其混合计算，提高简算能力。	小数的加减混合运算
		揭秘小数	理解小数的意义和性质，进一步发展数感。	小数的意义和应用
		小数加减	自主探索小数加、减法的计算方法，并能正确地进行小数加、混合运算、简便计算，体会小数在数学中的广泛应用。	小数加减法的运算顺序；小数的简便计算
		图形的位置	学会从不同位置观察同一物体有不同视图，发展空间观念，培养观察能力与解决问题的能力。	对物体进行不同角度的观察；同一视角观察不同物体
		图形的运动	在活动中深入探究平面图形的对称轴，掌握图形的知识，提升空间想象能力。	对称轴特点的认识，补全轴对称图形；图形的平移
		稳定的图形	认识三角形的特性，知道三角形的三边关系，并能够辨认和区别各种三角形。	三角形的稳定性及三边关系；三角形的分类
		移多补少	认识并会计算平均数，体会并能表述平均数的含义。	进行移多补少的探究活动；平均数的计算；平均数的实际意义
		有趣的平均数	初步感受平均数、中位数和众数的区别，进一步体会统计在现实生活中的作用。	平均数、中位数与众数的认识

年级	学期	课程名称	学 习 目 标	学 习 要 点
四年级	下学期	统计图的困惑	认识复式条形统计图,了解其特点,能根据图中的信息提出简单的问题,进行一些分析和判断。	复式条形统计图的特点、应用范围及相关问题的解决
		数学趣闻	了解"鸡兔同笼"问题,尝试使用多种方法解决问题,提升思维能力。	"假设法"解决鸡兔同笼问题
		生活中的角	了解生活中常见的角,通过对数学知识中角的探索,发现数学的美。	角的分类和整理
		营养午餐	通过对营养午餐的实际调查、记录,运用统计思想提出合理建议。	午餐情况的统计、整理和分析。
五年级	上学期	笔算天地	理解小数乘除法的意义,能熟练计算和取积的近似值。	小数乘除法的笔算;小数混合运算;小数简便计算
		小数速算	能快速地进行小数的口算。	小数加减乘除的听算
		方程我会用	能用方程解决实际问题,并体会到用方程解决问题的优越性。	用字母表示数;解方程;用方程解决实际问题
		位置与生活	体验用数对表示位置,学会将数对应用于生活中。	班级位置图;数对表示位置
		植树达人	体会化繁为简的思想,并建立植树模型来解决同类问题。	三种植树类型
		巧算面积	掌握并运用平行四边形、三角形和梯形的面积公式,能估计不规则图形的面积,并解决一些简单的实际问题。	常见图形的面积;组合图形的面积;不规则图形的面积
		解密抽奖	了解一些抽奖活动的设计,体会可能性的大小及中奖概率的大小。	抽奖活动;可能性大小比较

年级	学期	课程名称	学习目标	学习要点
五年级	上学期	公正法官	设计游戏规则,并判断其公平性。	摸球游戏规则修正
		掷一掷	经历猜测、动手操作等活动,加深对"组合"的理解,能定性研判可能性。	掷一掷,猜一猜,抽奖问题分析
		数学大师说	了解一些数学家及其故事,激发对数学的兴趣。	介绍最喜欢的一位数学家
		妙笔记事	培养用数学的眼光观察和认识世界,并把思考记录下来,增强学习数学的兴趣。	从四大块内容出发,用文字记录数学问题并思考
		操作测评	检测本学期的知识掌握情况。	利用实践操作卷分组测评
	下学期	分数加减算	理解算理,提高混合运算的准确率。	同分母和异分母分数加减法计算;分数加减混合运算;分数速算比赛
		因数倍数通	能熟练地找到一个数的因数和倍数。	找一个数的因数和倍数;说出100以内数的因数和倍数
		我是谁	灵活掌握最大公因数和最小公倍数的应用。	最大公因数和最小公倍数的求解及相关应用
		玩转图形	掌握旋转的本质,在观察、操作中感悟其特性。	动手旋转并画出旋转后的图形
		素描体验	感悟特殊到一般的研究过程,体会问题解决的思路与技巧。	小正方体的涂色;总结位置的规律
		体积探秘	通过摆小正方体,体会体积和表面积之间的关系。	摆相同体积的图形,求表面积
		折线统计图	感受折线统计图的意义,能根据数据特点选择合适的统计图。	折线统计图、条形统计图及统计表的对比,选择合适的统计图
		次品难逃	经历严密的推理过程,体会优化方法的重要性。	称物品重量找次品方法的推导及相关问题的解决

年级	学期	课程名称	学 习 目 标	学 习 要 点
五年级	下学期	电话通知	体会如何快速地通知以及最大化地利用资源。	画不同的打电话线路图
		数学百科	了解数学在实际生活中的意义,拓宽知识面。	数学文化和数学家小故事
		数学小记	养成认真观察的好习惯,使思维清晰化、具体化、反思深入化,增强学习数学的兴趣。	从四大块内容出发进行案例分享和自我练习升华
		你会了吗	通过检测,查漏补缺,形成知识体系。	利用实践操作卷分组测评
六年级	上学期	玩转分数	理解并能快速计算分数乘除法,能解决生活中的相关问题。	分数乘分数、分数乘整数的计算比赛;分数与分数、分数与整数间的除法计算比赛;分数乘除法解决实际问题,并写关系式,玩转分数
		形中玩数	能够借助图形列出分数乘除法算式并解决相关问题,发展数形结合思想。	看图列算式,用图像解释分数乘除的算理;先画出线段图再解决分数乘除法的实际问题
		问题解决百分百	掌握假设法,能解决有关百分数的两次幅度变化的实际问题。	用假设法解决两次增减变化的百分数问题
		逐图圆梦	能够进一步拓展对圆的认识,探究不同圆之间的关系,周长和面积之间的关系	圆的奥秘;圆周长与面积联系
		巧设图案	进一步认识和了解圆的特征,提高数学学习兴趣,激发学习中的创造性。	利用圆设计美丽的图案
		方位之我辨	精确地描述位置与路线,以及两个点位置的相对性。	根据方向和距离描述位置;两个点的相对位置;利用前两要点解决稍复杂的路线描述
		小棒拼图	通过解决问题体会到数与形的完美结合,感受数学的魅力。	用数形结合的知识探究第 N 个图形的小棒数量

年级	学期	课程名称	学习目标	学习要点
六年级	上学期	家庭消费小能手	能够借助百分数和扇形统计图的相关知识合理分析家庭消费情况,进而进行合理的家庭消费。	家庭消费数据的整理和分析
		节约用水我先行	通过多种途径调查生活中的浪费现象,培养观察、搜集和处理信息的能力。	生活中浪费水的行为调查及数据整理与分析,节约用水的教育
		快乐数学	能运用不同的方法多角度解决按比分配的实际问题。	按比例分配问题的多样化解决
		数学思辨	通过写数学日记,内化数学知识,加深数学知识与实际生活的联系。	数学日记写法及技巧;数学日记的类型;数学日记的练习
		数学的急智	了解田径场以及环形跑道的基本结构,学会综合运用圆的周长等知识计算并确定 400 m 跑道的起跑线。	起跑线的确定及相关计算
	下学期	经济大探秘	理解折扣、成数、税率并解决相关问题。	购物方案的选择及纳税额的计算
		生活中的数学	初步了解多种理财方式,感受理财方式的优化,在解决问题中体会数学在生活中的价值。	理财类型的了解和分类;说一说生活中如何理财最优
		自行车的秘密	理解普通自行车的运动奥秘,并能解决自行车里的相关数学问题。	自行车前后齿轮转动的齿数与圈数之间的关系及相关计算
		按图"锥柱"	进一步认识圆柱、圆锥的特征,灵活解决面积和体积的相关问题。	等积变形的解决问题和切面面积的计算
		图形大揭秘	进一步认识平面图形和立体图形的特征以及它们之间的联系与区别,体会数学的实用价值。	用思维导图整理图形的相关知识

年级	学期	课程名称	学　习　目　标	学　习　要　点
六年级	下学期	立体与平面	能够解决立体图形的展开图和立体图形关系的相关问题,体会平面图形旋转形成立体图形的动态关系。	立体图形的展开与想象;平面图形的旋转;立体图形的相关计算
		统计荟萃	根据数据特点及实际需要能灵活运用并合理选择适当的统计图。	三种统计图的区别与联系;统计图的合理选择
		评分小达人	进一步认识平均数、中位数和众数,体会不同统计量的意义。	平均数的拓展应用
		巧解复式统计图	能够清晰地认识并理解复式统计图,并能够体会它们之间的关系和背后的统计意义。	复式折线统计图、条形统计图的应用
		头脑风暴	能用"抽屉原理"灵活解决相关的实际问题。	抽屉原理、最不利原则的探究和应用
		寓意数学	养成认真观察的好习惯,使思维清晰化、具体化、反思深入化,增强学习数学的兴趣。	数学日记的案例分享;自我练习升华
		行走的数学	在动手操作中掌握重点、疑惑点,也进一步培养小组合作的能力。	与负数相关的实践操作;圆柱、圆锥相关的实践操作;比例尺相关的实践操作

总而言之,丰富多彩、多元化的课程体系让儿童在"智慧数学"的思维和探究中凝练智慧、快乐成长。

第四节　构建奇思妙想的能动情景

　　《义务教育数学课程标准(2022年版)》指出:"教学内容是落实教学目标、发展学生核心素养的载体。在教学中要重视对教学内容的整体分析,帮助学生建立能体现数学学科本质、对未来学习有支撑意义的结构化的数学知识体系。一方面了解数学知识的产生与来源、结构与关联、价值与意义,了解课程内容和教学内容的安排意图;另一方面强化对数学本质的理解,关注数学概念的现实背景,引导学生从数学概念、原理及法则之间的联系出发,建立起有意义的知识结构。通过合适的主题整合教学内容,帮助学生学会用整体的、联系的、发展的眼光看问题,形成科学的思维习惯,发展核心素养。"[1]

　　《义务教育数学课程标准(2022年版)》还指出:"发挥评价的育人导向作用,坚持以评促学、以评促教。"[2]

　　因此,依据《义务教育数学课程标准(2022年版)》以及"智慧数学"的课程理念,结合学校的实际情况等,将从"智慧课堂""智慧课程""智慧社团""智慧探究""智慧赛事"等几个方面进行课程的实施与评价。

一、构建"智慧课堂",提升数学学科品质

　　"智慧课堂"是基于学校数学课堂改革"前五""后五"模式下的课堂,是指把40分钟的课堂分成了听算环节(前5分钟)、课堂新授环节(中间30分钟)、当堂测环节(最后5分钟)三个部分,以儿童为主体,多维度聚焦儿童成长的课堂。

　　在听算环节,教师说算式,儿童在专门的听算本上快速听算,只写结果不写算式,每次20道左右,核对答案后会按照统一的标准以各个成员的听算结果为依据

---

[1] 中华人民共和国教育部.义务教育数学课程标准(2022年版)[S].北京:北京师范大学出版社,2022:85.

[2] 中华人民共和国教育部.义务教育数学课程标准(2022年版)[S].北京:北京师范大学出版社,2022:89.

进行小组的星级评价；在当堂测环节，儿童有学校统一印制好的《当堂测》，新课结束后儿童统一完成《当堂测》中相应课时的内容并得到及时反馈；课堂新授环节，就是我们通常所说的正常课堂教学环节。下面就以"智慧课堂"中的课堂新授环节为主体来具体阐述"智慧课堂"的实施与评价。

（一）"智慧课堂"的实施

"智慧课堂"的实施主要是针对课堂中间的 30 分钟而言的，也就是将我们常规的一节 40 分钟的课堂压缩为 30 分钟。具体主要有以下几个环节：

创设情境、激发兴趣。在"智慧课堂"中，30 分钟的课堂教学时间要求教师在上课前进行充分的备课，备课时要以儿童为中心，充分考虑到儿童已有的知识经验、年龄特点、新知特点、兴趣特点等，根据学习内容，挖掘各种教学资源（可以是文本资源，也可以是音像、视频，还可以是其他方面的学习资源），从导入到练习，创设儿童感兴趣的情境，调动儿童的学习热情。

小组合作、自主探究。基于合适的情境，带着充足的兴趣和热情，儿童在小组目标明确、合理分工的情况下进行自主探究、合作交流。针对新知，小组内进行交流互动、互相质疑、反思总结，分享团体的智慧、感受交流的快乐。从而更加全面、准确地理解所学知识，构建完善的知识体系。

智慧分享、研讨质疑。在小组内交流互动之后，小组选派代表进行本小组的成果展示分享，其他小组可以对展示的小组进行质疑、赞同或提问，在小组间的研讨中，大家体验到智慧共享之趣。在展示分享中对儿童表现出的情感、态度、策略等方面进行及时评价，鼓励儿童自我纠正、自我提高。

拓展延伸、反馈提高。这是对"智慧课堂"教与学活动的成效检测，也是对儿童学习成效的检测与反馈。在此环节，除了教师在备课时准备的拓展延伸内容，还有与新授课一一对应的当堂测环节，儿童对本节课知识的掌握程度也会在当堂测的检测中显露无遗，所以儿童的学习情况会得到及时有效的反馈与总结，儿童的学习在高效的过程中得到完善，进而让儿童的学习在"智慧课堂"中获得实效。

（二）"智慧课堂"的评价

结合数学学科的特点，以量化的方式对课堂进行评价，并设计了符合"智慧数学"内涵的"智慧课堂"评价量表。（见表 5 - 4）

表5-4　郑州市管城回族区第二实验小学"智慧课堂"评价标准

授课内容			授课教师		评课教师		班级		评分
维　度		A	B		C		D		总分
		85—100	75—84		60—74		0—59		
听算	效果 10分	1. 算式难度适中,儿童听算状态良好。 2. 小组汇报迅速,教师评价恰当,具有激励性。							
教师状态	趣味性 15分	1. 目标明确。学习目标的制定要明晰、正确,叙写规范,目标具体可测评。 2. 以学定教。立足儿童已有的经验基础,充分考虑儿童的兴趣,根据学习内容,挖掘各种教学资源,创设儿童感兴趣的情境,调动儿童的学习热情。 3. 因材施教。课堂教学的各个环节关注儿童的差异性,兼顾各个层面的儿童。							
	主体性 15分	1. 活动自主。引导儿童主动地发现、提出、分析并解决问题。 2. 及时奖赏。关注学习过程,课堂评价及时、准确、丰富,以奖励、欣赏为主。 3. 寓教于乐。教态亲切,语言亲和,方法灵活。							
儿童状态	参与度 20分	1. 互帮互学。有效地进行小组合作学习。 2. 乐思善述。儿童的思维有广度和深度,勇于发表自己的观点,乐于听取别人的意见。 3. 积极参与。在学习过程中儿童积极投入,气氛活跃。							
	发展性 20分	1. 知行合一。重知识与能力的综合、过程与技能的转化、体验与品质的过渡。 2. 目标达成。体现"教——学——评"的一致性;学习目标达成度高。							
创新点 10分		1. 恰当运用电子白板等多媒体。 2. 理念先进,教师创教、儿童创学,课堂中有创新。							
当堂测	达成度 10分	1. 当堂测按时完成。 2. 儿童完成效果好,反馈及时并及时订正。							

二、开发"智慧课程",让知识学习更加灵动

《义务教育数学课程标准(2022年版)》指出:"资源开发与利用要坚持育人为

本,将促进学生身心健康发展作为首要任务,从促进学生核心素养形成和发展的内在规律出发,为教与学提供有效支撑。"①在小学阶段,教材设置了"数与代数""图形与几何""概率与统计""综合与实践"四个部分内容。这些内容往往是以单元的形式呈现,并且每个部分的内容往往又拆分开,分别放在了不同的年级中,这样儿童对每个部分的学习常常会显得支离破碎、上下衔接不畅,特别是在"图形与几何""概率与统计"等内容的学习中。因此,通过巧妙地创设单元整合,借由一系列活动、操作、比赛等融合并提升课程,让儿童记忆中储存的知识融会贯通、形成整体,这也更有利于儿童素养的提升。

（一）"智慧课程"的实施

"智慧课程"是依托数学学科特点、儿童的学习需求及儿童核心素养的提升而延伸开发的课程。它通常是在儿童已经学完了相应的基础内容之后再进行的课程,主要是为了满足儿童个性化学习的需求、儿童核心素养的提升需要,让儿童已经习得的知识更加融会贯通,并且向纵向和横向不断发展。

"智慧课程"实行固定班级教学模式和走班上课教学模式两种形式。课程中的"花样口诀""天气记录员""结账我当家""四边形认亲赛""统计荟萃"等课程是在固定班级中随国家基础课程开展而穿插模块式的课程,主要是知识的拓展、提升、应用和延伸等;而"趣味数学 A"课程、"形中玩数"课程等是在每周四下午的走班课程中进行的,儿童根据自己的兴趣爱好来选择,主要是培养儿童的数学兴趣、爱好及拓展儿童的数学视野等。

"智慧课程"的实施是对国家基础课程的强化和夯实,是一个主题明晰、活动方式多样的模块课程。通过这些课程的实施,激发儿童的兴趣和学习潜能,进而更好地提升儿童的数学素养。

（二）"智慧课程"的评价

"智慧课程"的评价不同于基础课程的评价,评价的内容和方式要更加灵活和多样,如:要有针对性的目标、统筹全局的意识、高效的实施路径及自主发展、多元生成等特点。首先,"智慧课程"要求有目标意识,能够依托基础课程,将有效的资

---

① 中华人民共和国教育部.义务教育数学课程标准(2022 年版)[S].北京:北京师范大学出版社,2022:96.

源进行巧妙、智慧地重组和构建,激发儿童的学习兴趣和提升儿童的数学素养;其次,"智慧课程"注重儿童在小组合作、动手操作、发现探究中的体验,提升儿童运用知识解决问题的能力;最后,"智慧课程"提倡自主、多元发展,展现了学科内容的丰富性。(见表5-5)

表5-5 郑州市管城回族区第二实验小学"智慧课程"评价表

类型	内　　　容	形　　式	等级优良
目标	能够高效整合课程资源,满足儿童的发展需要,促进儿童的相互交往,内容可操作性强,并且能够及时调整。	查看教学设计	
设计	设计新颖,有一定的实施方法。	查看教学设计	
实施	根据教学设计精心准备,能因材施教,认真指导。 课程实施能够满足儿童学以致用的需求,重视儿童问题解决能力的培养,培养儿童的思维能力和创造力,儿童乐于接受。	课堂效果、儿童问卷、问题解决	
评价	根据该年级儿童的年龄特点,组织儿童评价,做好评价工作。	儿童学习成果、问题解决	
反思	针对教学设计各个环节的思考,能够形成有效的建议,积极完善并促进课程的发展。	教学反思	

三、创立"智慧社团",引兴趣促发展

数学学科是以丰富儿童的校园生活,发展儿童的思维能力、应用能力及探究能力等为目的,以儿童自愿参加为原则,组建丰富的"智慧社团"。"智慧社团"的实施是在年级或班级内开展的,学校有年级社团也有班级社团,社团的评价会因年级或内容的不同而有所不同。

（一）"智慧社团"的实施

"智慧社团"就是把"数学有趣,数学有用,数学不难"的理念放在第一位,使枯燥无味的数学学习变得有趣味。教学活动要贴近生活并能激发儿童的学习兴趣,

引导儿童积极利用已有的生活经验去探究、发现和体验生活中的数学知识。教师还要营造轻松活跃的教学氛围,这样才能让孩子在生活化、趣味性强的教学活动中自主构建数学知识体系。我校开展了"思维导图""听算""扑克算""数学手指操""数学故事"等儿童特色社团。下面以"思维导图社团""听算社团""扑克算社团""数学手指操社团""数学故事社团"为主来具体说明。

思维导图社团。"思维导图社团"主要是提高儿童的动手、动脑能力,提升儿童的想象、创造和探究意识,丰富儿童的课余生活,建立儿童认真观察、动脑思考、大胆想象、敢于探究的意识。其主要课程内容是儿童尝试动手创作故事类思维导图,展示作品并讲解自己的设计以及对数学书中每单元的知识进行整理与复习,创作思维导图。

听算社团。"听算社团"主要是以提高儿童的听算能力,提升儿童的数感、运算能力等数学素养为目的。其主要课程内容是基础课程里的口算、表内乘除法、100以内的加减法、几何公式、运算定律等内容。

扑克算社团。"扑克算社团"主要是提高儿童的数感、运算能力、手脑并用的敏捷性以及儿童对数学的极大兴趣等,活动形式主要有双人对赛、小组赛、高手过招等形式。

数学手指操社团。"数学手指操社团"是将数学知识编排为易于让儿童练习的语言,结合相应的手指动作,形成一套套的数学手指操,其主要目的是为了深化儿童对数学知识的掌握,提高儿童在听觉、手指灵活性及语言表达等方面的能力。

数学故事社团。"数学故事社团"是通过一个个数学小故事来阐明、表述有关小学阶段的数学知识,渗透重要的数学思想,感受数学学科的深刻道理,品味数学历史发展进程中的文化,进而深化儿童对数学知识的掌握、增强儿童对学习数学的浓厚兴趣、提高儿童的数学素养。

(二)"智慧社团"的评价

"智慧社团"根据儿童的实际需求,既能提高儿童的兴趣,又能让儿童树立学习的信心,每个社团通过教师评价、小组评价、儿童自评等方式进行评价,既注重终结性评价,又注重过程性评价。(见表5-6)

表5-6 郑州市管城回族区第二实验小学"智慧社团"评价表

项 目	评 价 标 准	评 价
社团建设 (20分)	详细的工作方案。(10分)	
	完善的制度。(5分)	
	活动目标明确。(5分)	
学生课堂 参与状态 (20分)	遵守课堂纪律,无缺勤、迟到、早退现象。(5分)	
	活动期间认真完成活动任务,积极参与讨论。(10分)	
	团结同学、乐于合作、勤于动手。(5分)	
学生思维 状态(20分)	思维围绕"活动"重点。(10分)	
	通过活动能作用于学习与生活中。(5分)	
	思维灵活、有创造性。(5分)	
能力发展 (20分)	有求知的好奇心、探索的欲望。(10分)	
	积极实践,发挥个性特长,施展才能。(10分)	
成果展示 (20分)	能完成承担的任务,形成结果性的展示,质量较高。(20分)	
总成绩(100分)		

四、推进"智慧探究",让数学学以致用

《义务教育数学课程标准(2022年版)》指出:"资源开发与利用要坚持育人为本,将促进学生身心健康发展作为首要任务,从促进学生核心素养形成和发展的内在规律出发,为教与学提供有效支撑。"[1]基于此,我校开设了"智慧探究","智慧探究"主要是针对数学教材中的实践类、活动类的综合与实践单元,让儿童在掌握知识后能应用于实践,具有很强的可操作性。这样能够让儿童的脑、口、手并用,

---

[1] 中华人民共和国教育部.义务教育数学课程标准(2022年版)[S].北京:北京师范大学出版社,2022:96.

让儿童主动参与实践的全过程，加强了数学内部知识整合、学科间知识整合、数学与生活联系的综合运用。

（一）"智慧探究"的实施

在学期初，每个年级的数学教研组就会制定出本学期的"智慧探究"实施方案，内容涵盖课程的内容、课时数、组织形式、评价要求、评价标准等，当相应的国家基础课程的内容完成后，随即就开始了相关的智慧探究课程。

"智慧探究"的实施通常是以班级为单位进行的，有时也可以年级为单位进行。年级或班级的儿童一般以 4—5 人为一个小组，每个小组会选举一名能力较好的儿童承担小组长的角色，小组长的主要职责是负责本小组的纪律、测试说明、要求及对组员的监督和评价。在分小组前，教师会提前对小组长进行"智慧探究"测评与评价，当测评与评价结束后，教师会对小组长进行培训，并为其讲解、纠错以及说明在测评组员时的方法及注意事项。这样，在小组长对本组成员进行测评时，就承担了教师的角色，小组长在教师的整体指导下对组员进行测评，可以一次进行一人，也可以每次进行一道题，让各组员有序回答。当组员完成测评而没有达到自己的预期目标时，也可以向小组长申请进行二次测评。

（二）"智慧探究"的评价

"智慧探究"的评价要求每个年级或班级全员参与，年级或班级内是以小组为单位进行的，每个小组在小组长的带领下进行实践操作。首先，由教师对各小组进行指导、评价；然后，由小组长对本小组的成员按照评价细则进行评价并在智慧探究测试成绩单上进行记录。评价细则附在每道试题的后面，若组员对自己的评价结果不满意，可向老师申请重新进行测试并重新评价。（见表 5-7）

表5-7　郑州市管城回族区第二实验小学"智慧探究"的测试成绩单

郑州市管城回族区第二实验小学　年级　册"智慧探究"测试成绩单 ＿＿＿＿＿＿＿＿＿班
老师的话： 　　亲爱的同学们，请用你们学过的知识和本领，在"智慧探究"中，发挥聪明才智，争取获得属于你的智慧星吧！相信你一定行！
郑州市管城回族区第二实验小学　年级　册"智慧探究"测试成绩单

内容 姓名				
	☆☆☆☆☆	☆☆☆☆☆	☆☆☆☆☆	☆☆☆☆☆
	☆☆☆☆☆	☆☆☆☆☆	☆☆☆☆☆	☆☆☆☆☆
	☆☆☆☆☆	☆☆☆☆☆	☆☆☆☆☆	☆☆☆☆☆
	☆☆☆☆☆	☆☆☆☆☆	☆☆☆☆☆	☆☆☆☆☆
	☆☆☆☆☆	☆☆☆☆☆	☆☆☆☆☆	☆☆☆☆☆

　　每单元测试成绩分为优(5 颗星)、良(4 颗星)、合格(3 颗星)、还需努力(2 颗星)四个评定等级,组长在小组成员共同商议的情况下,给测试同学在相应表格中画星。

　　如果你对自己的成绩不满意,可以向老师申请补测! 这次一定要加油哦!

郑州市管城回族区第二实验小学　年级　册"智慧探究"测试成绩单

内容 姓名				
	☆☆☆☆☆	☆☆☆☆☆	☆☆☆☆☆	☆☆☆☆☆
	☆☆☆☆☆	☆☆☆☆☆	☆☆☆☆☆	☆☆☆☆☆
	☆☆☆☆☆	☆☆☆☆☆	☆☆☆☆☆	☆☆☆☆☆
	☆☆☆☆☆	☆☆☆☆☆	☆☆☆☆☆	☆☆☆☆☆

五、开展"智慧赛事",让儿童展示自我

　　"智慧赛事"让儿童在学有所成的基础上通过一系列的比赛活动能够体会到学以致用的快乐和成功的体验,是营造校园数学文化氛围的重要组成部分,主要有"数学日记比赛"和"口算比赛"两种类型,是全校性的数学比赛活动。

　　(一)"智慧赛事"的实施

　　"数学日记比赛"和"口算比赛"都是全校儿童参与的竞赛活动,在学期初就会制定好各自的实施方案。"数学日记比赛"是从现行小学数学教材中来确定主题,写作时可以从日常生活中发现的数学问题、利用所学的数学知识解释生活中的某

些现象、自己在生活中发现的数学奥秘或趣事、对数学书本知识的质疑、日常游戏中运用的数学技巧、对数学活动的情感体验等方面进行思考,其主要目的是为了拓宽儿童的数学视野,增强儿童学习数学的兴趣,提高儿童学数学、用数学的能力。"口算比赛"是以一步或两步的整数、小数、分数、百分数的四则运算题目为主要内容,测试时只写结果,不写过程,其主要目的是为了提高儿童的计算能力、增强儿童的数感、为儿童今后学好数学打下坚实的基础。根据儿童的年龄特点,比赛活动一般都是以年级为单位进行的,统一命题、统一时间,"数学日记"的比赛时间为 30 分钟,"口算比赛"的比赛时间为 10 分钟。

为了让全体师生更好地、更全身心地投入到"智慧赛事"中,在"智慧赛事"实施时,会注意到以下几点:(1)在学期初和日常教学中会不断地渗透"智慧赛事"的相关事宜及进行相关内容的训练,让赛事活动成为儿童数学学习的精神力量。(2)为了达到教学相长的效果,在实施赛事时会让教师和儿童同台竞技、共同比赛,这样让儿童更注重赛事,同时也能够让教师从儿童的角度看待问题,进而更好地改进教学。(3)对取得优异成绩的儿童予以奖励。除了年级的选拔、班级的奖励,学校层面也会通过在全校升旗时发奖状、新闻稿件表扬等形式进行宣传式的精神奖励。

(二)"智慧赛事"的评价

"智慧赛事"都是以百分制进行统一批改、评价的。其中,"听算比赛"是以计算结果的准确性为依据进行批改评价的,而"数学日记比赛"的评价是按照统一的标准进行评价的。"数学日记比赛"的评价标准为:书写及卷面美观度(10 分),内容符合要求(10 分),数学性评价(用数学的眼光探索发现问题的过程等,40 分),文学性评价(文字优美、语句通顺、结构合理等,40 分)。

综上而言,身为一名从事数学教育的工作者,我们要明白一个道理,我们要教给儿童的不仅仅是那些特定的数学公式、概念、计算方法,还要有数学方法、数学思想和精神的引导,要让"育人"成为数学教育的首要任务。我们要让儿童学会发现数学的美、明白数学在不同领域所起的作用、深化对数学家精神的理解、去感受数学探究发展的历程、去体验数学中的理性、智慧和美。

(撰稿人:闫仿国 宋文婷 李云鹏 李聪聪 杨婉真)

第六章
效能感：多维目标提升学习信心

　　儿童的成长是一个动态的过程，及时、积极的评价有助于提升儿童的学习信心和效能感。效能感是促进儿童发展的重要因素，它通过影响儿童的认知过程、动机过程等来影响儿童行为活动的选择、目标的设定、行为的努力程度等。对儿童进行评价时，要关注儿童学习的过程，采用多元的评价主题和多样的评价方式，提升儿童的学习信心及自我效能感，让儿童在学习中获得自信，在自信中深入学习，体验成功的喜悦。

玩转数学：
在玩中生成智慧

郑州市管城回族区实验小学始建于 1972 年，是我国首位进入太空的女航天员刘洋的母校，现有数学教师 30 名，多人参加市、区级优质课比赛和教学基本功大赛并获奖。数学教师团队深入研究教育理论和教材，秉持"提高每一个儿童的数学素养、教师教得有效、儿童学得快乐"的理念，结合校情、学情，不断深化课程改革，推动数学学科教育教学质量的再提升。我们依据《教育部关于全面深化课程改革落实立德树人根本任务的意见》《义务教育数学课程标准（2022 年版）》等文件精神，推进我校数学学科课程群建设，取得了显著成效。

第一节　追寻儿童动态成长的踪迹

一、学科性质观

《义务教育数学课程标准(2022年版)》指出:"数学是研究数量关系和空间形式的科学。数学源于对现实世界的抽象,通过对数量和数量关系、图形和图形关系的抽象,得到数学的研究对象及其关系;基于抽象结构,通过对研究对象的符号运算、形式推理、模型构建等,形成数学的结论和方法,帮助人们认识、理解和表达现实世界的本质、关系和规律。数学不仅是运算和推理的工具,还是表达和交流的语言。数学承载着思想和文化,是人类文明的重要组成部分。"①

数学素养是现代社会每一个公民应当具备的基本素养。因此,数学课程应当为所有适龄儿童提供最基本的并能促进儿童继续发展的数学教育。而社会的发展与需求、数学的发展、儿童的身心发展是影响数学课程的三个重要因素。因此,我们认为,在构建数学课程时树立正确的数学观,关键要落实立德树人的根本任务,注重数学课程的"基础性""普及性""发展性",努力开发鲜活的数学课程。

二、学科课程理念

依据《义务教育数学课程标准(2022年版)》,基于对数学学科性质的理解,结合学校的文化、数学学科的实际情况。在不断的教学实践中,我们提出了"玩转数学"的课程哲学。我们认为,"玩转数学"的内涵如下:

"玩转数学"是激发兴趣的数学。只有对数学产生兴趣,儿童才会积极、主动地参与到数学的学习中去。兴趣激起儿童强烈的求知欲望、探索精神,产生数学学习的内驱力,变被动接受为主动探索。"玩转数学"课程努力把儿童的这种好奇心转化为学习数学的兴趣,转化为对数学知识和数学思想探索的兴趣。

---

① 中华人民共和国教育部.义务教育数学课程标准(2022年版)[S].北京:北京师范大学出版社,2022:1.

"玩转数学"是体验活动的数学。从数学发展来看,它本身就是充满着观察、实验、模拟、推断等探索性与挑战性的活动。儿童学习数学的过程是观察、操作、描述、画图、猜想、实验、收集整理数据、思考、推理、交流和应用的过程。儿童在活动中获得交流,积累经验,从中感受到数学的力量。"玩转数学"课程从儿童认知的发生、发展的规律出发,为儿童数学学习的全面发展提供多样化的活动方式。

　　"玩转数学"是寻找变化的数学。数学是理解和解释现实世界的桥梁,通过这个桥梁可以理解客观事物的本质属性。义务教育阶段的数学包含很多用字母、数字及其他数学符号建立起来的代数式、关系式,以及各种数学模型。儿童对数学知识的学习,实际上就是理解这些模型的本质。"玩转数学"努力在数学活动中渗透"寻求本质"的意识,在纷繁复杂的变化中引导儿童理解变量与不变量,在"变与不变"中激活和挖掘儿童对数学问题多层次、多角度的思维能力。

　　"玩转数学"是解决问题的数学。学习数学的目的之一是解决现实生活中的问题。现实生活中蕴涵着大量的与数量和图形有关的问题,这些问题都可以抽象成数学问题。儿童学习数学知识后,能够运用数学知识解决现实生活中的问题。"玩转数学"课程强化了发现数学问题以及解决数学问题的能力。儿童学习数学的过程就是认识数学、体验数学、形成正确数学观的过程,并在此课程实施的过程中有意识地利用数学的概念、原理和方法解释现实世界中的现象,即数学知识现实化。

　　"玩转数学"是感悟思想的数学。数学思想是指现实世界的空间形式和数量关系反映到人性的意识之中,经过思维活动而产生的结果。数学思想是对数学事实与理论经过概括后产生的本质认识。数学思想伴随着数学的产生与发展,同时也是探究研究数学所依赖的基础,是数学课程教学的精髓。"玩转数学"课程通过对儿童数学思维能力的培养,提高儿童的数学素养。

　　总之,"玩转数学"是在玩中发展个性的数学。在玩中发现并探索新问题,激发数学学习兴趣,给予儿童充分的机会与空间,挑战这些数学问题,为将来的发展打好基础。因此,"玩转数学"的课程理念是——在玩中生成智慧。

第二节　探求提升儿童信心的路径

　　基于以上数学课程标准对总目标的描述,结合我校"在玩中生成智慧"的课程理念,我们制定了"玩转数学"课程的总目标和分年段课程目标。

一、学科课程总体目标

　　《义务教育数学课程标准(2022年版)》指出:"通过义务教育阶段的数学学习,学生逐步会用数学的眼光观察现实世界,会用数学的思维思考现实世界,会用数学的语言表达现实世界。学生能获得适应未来生活和进一步发展所必需的数学基础知识、基本技能、基本思想、基本活动经验。体会数学知识之间、数学与其他学科之间、数学与生活之间的联系,在探索真实情境所蕴涵的关系中,发现问题和提出问题,运用数学和其他学科的知识与方法分析问题和解决问题。对数学具有好奇心和求知欲,了解数学的价值,欣赏数学美,提高学习数学的兴趣,建立学好数学的信心,养成良好的学习习惯,形成质疑问难、自我反思和勇于探索的科学精神。"①

　　参照《义务教育数学课程标准(2022年版)》,结合学校的实际情况,我校"玩转数学"课程的总体目标是:夯实知识基础,学会数学思考,注重问题解决,发展情感态度。

　　夯实知识基础:经历数与代数、图形的抽象、分类、运算与建模、数据分析等过程,能够理解所学的数学知识及现实背景,数学基本概念和法则的发生与发展,发现基本的数学研究对象之间的联系与规律,抽象出数学的研究对象及其属性,形成概念、关系和结构。

　　学会数学思考:学会独立思考,体会数学的基本思想和思维方式。儿童能够运用数学方法,通过观察、实验、猜想、证明、综合实践等数学活动,学会数学抽象、

────────────────

① 中华人民共和国教育部.义务教育数学课程标准(2022年版)[S].北京:北京师范大学出版社,2022:11.

数学推理、数学思维。在探索、推理和解释数学的本质的同时,形成重论据、有条理、合乎逻辑的思维品质。

注重问题解决:可以从现实世界的客观现象中发现有关数量关系与空间形式的例子,提出有意义的数学问题,在数学探究中解决问题,增强应用意识,提高实践能力。学会合作交流,体验解决问题方法的多样性,能够运用读好计算、形式推理等数学方法,分析、解决数学问题和实际问题。

发展情感态度:在发展、开放、创造性的数学学习过程中,能积极参与数学活动,对数学产生好奇心和求知欲。体会数学的特点,了解其价值,养成良好的数学学习习惯,培养科学态度与理性精神。逐步养成从数学角度观察现实世界的意识与习惯,发展好奇心、想象力和创新意识。

二、学科课程年级目标

基于上述育人目标,参照国家课程方案、《义务教育数学课程标准(2022 年版)》,结合我校的实际情况,通过认真研读数学教材及教师参考用书,我们将培养目标进行细化,形成分年级的课程目标。(详见表 6-1)

表 6-1　郑州市管城回族区实验小学"玩转数学"分年级目标

年级 \ 学期 \ 单元	上 学 期	下 学 期
一年级 / 第一单元	1. 通过数数活动,了解计数物体个数的基本方法。 2. 理解"同样多""多""少"等的含义以及比较物体多少的基本方法。 3. 了解语言表达情况,培养倾听能力以及仔细观察、认真思考的良好习惯。	1. 直观认识和区分长方形、正方形、平行四边形、三角形和圆等平面图形。 2. 通过拼、摆、画、折等操作活动,感受平面图形的特征及之间的关系。 3. 培养初步的观察能力、动手操作能力和语言表达能力,同时感受图形与日常生活的密切联系。
一年级 / 第二单元	1. 通过直观演示和动手操作,认识"上、下""前、后""左、右"的基本含义,初步感受它们的相对性。 2. 会用"上、下""前、后""左、右"描述物体的相对位置。	1. 能借助操作、画图等方式,理解 20 以内退位减法的算理,掌握计算方法,能熟练、准确地进行口算。 2. 学会用加减法解决简单的数学问题,体验数学与生活的密切联系。

年级\单元\学期		上 学 期	下 学 期
一年级	第三单元	1. 能够正确认、读、写 5 以内的各数。掌握 5 以内数的组成。会区分几个(基数含义)和第几个(序数含义)。 2. 认识符号">""<""="的含义,会用语言表述 5 以内数的大小关系。 3. 初步理解加减法的含义,用加减法解决实际问题,初步感受数学与生活的联系。	1. 能够根据给定的标准或自己选定的标准进行分类,体验分类结果在单一标准下的一致性和不同标准下的多样性。 2. 经历简单的数据整理过程,能够用自己的方式(文字、图画、表格等)呈现分类的结果。 3. 能够对数据进行简单分析,并能根据数据提出简单的问题。
	第四单元	1. 在分类、观察、动手操作等活动中,直观认识立体图形,并能够辨认和区别这些图形。 2. 通过摸、拼、摆、搭等活动,获得对简单几何体的直观体验,并进一步认识立体图形的显著特征。在对生活中的实际物体进行分类的活动中渗透分类思想。 3. 培养初步的观察、想象、表象思维和语言表达能力,初步建立空间观念,感受数学与实际生活的联系。	1. 能够正确地数出 100 以内的物体的个数,掌握 100 以内数的组成、数的顺序,会比较 100 以内数的大小。 2. 知道数位的意义,能够正确、熟练地读、写 100 以内的数。会计算整十数加一位数以及相应的减法。 3. 感受数的意义,会用数进行简单的估计和交流,逐步培养数感。
	第五单元	1. 能正确认、读、写 6—10 各数,并会表示物体的个数或事物的顺序和位置。掌握数的顺序,会比较它们的大小,熟练地掌握数的组成。 2. 进一步认识符号">""<""="的含义,知道用这些符号来表示数的大小。 3. 熟练地口算 10 以内的加减法以及连加、连减和加减混合计算。 4. 解决生活中的简单问题,体验学数学、用数学的乐趣。	1. 认识人民币的单位"元、角、分",知道它们之间的进率。 2. 认识各种常用面值的人民币,了解各面值人民币之间的关系,并会简单计算。 3. 通过购物活动,初步体会人民币在社会生活中的作用,感受"元"是人民币单位中最常用的主要单位,初步了解简单的货币文化,并知道爱护人民币。
	第六单元	1. 认识 11—20 各数,能够正确、有序地读写各数。初步认识十进制,初步认识位值制以及位值制的作用。 2. 了解加法和减法算式各部分的名称,能够计算简单的 10 加几和相应的减法。能够初步了解加法算式	1. 理解 100 以内加法和减法口算的算理,能口算 100 以内整十数加、减整十数和两位数加、减一位数和整十数的式题。 2. 认识小括号,能口算含有小括号的两步加、减混合运算。

年级 \ 单元 \ 学期		上　学　期	下　学　期
一年级	第六单元	与减法算式之间的关系。 3. 能够在解决"之间有几个"的问题中体验解决问题的过程，为理解"植树模型"积累基本活动经验。	3. 学会用已有的知识解决数目比较大的同数连加、连减同数的实际问题。 4. 感受 100 以内的加、减法和 20 以内的加、减法有着密切的联系。
	第七单元	1. 结合生活经验，会认、读、写整时。 2. 培养观察与表达能力，沟通生活与数学的联系，体验学习数学的乐趣。 3. 初步建立时间观念，从小养成珍惜和遵守时间的良好习惯。	1. 通过多种活动，发现图形或数字排列的简单规律，理解规律的含义并能描述和表示规律，会根据发现的规律进行推理。 2. 在发现规律、描述和表示规律以及简单应用规律的过程中，培养观察能力、数学表征能力和推理能力。
	第八单元	1. 知道 20 以内进位加法的基本方法，能熟练、准确地进行口算。 2. 学会用加法解决简单的实际问题。 3. 通过数学学习，体验数学与日常生活的密切联系。	
二年级	第一单元	1. 体会统一长度单位的必要性，知道长度单位的作用。 2. 初步建立 1 厘米、1 米的长度观念，知道 1 米＝100 厘米。 3. 学会用尺子量物体的长度。 4. 认识线段，学会用尺子量线段的长度，会按给定长度画线段（限整厘米），尝试估测物体的长度。	1. 经历简单的数据收集和整理的过程，学会用调查法来收集数据。用写"正"字的方法记录数据，认识简单的统计表。 2. 通过对数据进行简单分析，感受数据中蕴含的信息。 3. 通过对周围有关事例的调查，培养初步的数据分析观念。
	第二单元	1. 理解 100 以内的两位数加、减两位数的算理，能正确地计算式题。 2. 掌握连加、连减和加减混合竖式的简便写法，能正确地进行计算，包括含有小括号的。 3. 运用所学知识解决一些简单的实际问题。	1. 在具体情境中理解平均分及除法运算的含义，会读、写除法算式，知道除法算式各部分的名称。 2. 能够比较熟练地用 2—6 的乘法口诀求商。 3. 能运用加法、减法、乘法和除法解决简单的实际问题。

年级\单元\学期		上　学　期	下　学　期
二年级	第三单元	1. 结合生活情境初步认识角,知道角的各部分的名称,会用尺子画角。 2. 初步认识直角、锐角和钝角,会用三角尺判断直角、锐角和钝角。 3. 运用角的知识解决简单的问题,培养解决问题的能力。	1. 通过观察、操作,直观认识轴对称图形或图形的平移。 2. 通过观察、操作,初步理解旋转。 3. 能够用轴对称图形的知识解决简单的实际问题,并感受到图形的运动在生活中的应用。
	第四单元	1. 理解乘法运算的意义,知道乘法算式各部分的名称。 2. 经历2—6编制乘法口诀的过程,能用口诀熟练口算有关乘法算式。 3. 会用画图、语言叙述等方式表征理解问题、分析问题,解决问题。	1. 理解用7、8、9乘法口诀求商的算理,能比较熟练地运用乘法口诀求商,并会用除法解决简单的实际问题。 2. 初步学会运用迁移的方法学习新知识,体验成功的乐趣。
	第五单元	1. 尝试从不同位置观察简单物体的形状,知道从不同位置观察物体看到的形状可能不一样,发展空间观念和推理能力。 2. 经历观察、操作、想象等活动,感受局部与整体的关系,初步掌握全面、正确观察物体的基本方法。	1. 正确理解和掌握含有两级运算的运算顺序,能正确进行脱式计算。 2. 经历探索和交流解决实际问题的过程,感受解决问题的策略和方法,并逐步学会列综合算式解决问题。 3. 通过解决问题的教学,培养发现、提出、分析和解决问题的能力。
	第六单元	1. 经历编制7—9的乘法口诀的过程,理解每一句乘法口诀的意义,能熟练地计算表内乘法,会用乘法解决简单的实际问题。 2. 通过编制乘法口诀的活动,初步学会运用类比推理的方法学习新知识,形成评价与反思的意识。	1. 通过操作、观察、对比等活动,理解余数及有余数的除法的含义,培养全面思考问题的意识。 2. 经历除法竖式的书写过程,理解竖式中每个数所表示的意思。 3. 初步掌握试商的基本方法,能熟练地进行有余数的除法的口算和笔算。
	第七单元	1. 进一步认识钟面,借助钟面认识时间单位"分",能正确读写几时几分,知道"1时=60分"。 2. 会运用与时间有关的知识解决一些简单的实际问题。进一步学习观察、比较的方法,并形成初步的推理能力。 3. 初步培养珍惜时间、合理安排时间的习惯。	1. 能够正确地认、读、写万以内的数,掌握万以内数的顺序,会比较大小,能用符号和词语描述数的大小。 2. 会用万以内的数表示日常生活中的事物。同时,会在计数器和算盘上表示出万以内的数。 3. 结合现实素材认识近似数,会运用近似数的意义,体会估算的作用。

年级 \\ 单元 \\ 学期		上　学　期	下　学　期
二年级	第八单元	1. 通过操作、观察、猜测等活动，了解发现最简单事物的排列数和组合数的基本思路、基本方法。 2. 在活动过程中培养初步的观察、分析、推理能力。 3. 感受数学与生活的联系，感受排列与组合的思想方法在日常生活中的应用。	1. 认识质量单位克和千克，知道"1千克＝1 000 克"，会进行简单的单位换算。 2. 知道用秤称物体的方法，能够进行简单的计算。 3. 在建立质量观念的基础上，培养估量物体质量的能力，并能解决一些简单的实际问题。
	第九单元		1. 通过观察、猜测等活动，借助连线、列表等方式整理信息，进行推理，初步获得一些简单的推理经验。 2. 在简单的推理中，培养数学表达能力以及全面思考问题的意识。
三年级	第一单元	1. 认识时间单位秒，知道"1 分＝60秒"；能选择合适的单位和工具进行度量。 2. 结合生活经验体验时间的长短，初步建立分、秒的时间观念，会用一定的方法估计时间。 3. 结合具体的生活情境，体会时刻与经过时间之间的区别与联系，能解决简单的实际问题。	1. 结合具体情境，认识八个方向，能够根据给定的一个方向，辨认其余的三个方向，并能用这些词语描述物体所在的方向。 2. 能看懂简单的平面图，知道平面图的绘制方法。 3. 能用所学的方向知识解决生活中的简单实际问题，发展空间观念。
	第二单元	1. 能够正确口算两位数加、减两位数（和在 100 以内），会正确计算几百几十加、减几百几十。 2. 在解决具体问题的过程中，能应用合适的方法进行加、减法估算，培养估算意识和能力。 3. 培养根据具体情况选择适当方法解决实际问题的意识，体验解决问题策略的多样性。	1. 经历口算除法、一位数除多位数笔算的探索过程，会口算除数是一位数的除法，掌握笔算方法，能正确地进行计算，并能用乘法进行验算。 2. 经历在具体的情境中用估算解决问题的过程，掌握估算的一般方法，增强估算意识，形成估算的习惯。 3. 经历解决问题的过程，学会简单的、有条理的思考，能够灵活选择用合适的计算方法解决简单的实际问题。

年级	单元	上　学　期	下　学　期
三年级	第三单元	1. 结合生活实际,经历实际测量的过程,在实践活动中认识长度单位,建立长度观念。认识质量单位"吨",知道吨和千克之间的关系。 2. 知道常用的长度单位间、质量单位间的关系,会进行简单的单位换算。能估计一些物体的长度和质量,会选择用合适的单位及工具进行测量。 3. 了解用列表法分析和解决问题,体验与他人合作交流解决问题的过程。	1. 在具体的统计活动中认识复式统计表,能根据收集、整理的数据填写统计表,并能根据统计表的数据进行简单的分析。 2. 在认识、填写、分析复式统计表的过程中,进一步理解统计方法,培养数据分析观念。 3. 进一步体会统计与现实生活的密切联系,感受学习数学的乐趣,树立学好数学的信心。
	第四单元	1. 能正确计算三位数加、减三位数。 2. 理解验算的意义,会进行验算,初步养成检查和验算的习惯。 3. 经历计算法则的形成过程,在与他人交流各自算法的过程中优化算法。 4. 能结合实际情境选择计算策略,解决相关的实际问题,培养估算意识。	1. 掌握乘法的口算方法,体会算法的多样化。 2. 经历两位数乘两位数的计算过程、理解算理,掌握计算方法。 3. 在探索算法和解决问题的过程中,经历解决问题的全过程,学会用两步计算和不同的方法来解决问题。
	第五单元	1. 在操作活动中,获得"倍"概念的直观体验,结合具体情境理解"几倍"与"几个几"的联系,建立倍的概念。 2. 能解决实际问题,培养几何直观、渗透模型思想。 3. 培养问题分析和语言表达等能力,感受数学与实际生活的联系。	1. 结合实例认识面积的含义,能用自选单位估计和测量图形的面积,体会统一面积单位的必要性。认识面积单位,熟悉相邻两个面积单位之间的进率,会进行简单的单位换算。 2. 探索并掌握长方形、正方形的面积公式,会应用公式正确计算面积,能估计给定图形的面积。
	第六单元	1. 能够比较熟练地口算乘法。 2. 经历多位数乘一位数的计算过程,明白竖式中每一步计算的含义,掌握计算方法。 3. 能够结合具体情境,选取恰当的策略进行乘法估算,并说明估算的思路。 4. 能够运用所学的知识解决日常生活中的简单问题,提高解决问题的能力。	1. 认识时间单位年、月、日,了解它们之间的关系;知道平年、闰年、大月、小月、二月及其相关知识。 2. 了解 24 时计时法,会用 24 时计时法表示时刻;初步理解时间和时刻的意义,会计算简单的经过时间。 3. 更好地建立时间观念,养成遵守和爱惜时间的意识和习惯。

学期 年级 单元		上　学　期	下　学　期
三年级	第七单元	1. 通过观察、操作等活动,认识四边形,进一步认识长方形、正方形的特征。 2. 结合实例知道周长的含义,能测量简单图形的周长,探索并掌握长方形、正方形的周长公式。 3. 能根据周长公式,解决生活中的实际问题,感受数学与生活的联系。	1. 结合具体情境和几何直观图,了解小数的含义,能认、读、写不超过两位的小数,能运用小数表示一些事物。 2. 经历比较的过程,学会比较一位小数的大小,能解决简单的小数比较问题。 3. 在具体情境中体会小数加、减法的算理,会正确计算,解决简单的实际问题。
	第八单元	1. 结合具体情境,通过操作活动初步认识几分之一和几分之几;会读、写简单的分数;能比较简单分数的大小;会计算简单的同分母分数的加、减法。 2. 通过操作活动,认识分数,能解决有关分数的简单的实际问题。 3. 感悟数形结合的数学思想和方法,发展数感。	1. 经历寻找稍复杂事物排列数或组合数的过程,掌握简单搭配的方法,发展有序、全面思考问题的能力。 2. 能用比较简洁、抽象的方式进行表达,体会分类讨论思想、数形结合思想、符号化思想。 3. 探索解决问题的有效策略,感受数学在生活中的广泛应用。
	第九单元	1. 经历解决问题的过程,了解简单的集合知识,初步感受它的意义。 2. 学会借助韦恩图,运用集合的思想方法来解决较简单的实际问题,从而感受到数学与生活的相互联系。 3. 培养合作学习的意识。	
四年级	第一单元	1. 认识万以上的数及其计数单位,了解十进制计数法。掌握数位顺序表。 2. 认识自然数,会读写大数和比较大数的大小。 3. 会将大数的计数单位进行改写,会用"四舍五入"法求一个数的近似数。	1. 理解四则运算的意义,对四则运算知识进行较系统概括和总结。 2. 认识中括号,能进行简单的四则混合运算。 3. 学会用四则混合运算知识解决一些实际问题。

年级 \ 学期 \ 单元		上 学 期	下 学 期
四年级	第二单元	1. 了解测量土地时常用的面积单位公顷和平方千米,理解公顷、平方千米与平方米之间的进率。 2. 会简单的单位换算。	1. 能辨认几何组合体从不同位置观察时的形状。 2. 认识到从同一位置观察不同的物体,看到的形状可能相同,也可能不同。
	第三单元	1. 进一步认识线段、射线与直线。 2. 认识常见的角,会比较角的大小。 3. 会用量角器测量角和画角。	探索和理解加法交换律、结合律,乘法交换律、结合律和分配律,并能运用运算定律进行一些简便计算。
	第四单元	1. 理解三位数乘两位数算理并会计算,理解其内涵,运用规律使计算简便。 2. 数量关系:总价＝单价×数量,路程＝速度×时间,并运用数量关系解决实际问题。	1. 理解小数的意义,会读、写小数,会比较小数的大小。 2. 掌握小数的性质和小数点移动引起小数大小变化的规律。 3. 会进行小数的单位换算,求出小数的近似数,并会改写。
	第五单元	1. 通过观察、操作理解平行与垂直概念。 2. 掌握平行四边形和梯形的特征,通过分类、比较、归纳等理解它们之间的关系。	1. 通过操作和探索等活动,认识各种三角形以及特性,知道三边关系。 2. 通过经历探究活动,发现三角形内角和是180°,之后经历边数增加、度数变化的推理过程。
	第六单元	1. 会口算整十数除整十数、几百几十的数,掌握两、三位数除以两位数的计算方法。 2. 经历探索过程,了解商的变化规律,能运用商的变化规律简便计算。	1. 自主探索小数加、减法的计算方法,能正确进行加减混合运算。 2. 理解整数运算定律对于小数同样适用,会运用运算定律进行一些小数的简便计算。
	第七单元	1. 经历数据收集、整理、描述和分析的过程,感受统计的作用。 2. 认识条形统计图,回答并提出简单的问题和数据中蕴含的信息。	1. 认识轴对称图形及其对称轴,能在方格纸上补全轴对称图形的另一半。 2. 会在方格纸上画一个简单图形平移后的图形,发展空间观念。

年级 \ 单元 \ 学期		上　学　期	下　学　期
四年级	第八单元	1. 体会运筹学在解决问题中的作用。 2. 经历探究过程，体验策略的多样性，并积累数学的经验，感悟数学思想。	1. 体会平均数的作用，能计算平均数，能用自己的语言解释实际意义。 2. 认识并了解复式条形统计图，能根据收集到的数据在样图中完成相应的复式条形统计图，并能解决实际问题。
	第九单元		了解"鸡兔同笼"问题，了解列表法、假设法等解决问题的方法，增强应用意识和实践能力。
五年级	第一单元	1. 理解和掌握小数乘法的算理和计算方法，能正确地进行计算和验算。 2. 会用"四舍五入"法截取积（小数）的近似值。 3. 理解整数乘法运算定律对于小数同样适用，并进行小数乘法的简便运算。 4. 在解决实际问题的过程中，理解估算的意义，初步形成估算意识。	1. 能根据给出的从一个方向看到的形状图，用给定数量的小正方体摆出相应的几何组合体，体会可能有不同的摆法。 2. 能根据给出的从三个方向看到的形状图，用小正方体摆出相应的几何组合体，体会有些摆法的确定性。
	第二单元	1. 结合具体情境，能用数对（正整数）表示物体的位置。 2. 能在方格纸上用数对表示物体的位置。	1. 理解因数与倍数的概念。 2. 通过自主探索，掌握并能准确判断2、3和5的倍数，促进数感的发展。 3. 了解质数与合数、奇数与偶数。
	第三单元	1. 掌握小数除法的计算方法，能正确地进行计算；能根据算式特点，合理选择口算、笔算、估算、简算等方法灵活计算。能解决实际问题。 2. 掌握用"四舍五入"法截取商的近似值，能根据实际情况合理运用"进一法"和"去尾法"截取商的近似值。	1. 通过观察、操作，认识长方体和正方体的特征以及它们的展开图。 2. 通过实例，理解体积（包括容积）的含义，认识常用的度量单位，建立表象，会进行简单的换算。 3. 探索并掌握长方体、正方体的体积和表面积的计算方法，并能解决一些简单的实际问题。

年级	单元	上　学　期	下　学　期
五年级	第四单元	1. 在具体情境中,通过现实生活中的有关实例感受简单的随机现象。 2. 通过试验、游戏等活动,感受随机现象结果发生的可能性是有大小的。 3. 能对一些简单的随机现象发生的可能性大小作出定性描述,并能和同伴进行交流。	1. 知道分数是怎么产生的,理解分数的意义,明确分数与除法的关系,认识真分数和假分数。 2. 理解和掌握分数的基本性质,会比较分数的大小。 3. 理解并能找出两个数的最大公因数与最小公倍数,能比较熟练地应用。 4. 会进行分数与小数的互化。
	第五单元	1. 初步认识用字母表示数的作用,能够用字母表示学过的运算定律、计算公式和常见的数量关系。会根据字母所取的值,求含有字母式子的值。 2. 了解方程的作用,理解等式的基本性质,能用等式的基本性质解简易方程,体会化归思想。	1. 进一步认识图形的旋转,探索图形旋转的特征和性质,能在方格纸上画出简单图形旋转 90°后的图形。 2. 能从对称、平移和旋转的角度欣赏生活中的图案,并运用它们在方格纸上设计简单的图案,进一步感受图形变换带来的美感以及在生活中的应用。
	第六单元	1. 通过动手操作、实验观察等方法,探索并掌握平行四边形、三角形和梯形的面积公式。 2. 会用面积公式计算平行四边形、三角形和梯形的面积,并能解决生活中的一些简单的实际问题。 3. 认识简单的组合图形,并分解成已学过的平面图形并计算出它的面积。会用方格纸估计不规则图形的面积。	1. 理解分数加、减法的含义和算理,掌握分数加、减法的计算方法,并能正确地计算出结果。 2. 理解整数加法运算定律对于分数加法仍然适用,并会运用这些运算定律进行一些分数加法的简便运算,进一步提高运算能力。 3. 能用分数加、减法解决简单的实际问题,体会数学知识的应用价值。
	第七单元	1. 通过观察、猜测、试验、推理等活动,体会植树问题的模型思想。 2. 通过画线段图初步培养探索解决问题的有效方法的能力。 3. 尝试用植树问题的方法来解决实际生活中的简单问题,培养解决实际问题的能力。	1. 认识单式折线统计图和复式折线统计图,了解其特点,能根据需要用其直观、有效地表示数据,并能对数据进行简单的分析和预测。 2. 结合统计知识的学习,体会统计在生活中的意义和作用。

年级\学期\单元		上　学　期	下　学　期
五年级	第八单元		通过比较、猜测、验证等活动,探索解决问题的策略,渗透优化思想,感受解决问题策略的多样性,培养观察、分析、推理的能力。
六年级	第一单元	1. 理解和掌握分数乘法的计算方法,会计算分数乘整数、分数、小数;能运用乘法运算定律进行简便计算。 2. 经历用分数乘法计算方法和分数乘法解决简单实际问题的过程,培养分析、比较、抽象、概括、归纳、类推的能力。	1. 在熟悉的生活情境中初步认识和理解正数、负数的意义,能正确地读写。 2. 理解并掌握 0 的特殊性,知道数可以分为正数、0、负数,理解分类讨论思想。 3. 初步掌握用数轴上的点表示正、负数的方法,体会数形结合思想。
	第二单元	1. 会确定观测点,描述平面上的一个点的方向和距离;会根据方向和距离确定一个点的具体位置;会描述简单的路线图。 2. 通过想象出物体的方位和相互之间的位置关系,培养空间观念。 3. 通过用方向和距离来表示平面上的位置,初步感受坐标法的思想。	1. 理解折扣、成数、税率、利率的含义,知道它们在生活中的应用,会进行相关计算。 2. 联系已有的知识和经验进行分析、比较、归纳、推理等活动,提高解决实际问题的能力。 3. 感受数学知识和方法的应用价值,获得成功的体验,增强学习数学的信心。
	第三单元	1. 理解倒数的意义,会求一个数的倒数。 2. 体会分数除法的意义,理解并掌握分数除法的计算方法。 3. 会解决和分数除法相关的问题。 4. 体会数学与生活的密切联系,体会并掌握模型、方程、数形结合等数学思想。	1. 认识圆柱和圆锥,掌握基本特征。 2. 探索并掌握圆柱的侧面积、表面积的计算方法以及圆柱、圆锥体积的计算公式,会解决相关的简单实际问题。 3. 通过观察、设计和制作模型等活动,了解平面图形与立体图形之间的联系。 4. 通过体积公式的探索,体会转化、推理、极限、变中有不变等数学思想。

年级 \ 单元 \ 学期		上 学 期	下 学 期
六年级	第四单元	1. 理解比的意义,知道比与分数、除法的关系。 2. 理解并掌握比的基本性质,会求比值、化简比,能解答按比分配的实际问题。 3. 在理解比的意义、探索比与分数和除法之间的关系中,体会数学知识之间的内在联系,把握数学知识的本质。 4. 经历用比描述生活现象和解决实际问题的过程,感受数学知识的应用价值。	1. 理解比例的意义和比例的基本性质,会判断四个数是否能够组成比例,能正确地解比例。 2. 理解正比例和反比例的意义,掌握成正比例、反比例的量的变化规律。 3. 认识正反比例关系的图像,会根据图像找出或估计出值数据信息。 4. 理解比例尺的意义,掌握相应的数量关系,能正确地求图上距离、实际距离和比例尺。并能运用比例尺将图形放大与缩小。
	第五单元	1. 认识圆,学会用圆规画圆,掌握圆的基本特征。会用尺规设计一些图案。 2. 通过实践操作,理解圆周率的意义,理解并探索、掌握圆的周长和面积计算公式,并能解决问题。 3. 认识扇形,掌握其基本特征。 4. 在推导圆的周长与面积的计算公式中,体会和掌握转化、极限等数学思想。	1. 经历"抽屉原理"("鸽巢原理")的探究过程,初步了解"抽屉原理",运用"抽屉原理"解决一些简单的实际问题。 2. 通过"抽屉原理"的学习,增强对逻辑推理、模型思想的体验,提高学习数学的兴趣和应用意识。
	第六单元	1. 理解百分数的意义,会正确地读、写百分数,会运用百分数表述生活中的一些数学现象。 2. 掌握互化的方法。 3. 在理解、分析数量关系的基础上,正确解决有关百分数的实际问题。 4. 学会把分数的有关知识和技能迁移到百分数,体会类比的数学思想。	
	第七单元	1. 了解并掌握扇形统计图的特点。 2. 能读懂扇形统计图,从中获取必要的信息,体会统计在现实生活中的作用。 3. 知道对于同样的数据有多种分析的方法,能根据需要选择合适的统计图,直观、有效地描述数据。	

年级 \ 单元 \ 学期		上　学　期	下　学　期
六年级	第八单元	1. 通过自主探究发现并应用图形中隐藏着的数的规律。 2. 会利用图形规律来解决一些问题。 3. 在解决数学问题的过程中,体会和掌握数形结合、归纳推理、极限等基本的数学思想。	

　　"玩转数学"课程总体目标和年级目标的分层细化解读,为课程内容的设置与实施提供了依据,也让儿童在实现知识进阶的同时,实现数学素养在数学教学中的达成。

第三节　绘制多维目标的课程蓝图

为了实现上述课程目标,我们努力构建"玩转数学"课程体系,根据儿童的认知规律,遵循由易到难、循序渐进的原则,通过系列课程发展儿童的逻辑思维能力,为儿童的数学发展提供课程支持。

一、学科课程结构

依据《义务教育数学课程标准(2022 年版)》中的相关要求,结合我校数学学科课程理念,我们通过"数与代数""图形与几何""统计与概率""综合与实践"等四大领域对课程进行重构,从"心中有数""随物赋形""统而言之""躬行实践"等四个方面构建我校"玩转数学"课程体系。(见图 6-1)

图 6-1　郑州市管城回族区实验小学"玩转数学"课程结构图

1. 心中有数

通过"小圈转转，数字变变""购物大清算""计算大比拼""小小收银员"等微型课程的实施，学生学会自己总结计算法则和方法发展数感，理解生活中数的意义和具体情境中的数量关系，提高运算能力，理解运算的算理，并寻求合理、简洁的运算途径解决问题。培养符号意识与模型思想，理解符号的使用是数学表达和进行数学思考的重要形式。

2. 随物赋形

通过"小积木，大秘密""七巧板大变身""手指尖的智慧""形状大狂欢"等微型课程的实施，发展空间观念和几何直观，直观地理解数学。把复杂的数学问题变得简明、形象，有助于探索解决问题的思路。预测结果，在整个数学学习过程中都发挥着重要作用。

3. 统而言之

通过"环保小问卷""精彩足球赛""小鱼分分类"等微型课程的实施，了解在现实生活中有许多问题应当先做调查研究，再收集数据。通过分析作出判断，体会数据中蕴含着信息，了解对于同样的数据可以有多种分析的方法，需要根据问题的背景选择合适的方法，通过数据分析体验随机性。

4. 躬行实践

通过"是谁惹的祸""疯狂大购物""解密数独""我们的校园"等微型课程的实施，能有意识地利用数学的概念、原理和方法解释现实生活中的现象，解决现实生活中的问题。能独立发现和提出问题，独立思考，学会思考，对得到的猜想和规律进行归纳概括并加以验证，提高实践能力。

二、学科课程设置

"玩转数学"的内容不仅要学习教材上的数学，还要学习教材之外的数学。"七巧板大变身""解密数独""制作商品编码""营养餐食谱""抽奖中的学问"等都是从教材中的知识延伸出来的，既增加了难度，又融合了数学的其他知识。依据《义务教育数学课程标准(2022年版)》和以上课程结构，基于教材，结合学段目标，我校将"玩转数学"课程设置如下。(详见表6-2)

表6-2　郑州市管城回族区实验小学"玩转数学"课程设置表

年级＼学期＼主题		心 中 有 数	随 物 赋 形	统 而 言 之	躬 行 实 践
一年级	上学期	小圈转转 数字变变	小积木,大秘密	小鱼分分类	是谁惹的祸
	下学期	购物大清算	七巧板大变身	分一分,数一数	疯狂大购物
二年级	上学期	计算大比拼	手指尖的智慧(上)	找角	数字谜
	下学期	我当小导游	手指尖的智慧(下)	一起来跳绳	解密数独
三年级	上学期	小小收银员	好玩的数学	我的时间我做主	制作商品编码
	下学期	选出优惠方案	形状大狂欢	精彩足球赛	我们的校园
四年级	上学期	归纳与整理	一起做展架	做时间的主人	晨练
	下学期	营养餐食谱	魔法数学	跑道大分配	数学与头脑 相遇的地方
五年级	上学期	福尔摩斯破案	数学漫游记	抽奖中的学问	轻松度假期
	下学期	旅行计划	鸡笼大改变	环保小问卷	数学探险
六年级	上学期	数学训练营	"圈"地运动	魔力火柴	逆流挑战赛
	下学期	生活数学	数形之旅	生日PARTY	最强大脑

三、学科课程内容

　　数学课程内容是实现课程目标的重要载体。数学课程内容不但要介绍数学知识结构,还要展现知识的形成与应用过程,从而加深对数学知识的理解和应用。(见表6-3)

表6-3 郑州市管城回族区实验小学"玩转数学"拓展课程内容表(部分)

年级	学期	课程名称	学 习 目 标	学习要点
一年级	上学期	小鱼分分类	在现实情境中理解、认识1—20各数;会用上、下、左、右、前、后描述物体的相对位置;认识时间。	位置 1—20的认识和加减法
		小圈转转 数字变变	能熟练地口算20以内的加减法。	20以内加减法
		小积木,大秘密	通过实物和模型辨认长方体、正方体、圆柱和球等几何图形。	认识图形(一)
	下学期	购物大清算	在现实情境中,认识人民币;体验运用所学的知识和方法解决简单问题的过程,获得初步的数学活动经验。	认识人民币 分类与整理 找规律
		七巧板大变身	培养空间想象能力和创造力;使用七巧板和立体图形进行创意拼搭。	认识图形(二)
		疯狂大购物	能口算简单的百以内的加减法。	20以内的退位减法 100以内的加减法
二年级	上学期	计算大比拼	能熟练地口算百以内的加减法和表内乘法。	100以内的加、减法 表内乘法
		手指尖的智慧(上)	结合生活情境认识角;在实践活动中,体会并认识长度单位和认识时间。	长度单位 认识时间 角的初步认识
		数字谜	通过实践活动,感受数学在日常生活中的作用。	观察物体 搭配(一)
	下学期	我当小导游	在生活情境中感受大数的意义;能熟练地口算表内除法;认识小括号,能进行简单的整数四则混合运算(两步)。	表内除法 混合运算 有余数的除法 万以内数的认识
		手指尖的智慧(下)	结合实例感受平移、旋转、轴对称现象;在现实情境中,感受并认识克和千克。	图形的运动(一) 克和千克
		解密数独	探索简单情境下的变化规律和排列规律。	推理

年级	学期	课程名称	学　习　目　标	学习要点
三年级	上学期	小小收银员	在现实情境中理解万以内数的意义；能计算一位数乘多位数的乘法；结合情境认识分数。	万以内的加减法 倍的认识 多位数乘一位数 分数的初步认识
		制作商品编码	结合生活实际，探索规律。	数字编码
		好玩的数学	结合自己的生活经验体验时间的长短；结合实例认识周长，并能测量简单图形的周长，探索并掌握长方形、正方形的周长。	时、分、秒 测量 长方形和正方形
	下学期	选出优惠方案	两位数乘两位数；小数的初步认识，经历简单的数据收集和整理过程，并能用自己的方式呈现整理数据的结果。	两位数乘两位数 复式统计表 小数的初步认识
		我们的校园	结合校园认识面积，体会并认识面积单位，探索并掌握长方形、正方形的面积公式；会计算除数是一位数的除法。	面积 除数是一位数的除法
		好玩的数学	给定东、南、西、北四个方向中的一个方向，能辨认其余三个方向；认识年、月、日，了解它们之间的关系。	年、月、日 位置与方向（一）
四年级	上学期	归纳与整理	结合生活学会三位数乘两位数；能计算除数是两位数的除法。	三位数乘两位数 除数是两位数的除法
		晨练	通过情境认识大数；知道面积单位平方千米和公顷；结合生活认识平行四边形和梯形。	大数的认识 公顷和平方千米 一亿有多大 平行四边形和梯形
		做时间的主人	根据实际问题设计简单的调查表，能选择适当的方法收集数据，认识条形统计图；通过应用，了解所学知识之间的联系，获得数学活动经验。	条形统计图 优化

年级	学期	课程名称	学　习　目　标	学习要点
四年级	下学期	营养餐食谱	认识中括号,能进行简单的整数四则混合运算;探索并了解运算律,会应用运算律进行一些简便运算。	四则运算 运算定律
		魔法数学	通过观察、操作等活动进一步认识轴对称图形;会根据实际问题收集数据并整理成调查表,并用条形统计图有效地表示数据;认识三角形,会给三角形分类。	三角形 图形的运动(二) 平均数与条形统计图
		数学与头脑相遇的地方	结合实例进一步认识了解小数,会算小数加法和减法;能运用所学数学解决生活中的一些特殊问题。	小数的意义和性质 小数的加法和减法 鸡兔同笼
五年级	下学期	福尔摩斯破案	能根据生活情境分别进行小数乘除法,能解决小数的简单实际问题;在具体情境中能用字母表示数,结合简单的实际情境了解等量关系;会用方格纸估计不规则图形的面积。	小数乘法 小数除法 简易方程 多边形的面积
		抽奖中的学问	通过游戏感受可能性;通过体验掷一掷,简单地描述原因。	可能性 掷一掷
		数学漫游记	能根据问题相对于参照点的方向和距离确定其位置,会描述路线;通过应用和反思,进一步理解所用的知识和方法。	位置 植树问题
	下学期	旅行计划	有目的、有设计、有步骤、有合作的实践活动,通过活动了解公因数和最大公因数;结合具体情境进一步理解分数,会进行分数的加减法。	因数与倍数 分数的意义和性质 分数的加减法
		数学探险	通过观察、操作等,在方格纸上认识图形的平移与旋转,能在方格纸上按水平或垂直方向将简单图形平移,会在方格纸上将简单图形旋转 90°;能在方格纸上用数对确定物体的位置。	观察物体(三) 探索图形 图形的运动(三)
		环保小问卷	通过情境进行数据收集,并把数据用折线统计图表示出来。	折线统计图 找次品

年级	学期	课程名称	学 习 目 标	学习要点
六年级	上学期	数学训练营	通过生活情境会分数乘法、分数除法和认识百分数;创设生活中的"节约用水",把所学运用到生活中。	分数乘法 分数除法 百分数(一)
		"圈"地运动	通过活动理解比及按比例分配的含义,认识成正比例关系和成反比例关系的量;在这个过程中认识圆。	位置与方向 比 圆
		魔力火柴	通过火柴拼图了解数与形,并通过实际操作会收集数据,并学会用扇形统计图。	数与形 扇形统计图
	下学期	数形之旅	在创设的情境中会按给定的比例进行图上距离与实际距离的换算,并在这个过程中认识圆柱与圆锥。	圆柱与圆锥 比例
		生活数学	结合生活认识百分数的运用,进一步学习百分数,通过自行车把数学和生活结合起来,体验解决问题的过程。	负数 生活与百分数 百分数(二) 自行车里的数学
		最强大脑	通过游戏等活动,会用所学的知识和方法解决问题,获得数学活动经验。	鸽巢问题

通过对课程内容的整体分析和适度整合,基于数学核心素养的培养要求,合理规划了数学课程内容,注重让儿童经历真实情境下的活动过程,增强了认识现实世界、解决真实问题的能力,提升了儿童的数学素养。

第四节　构建多样化的评价体系

依据《义务教育数学课程标准(2022年版)》,围绕"玩转数学"的课程理念,我们将从"玩转课堂""玩转课程""玩转数学节""玩转研学""玩转社团"这五个途径入手进行课程实施与评价。

一、建构"玩转课堂",积累数学活动经验

"玩转课堂"是以活动为主要开展形式,强调儿童亲身经历,在活动中发现和解决问题,体验感受。通过开放、自主的探究形式完善儿童的认知结构,提高儿童的自我规划和自主选择能力。

(一)"玩转课堂"的实践操作

"玩转课堂"内容立足于数学教材,在更广阔的空间里开展数学学习活动。因此,"新""活""乐""效"就是"玩转课堂"的关键。

新——选择贴近儿童实际的课程内容,创设具有创新性的问题情境,有利于儿童的体验与理解、思考与探索。

活——课堂活动是师生积极参与、交往互动、共同发展的过程,教师应调动儿童的积极性,让儿童积极思考、动手实践、自主探索、合作交流。

乐——教学过程应激发儿童兴趣,引发儿童的数学思考,鼓励儿童的创造性思维。让儿童在观察、实验、猜测、计算、推理、验证等过程中自主解决问题。

效——学习评价时,要全面了解儿童学习的过程和结果,通过多元的评价体系激励儿童的学习,帮助儿童认识自我、建立信心,同时改进教师的教学。

(二)"玩转课堂"的评价标准

根据"玩转课堂"的内涵,从以下几个维度来对课堂进行评价。评价标准具体如下。(见表6-4)

表6-4 郑州市管城回族区实验小学"玩转课堂"评价表

评价项目	评 分 标 准	分值	评价
新	1. 老师能创新地开发利用"例题",通过创设情境引导儿童进入数学活动并开展数学活动。 2. 儿童有新想法、新观点时,教师能够因势利导。	20分	
活	1. 脑"动"起来,手"动"起来。用实际操作和具体的数学活动进行观察和分析,从而验证一些数学结论的正确性。 2. 儿童参与度高,情绪饱满,体验成功的快乐。教师能提供丰富的学习资源,满足儿童的多样化学习、探究与思考的需求,激发儿童积极参与学习,并且表现在行为、思维及情感上的积极参与。	20分	
乐	1. 引导儿童能主动发现问题,敢于提出问题。 2. 引导儿童能自主解决问题,师生交流和谐,生生交流有效。	25分	
效	1. 大部分儿童都已经到预期的学习目标。课堂练习、操作的正确率高。 2. 儿童能灵活运用学到的知识。对于"开放性"练习,大部分儿童也能做对。	35分	
总结	评价及建议:	合计:	

二、开设"玩转课程",促进儿童积累学习经验

"玩转课程"是在国家规定的基础课程之上,根据儿童的年龄特点、数学学习情况等开设的实践探究课程。

（一）"玩转课程"的实践操作

"玩转课程"提倡以儿童的现实生活和学习实践为基础,要求儿童积极参与到活动中去,在"观察""实验""探究"等一系列活动中发现和解决问题、体验和感受生活。

"玩转课程"是学习好玩、有趣、有魔力的数学,在五彩缤纷的数学学习活动中,学会独立思考、自由探索,行走在智慧数学学习中。儿童的学习形式是以"自主学习为主线,师生、生生信息互动为主体"的方式进行的。

1. 联系生活,开发数学课程案例

数学教育最好的方法就是将抽象理论和现实生活相结合,"玩转课程"就是把数学知识与具体现实世界的生活相联系,让儿童与数学概念间建立起相互联系,以此来思考数学知识。

2. 聚焦素养,激活数学课程实施

提升儿童的核心素养要依靠学科教学,"玩转课程"是通过实践、探究、体验、感悟的学习过程,积累基本的数学活动经验,发展数学思维能力,拓宽数学视野,培养核心素养。

3. 挖掘资源,丰富数学课程内容

新课程理念拓展了课程资源的外延,"玩转课程"正是从实践活动中挖掘提炼课程资源,在更广阔的空间里开展数学学习活动,使课程资源向更加辽阔的远方延伸。

4. 发挥特长,促进数学思维方法

每一个儿童都有其优点与长处,而"玩转课程"正是用新的方法、新的思维解决问题,充分发挥儿童的特长和聪明才智。

5. 激发兴趣,提升数学创造力

兴趣是儿童各种创造能力、求知欲望的原动力,"玩转课程"在立足课堂教学这个主战场的同时,在实践活动中增强儿童学习数学的兴趣。

(二)"玩转课程"的评价标准

在"玩转课程"中,评价方式要更丰富,评价维度要更多元,通过教师评价、自我评价、学生互评、家长评价等对学生的学习进行全方位评价。评价要产生良好的价值导向,并关注儿童在活动过程中的差异、活动前后发生的变化,可以从以下几个角度进行评价:儿童提问有新意,操作过程有创意,合作学习有效率,结果呈现有特色,反思拓展有眼光,自我感受有收获,兴趣动力有增强,数学素养有提高。(见表 6 - 5)

表6-5　郑州市管城回族区实验小学"玩转课程"评价表

项目	评　价　内　容	评价形式	评价等级
理念	数学教学活动,应激发学生的数学学习兴趣,调动学生的积极性,让学生能够进行深度思考,发展学生的创造性思维,使其掌握良好的数学学习方法。	有活动方案、学期活动小结等。	
设计	制定以活动为主要实施方法的课程纲要,并根据课程纲制订一份具体的课程实施计划。	有活动记录、课程纲要。	
实施	能根据教学计划,精心准备,坚持因材施教,认真指导。课程实施能满足儿童的兴趣发展需求,重视发展儿童的个性特长,能开发出适合儿童特点和利于儿童发展的数学课程,重视培养儿童的实践能力和创造能力,儿童不断有新的收获。	有活动记录、儿童问卷调查、随机访谈、儿童活动感受记录。	
评价	按照课程要求制定出个性化的儿童评价方案,组织好对儿童的发展评价,认真做好评价工作,促使儿童更有兴趣地投入到下一阶段的学习中。	有评价方案、儿童成果展示。	
反思	能够根据课程纲要的设计、课程实施和课程评价中的各个环节进行思考,形成有效的经验和建议,并积极完善课程。	个别访谈、反思。	

三、开展"玩转数学节",激发儿童创造潜能

"玩转数学节"是由各年级的老师们精心策划,通过不同内容主题的展示活动,给儿童搭建一个学数学、玩数学的平台,激发儿童学习数学的兴趣,充分感受数学的无穷魅力,让儿童了解数学的实用、趣味,在快乐中体验数学,发现数学就在我们身边。

（一）"玩转数学节"的实践操作

数学节不仅能丰富校园数学文化,凸显数学元素,还能增强儿童学习数学的信心。每一个活动,儿童都能玩得尽兴,乐在其中。具体的课程安排如下。（见表6-6）

表 6-6 郑州市管城回族区实验小学"玩转数学节"课程安排表

课 程 内 容	课 程 实 施 要 求
小小故事会	把枯燥的数学知识,通过活泼的形式、有趣的故事转化成一些生活常识,让儿童更加直观、轻松地认识数学、爱上数学,从而激发学习兴趣。
数学趣味邮票制作	了解邮票的作用,理解、掌握邮票所包含的数学知识,感受数学在生活中的价值,增强儿童应用数学的能力。
快乐的七巧板	想象,是儿童思维的翅膀;创造,是童心的展示。通过七巧板拼图活动,培养儿童的科学想象能力和创新意识,鼓励儿童用灵巧的小手描绘神奇的幻想世界。
趣味数学猜猜猜	让数学与趣味同行,让数学文化渗透校园,让快乐和智慧走近儿童,让每一个儿童真正走进数学,感受数学,喜欢数学,在数学学习活动中得到快乐。
学具制作	数学是学好科学的基础与工具,它是启迪智慧、开发智力、培养创新意识和提高实践能力的重要学科之一。通过学具制作活动,儿童在生动、活泼、实践的操作活动中,让数学远离枯燥,焕发光彩。
24 点游戏	通过扑克牌来完成的智力游戏,靠的是儿童临机和速算能力。它能够提升大脑思维的逻辑性,提高记忆力和头脑清晰度。
跳蚤市场	儿童把家中闲置的文具、玩具、小饰品、图书拿到摊位与同学钱物交换,从而培养儿童节约资源、爱护环境的意识和良好的行为习惯,通过自主经营,体验"公平买卖"和"劳动快乐",结识更多的朋友。
实践活动展示	精心制作的加减法表,美丽纷呈的数学画报,充满趣味的对称图案,丰富多彩的班级展板,用心书写的数学日记,都是儿童数学素养的精彩呈现。

"玩转数学节"是儿童在听、讲、看、说、思考、感受等学习数学的过程中了解数学的博大精深,领略数学世界的精彩,经历数学探索的过程,感受数学的无穷魅力。

"玩转数学节"是儿童在用数学的过程中,发现数学无处不在。丰富多彩的生活中蕴含着大量的数学知识,儿童善于发现这些知识,并用来解决实际问题,从而品味到数学的妙趣横生,感受到数学与现实生活的密切联系。

"玩转数学节"是儿童在体验的过程中爱上数学,受益终身。要使儿童学好数学,必须让儿童喜欢数学。从儿童的角度出发,引导儿童乐学,体验成功的喜悦,激起无穷的力量。

(二)"玩转数学节"的评价标准

"玩转数学节"课程评价是对节日课程活动效果的有效促进,节日课程的设计要规范、科学,评价也要有依据。评价应多样化,并且能够恰当呈现并合理利用评价结果。老师能够从中全面了解儿童数学学习的过程和结果,激励儿童学习。具体评价表如下。(见表6-7)

表6-7 郑州市管城回族区实验小学"玩转数学节"评价表

项目	评 价 标 准	得 分
主题	鲜明、新颖、与时俱进,有明确的指向性。时代感强,体现学校儿童成长特质的要求。(15分)	
内容	活动内容新颖,符合儿童的年龄特征。活动环节有效,有说服力和感染力。结合实际,贴近儿童的生活和社会现实。(30分)	
形式	寓教于乐,有利于儿童个性特长的展示。层次分明,结构完整紧凑。丰富多样,儿童喜闻乐见。环境营造恰当,较好地深化节日的主题。(20分)	
过程	儿童参与积极性高,主体作用发挥好。循序渐进,激发儿童更加热爱祖国、热爱生活、热爱他人的情感。符合儿童的认知特点和情感发展规律。教师引导儿童有方,指导有度。(20分)	
效果	儿童积极参加,感悟深刻,激起情感共鸣。儿童精神振奋,思想境界得到提升。(15分)	
亮点及建议:		合计:

四、推行"玩转研学",感受数学活动的魅力

"玩转研学"强调儿童亲身经历、参与少先队活动、场馆活动和主题教育活动,参观爱国主义教育基地等。在活动中发现和解决问题,获得有积极意义的价值体

验。注重因地制宜,兼顾低、中、高段学龄认知规律,精心设计研学前、中、后活动方案,形成完整的研学旅行课程体系。通过开放、自主的探究形式来完善儿童的认知结构,提高儿童的自我规划和自主选择能力。

(一)"玩转研学"的实践操作

数学教育最好的方法就是将抽象理论和现实生活相结合。而研学作为学校教育和校外教育衔接的创新形式和综合实践育人的有效途径,如何带领学生通过研学的切身体验,了解国情、热爱祖国、开阔眼界、增长知识,培育社会责任感、创新精神和实践能力,需要学校、社会的共同探索。具体的课程活动安排如下。(见表6-8)

表6-8 郑州市管城回族区实验小学"玩转研学"课程活动安排

年级	研学主题	研学目标	课时安排	研学内容
一年级	走进动物王国,与快乐相伴	1. 近距离接触小动物,感受春天的美好,体会游中学、行中思的乐趣。 2. 开拓视野,丰富学生的生活,感受大自然的美妙。 3. 增进学生之间的感情,认识和了解动物,学会保护动物,认识到人与自然应和谐相处。	1	准备带什么物品? 数一数大巴车上男生、女生的人数。 喜欢的动物有几只? 发现了哪些有趣的图案?画一画。
	生活中的比一比	1. 通过在超市中对物体的具体数量、大小、轻重的比较,感知多一些,多得多,少一些,少得多。 2. 学生在比较的同时进行估计,培养学生的观察分析能力。 3. 感受数学与生活的密切联系。	1	选择一些想要购买的蔬菜、水果,通过观察、触摸等估计其轻重、大小、多少等。 估计"妈妈和我"谁手里的物体数量多等。
二年级	动物王国,我们来了	1. 通过去银基动物王国的研学,学生了解部分动物的外形、种类、数量,提升学生对自然的热爱之情。 2. 完成研学单上的题目,有自己的发现和收获。 3. 通过数学知识、技能解决实际问题。	1	准备了哪些物品?分类整理,填表。 查阅动物王国的资料,记录下来。 记录发现的数学信息。 用数学知识解决了什么问题?

年级	研学主题	研　学　目　标	课时安排	研　学　内　容
二年级	数学的对称之美	1. 通过形式多样的活动,在动手操作中理解轴对称,感受知识的形成过程。 2. 能从诸多图形中辨别出轴对称图形。 3. 能辨认生活中的对称现象。	1	从生活中常见的建筑物、食品、家具、电器等中发现更多的轴对称图形。画一画,剪一剪。
三年级	我们的体育节,我们做主	1. 通过体育活动方案的设计,让学生根据实际情况小组内分工合作,认真查阅资料,有计划、有组织地制定活动进度和讨论活动整体方案,激发学生参与学习活动的积极性。 2. 在动中思、玩中学,从中获取知识,发展学生的数学思维,培养学生解决问题的能力,寓教于乐,推动学生的全面发展。 3. 运用学过的数学知识,如统计、面积、时间等,来解决生活中的数学问题,体会到数学与生活的密切联系。	1	根据不同体育项目的准备时间、总共用时,计算需要的时长以及开始时间和结束时间。 根据比赛人数及观赛人数,画出每个班的位置图。
	参观二七塔,传承红色基因	1. 通过收集有关二七塔的资料,了解塔高、楼层、容纳的人数、展览内容等基本信息。 2. 会根据路程提前选择要乘坐的交通工具及参观时间,记录自己印象最深刻的英雄事迹。	1	提前了解二七塔塔高,建筑风格。 预约参观日期、时间。 展厅内的内容。 交流收获。
四年级	当数学遇上科学	1. 通过研学,知道与周围常见事物有关的浅显的科学知识,并能应用于日常生活。 2. 了解科学探究的过程和方法,尝试应用于科学探究活动,逐步学会科学地看待问题。 3. 通过数学知识、技能解决实际问题的过程,保持学生对各科知识的求知欲,形成学有所用和以用促学的良性循环。	1	如何安排自己的出行时间、路线、交通工具、参观时间。 查阅、收集科技馆的简介及相关数据信息。 观察、发现莫比乌斯带的奥秘,并制作一个。

年级	研学主题	研学目标	课时安排	研学内容
四年级	商城遗址中的数学	1. 会从唯一性的角度理解三角形的稳定性,会从牢固的角度理解三角形的稳定性、四边形的易变性。 2. 运用已有的生活经验,明确走中间这一条路是最近的,即感受两点间所有连线中线段最短这一概念。 3. 通过摆一摆、拼一拼等多种方法,运用数学经验和方法发现规律,并解决实际问题。	1	观察公园篱笆的形状,解释其道理。 如何制作一个三脚架? 解释围成三角形的 3 条小路的关系。 如何制作一个风筝?
五年级	跟着唐宫小姐姐走进河南省博物院	1. 了解河南省博物院悠久的历史文化,激发学生的学习兴趣。 2. 收集并记录馆藏文物的数据信息,了解其年代、器形特征等。 3. 通过实际参观,亲身体验,提高学生解决实际问题的能力,提升学生的综合素养。	1	学生能提前规划好路线,预约进馆日期,合理安排参观时间,了解博物院的文物展览信息,细心观察,用心倾听,认真记录。
	文明祭奠,和谐清明	1. 通过地图 APP 了解烈士陵园距离学校的位置与方向。 2. 能选择合适的交通工具,会做出行计划。 3. 会绘制参观纪念馆、祭拜革命先烈的线路图。	1	准备工作及费用。 了解清明节的来源、习俗等。 画出参观、祭拜路线图。 介绍我心中的英雄。
六年级	我是理财小能手	1. 通过调查银行最新的存款利率,知道利率是不断变化和调整的。 2. 了解自己家庭的理财方式,比较并设计出合理的存款方案。 3. 学会科学理财,理解数学在现实生活中的应用价值。	1	查询银行最新的存款利率。 拿出自己的一部分压岁钱,选择合理的存款方案。
	妈妈,我爱您	1. 通过查阅资料,对比观察,了解一寸是多少厘米。 2. 运用学过的数学知识解决买蛋糕过程中的实际问题,如:蛋糕照片与实物的比例,储存温度及日期等数学问题。 3. 体会生活中处处有数学,引导学生综合应用数学知识和方法解释日常生活现象,发展学生的实践能力。	1	查阅资料,了解蛋糕的尺寸。 计算图片的缩小比例。 收集面包、果酱包装上有价值的数学信息。 怎样购买最划算? 付款的方式。

基于以上研学活动安排及学生的年龄特点,"玩转研学"课程具体的实施过程如下:

1. 研学时间

根据学生上课时间的安排主要分为两个阶段,学期中开展的研学活动每个年级每学期至少进行 1 课时,在学期中段进行。根据研学地点的不同,由教师或家长带领进行研学。寒暑假各 1 次,由家长带领完成。

2. 研学地点

学生学习数学的环境不再局限于教室,而是打通校内外,连接家庭,走进自然,走向生活世界的立体学习场景。学期中主要在美术馆、城墙遗址公园、博物馆、公园、图书馆、科技馆、纪念馆、消防队、蛋糕房、电影院等地点进行研学活动。寒暑假时学生就可以跟随家长到郑州市区以外的城市,如北京、上海、苏州、西安等地进行研学活动。

3. 研学实践单的设计

首先,由各年级教研组长根据季节、节日和本学期所学数学知识确定研学的地点和主题;其次,根据主题制定研学目标、研学内容、注意事项、评价方式等方面的内容。研学内容不仅要关注学生在研学过程中的体验和发现,更要注重研学前的准备工作和研学后的收获和思考。有时,在同一主题下不同年级有不同的研学目标、研学内容和评价标准;研学单确定后,再交由学校教导科审核并提出修改意见和建议。最后,年级统一打印并下发给学生,讲明研学的任务。

4. 研学方式

学生围绕研学实践单,展开研学前的准备工作,并由教师或家长带领进行有目的的研学,随时记录下自己的发现,获取有价值的信息,认真完成研学实践单。有时根据内容的不同,会以小组为单位进行活动,学生在和小组成员的交流中激发自身的数学智慧,最终圆满完成研学活动。

5. 交流和展示

学生在研学过程中会有许多新的发现、问题和感受,先写在研学实践单的相应位置,到校后在班级内进行交流和展示,并将完成较好的学生在研学过程中的视频、照片、实践单在学校展示。这样不仅给学生提供了展示和交流的平台和机会,还能感受到更多数学的好玩和有趣。根据以上认识,我们设置了"玩转研学"课程。

（二）"玩转研学"的评价标准

"玩转研学"评价要求做到研之尽兴,学之扎实,旅之有获,行之成长。（见表6-9）

表6-9　郑州市管城回族区实验小学"玩转研学"评价表

评价项目	评　价　标　准	权重分	得分
课程设计	确定研学目标、研学内容、评价方式。 体现实践性和创新性。	15分	
课程实施准备	准备要充分,在过程中关注儿童良好习惯的培养与课程教师的专业成长。	15分	
安全保障	安全方案与应急预案制定合理,处理突发事件及时,师生安全有保障。	20分	
教师评价	教师丰富的评价语言对学生学习数学、完成各项活动起到了很好的激励作用。学生看到教师给予的认真细致的评语后,心里的感受定然是不一样的。	10分	
家长评价	让家长参与到学生的作业评价中来,对学生的数学学习情况进行及时反馈。有些家长会在学生的研学单上进行一些针对性很强的评价,有查找原因型的,也有鼓励型的,更多的是为学生提出明确的改进方向。	10分	
学生评价	学生自我评价时会得到关于活动任务的清晰描述,从而让他们可以思考自己已经学习了什么,以及还需要学习什么。学生互评,原因是学生都比较乐意听取不同的人对他们提出的批评与建议,且同龄人之间交流起来也比较容易。	10分	
活动总结	通过公众号发布信息、书写感受、班会交流等形式对活动效果进行总结。	20分	
		合计得分:	

五、开设"玩转社团",提高问题解决能力

"玩转社团"能让儿童感受数学知识间的相互联系,体会数学的作用,掌握所学的常见数量关系和解决问题的方法,能够发现和提出数学问题,并能够灵活地运用所学知识分析和解决生活中一些简单的实际问题,体会和掌握基本的数学思想,积累基本的活动经验,提高应用意识和创新意识。

（一）"玩转社团"的实践操作

"玩转社团"根据各年级儿童的特点,制定了不同的学习模式。低年级的社团活动包括数学游戏活动社团、数学绘本阅读社团等,由老师和家长带领儿童进行。中高年级是利用周末和节假日,儿童自由组合成学习小组进行学习,如:有趣的数学故事交流社团、分享数学家的故事社团、探秘数学知识的由来社团、数学文化赏析社团等。具体课程安排如下。（见表6-10）

表6-10　郑州市管城回族区实验小学"玩转社团"课程安排表

社团名称	课　程　内　容
七巧板社团	用七巧板创造出无数创意画面,与其他学科有机融合,在简单的拼摆中,体会边角之间几何关系的奥妙无穷,发现数学规律。
数独社团	把简单的填数字游戏由易到难,逐渐深入,在尝试、感悟的过程中,体验数独带来的乐趣,启迪智慧,开发智力。
数字编码社团	了解生活中的现代编码技术,打开视野,体验编码的实践过程,用数学的眼光、意识和能力,加强数学与生活的联系。
立体拼搭社团	用积木、磁力棒、磁力片、雪花片等材料,通过自己动手摆、说、拼等运用所学的知识拼搭立体图形,培养学生的空间观念。
定向运动社团	借助地图或导航工具,通过完成任务到达终点,提高学生的身体素质及独立思考、解决问题的能力。
魔方社团	选择不同组合的魔方,通过贴纸、配色发现其特点,在解法技巧和复原的过程中培养学生的手眼协调性及空间判断能力,提高学生的反应速度。

"玩转社团"通过各种实践活动的开展,让儿童在玩中学习应用,延伸所学的数学知识,充分感受数学的乐趣,激发学习数学的积极性,提高学习热情。进一步提高综合运用所学数学知识解决实际问题的能力,发展实践能力。

"玩转社团"让儿童走进生活,用数学的眼睛观察生活,在实践与体验中感受数学与生活的密切联系,提高数学的应用意识。同时,在活动中树立榜样,对其他儿童的学习起到引领作用,由此带动更多的儿童积极地参与到数学学习和数学活动中来,提高全体儿童的数学素养。

（二）"玩转社团"的评价标准

"玩转社团"从儿童的兴趣出发,以儿童的动手操作为主,在游戏、观察、拼图、制作、比赛等形式多样的活动中找到事物存在的规律,在比赛中归纳总结出取胜的方法,从而达到提高学习数学的兴趣,发展思维能力的目的。

在实施过程中,以教材内容为知识的基点,适当地对所学知识进行拓展巩固。将数学知识寓于游戏之中,教师适当穿针引线,把单调的数学过程变为艺术性的游戏活动,在游戏中学习,在玩中收获。(见表6-11)

表6-11　郑州市管城回族区实验小学"玩转社团"评价表

项　目	评　价　标　准	得分
社团机构与管理	社团管理体制完善,机构设置合理,制定符合儿童实际的社团建设实施方案、课程刚要、课时教案。(10分)	
	建立、健全并严格执行社团各项规章制度。(5分)	
	社团人数适合,规模适度,成员资料档案齐全。(5分)	
	社团要突出儿童的主体性和创造性,在社团活动中自治自理、健康发展。(5分)	
活动组织和开展	社团活动内容丰富,形式多样,体现实践性和综合性,有利于培养和锻炼儿童多方面的素质,表现校园文化精神。(10分)	
	社团活动时,指导教师要关注到每一个儿童在活动中的表现及收获,并及时反馈和评价。(15分)	
	社团活动结束后,要有阶段性工作总结,尤其是要结合本社团前期活动中出现的问题及活动的效果,提出改进建议。(15分)	
成果汇报	通过个人回答、板演、小组汇报,了解儿童的学习态度和能力,考察儿童用心倾听,积极发言,认真思考,善于合作。(20分)	
	通过数学日记、手抄报和最满意的一次作业,以成果展示的形式回顾活动历程。(10分)	
	通过综合评价:儿童自评、互评和老师、家长的评价相结合,给每个儿童作出综合评价。(5分)	
评估方法	实地查看　材料核实　师生座谈　成果展示　活动巡查	
	合计得分:	

总之,"玩转数学"课程贯穿了玩数学、说数学、做数学的课程精髓。通过动手操作,体验创造和竞争带来的乐趣,在做中学,做中思,做中悟,从而深入感悟数学,感受数学的应用价值和神奇力量。

(撰稿人:王莉君　宋菲菲　薛帅博　娄靖舒　王文景　李雅利)

后记

光阴似箭,岁月如梭,转眼间,本书的撰写工作已经悄然接近尾声。回首写作期间的点点滴滴,依然历历在目。

本书写作是一个漫长而有挑战的过程,有赖于团队精诚协作。各个成员认真细致,努力刻苦,翻阅国内外大量文献,取其精华,剔其糟粕,建立了严谨而周详的逻辑链条,厘清结构与解构的内涵及其辩证关系,为本书观点提供了强有力支撑,争取让读者信服,有所收获。在写作过程中,常常在一小段文字甚至一句话上面斟酌讨论良久,越研究,迸发的灵感就越多,思考得就越深入,越容易产生新的收获,这让我们都有了"山重水复疑无路,柳暗花明又一村"的兴奋感! 因此,更深刻地体会到了"世上无难事,只要肯攀登"的真谛。我们定坚守初心,不断超越自我,创新性地走在数学研究的前列,为数学教育教学事业贡献一份力量!

（撰稿人：杨　雯）

"品质课程"阅读书目

学校整体课程规划
学校整体课程规划的七个关键
教学诠释学

特色学校聚焦丛书

让个性自然发荣滋长："引发教育"的理论寻源与实践探索
面向每一个生命的教育
让每一个生命澄澈明亮："小水滴"课程的旨趣与创意
新劳动教育：时代意蕴与实践创新
自信教育与个性生长

跨学科课程丛书

像博士一样探究：PHD 课程的创意与探索

核心素养导向的课堂教学丛书

深度教学的内在维度：数学反思性学习的六个策略
具身学习的 18 种实践范式
课堂是照亮彼此的地方
以学习为中心的课堂范型
简练语文：教学主张与实践智慧
课堂核心素养

特色课程建设丛书

幼儿园特色课程的框架与实施
课程是鲜活的："大视野课程"的旨趣与活性
指向核心素养培育的学校课程图谱
让儿童生活在美的世界里：幼儿园全景美育的课程探索
核心素养与学习需求：学校课程建设导引

课堂教学新样态丛书

课堂，与美最近的距离：基于学科核心素养的课堂教学变革
协同教学：意蕴与智慧

决胜课堂 28 招

一百个孩子，一百个世界：基于差异的教学变革

课堂如诗："雅美课堂"的姿态

在教室里眺望世界：基于 BYOD 的教学方式变革

课堂教学的资源设计与方式变革

境脉教学的实践范式与创意设计

学校课程变革新取向丛书

平衡性变革：学校课程建设新取向

解构性变革：学校课程发展的突破口

赋权性变革：提升学科领导力

整合性变革：特色学科的内在生长

内生性变革：学科课程的生成机理

审美性变革：学校课程的诗意境界

协商性变革：基于集体审议的课程变革

扎根性变革：学校课程发展的文化路径

课程育人新坐标丛书

学校课程的统整之道

教室里的课程

儿童立场的课程探索

童味园课程：这里有最难忘的童年

具身课程：语文学科课程新样态

让每一个孩子体验创新的激情："智慧树课程"的探索与实践

境脉学习：英语课程实施新取向

美学取向的课程探究

学科实践：语文素养的致获

全景化劳动：面向儿童的劳动课程

在结构与解构之间：数学学科课程设计

学校整体课程探索丛书

学校整体课程的文化逻辑

学校整体课程的深度实施

课程治理新范式丛书

以学生为中心的教育治理